여러분의 학위취득을 응원하는
해커스독학사의 특별 혜택!

한달합격 인적자원관리 최신기출 강의 할인 10%

Q365W347C766Z132

해커스독학사(haksa2080.com) 접속 후 로그인 ▶
[마이클래스] 내 [쿠폰내역] 클릭 ▶ 쿠폰 등록

* 등록 후 7일간 사용 가능(ID당 1회에 한해 등록 가능)

해커스 교육그룹 제휴쿠폰 받는 방법

해커스독학사(haksa2080.com) 접속 후 로그인 ▶
[고객지원] 내 [공지사항] 클릭 ▶ ★해커스교육그룹 제휴쿠폰★ 공지글 확인

* ID당 1회에 한해 등록 가능

* 이 외 쿠폰 관련 문의는 고객센터(1599-3081) 혹은 사이트 내 문의게시판을 이용하시기 바랍니다.

상담 및 문의전화 **1599-3081**　　　　　　해커스독학사 **haksa2080.com**

해커스독학사의 **단기합격 시스템**

1. **단기합격 가능! 독학사 시험에 특화된 강의**
독학사 전문교수진의 고효율 핵심집약 강의

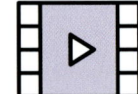

2. **이론부터 문제까지 모두 담은 단권화 교재**
오랜 기간 독학사 시험 분석을 통해
단기합격에 필요한 요소만 모은 핵심 문제집

3. **이론부터 실전까지 효율적인 학습 커리큘럼**
이론학습 → 문제풀이 → 핵심요약 → 마무리 모의고사까지!
짧은 기간에도 시험 대비가 가능하도록 최적화된 학습 커리큘럼 제공

4. **과목별 담당 교수님의 1:1 학습 Q&A**
궁금한 점은 고민하지 말고 바로 교수님께 1:1로 문의하여 해결

5. **독학사 전문 학습 플래너의 1:1 맞춤 무료 상담**
독학사 전문 학습 플래너가 1:1로 체계적인 맞춤 상담 진행

카톡간편상담 '해커스독학사' 검색
상담 및 문의전화 1599-3081
해커스독학사 haksa2080.com

한 달 합격

해커스독학사
경영학과
최신기출 이론+문제

2단계 | 인적자원관리

해커스

저자 박재희	약력	저서
	현 | 해커스독학사 경영학과 인적자원관리 교수 　　한국사학진흥재단 출강강사 전 | 한국종합노무법인 근무 　　한국산업인력공단 일학습 외부평가 시험위원	독학사 인적자원관리, 나무독학사

독학사 경영학과 2단계 **초단기합격**, **해커스독학사**와 함께라면 **불가능은 없습니다.**

〈한달합격 해커스독학사 경영학과 2단계 인적자원관리 최신기출 이론+문제〉는 독학사 경영학과 2단계 시험을 준비하는 여러분들에게 가장 효율적이고 전략적인 접근이 가능하도록 철저하게 계획하여 구성되었습니다.

01. 최신 출제경향 및 국가평생교육진흥원의 평가영역을 완벽히 반영하여 이론을 정리하고, 그 중에서도 중요한 개념만 엄선하여 '핵심 키워드 Top 10'으로 정리하였습니다.

02. '기출개념', '핵심 Check', '개념 Plus' 등의 풍부한 학습장치를 제공하여 효율적인 이론 학습이 가능합니다.

03. '기출개념확인', '실전연습문제', '기출동형모의고사'로 구성된 다양한 문제를 수록하였으며 문제를 풀면서 이론을 습득할 수 있으므로 단기합격이 가능합니다.

04. 모든 문제에 '정답·해설'을 제공하며, '오답분석', '참고' 등의 풍부한 해설 요소를 통해 스스로 부족한 부분을 보완할 수 있습니다.

본 교재 한 권으로 독학사 인적자원관리 과목을 빠르게 학습하고 시험에 대비하는 데 부족함이 없도록 심혈을 기울였습니다. 실제 평가영역의 전반적인 흐름을 따라 세세한 부분까지 파악할 수 있도록 구성하였으며, 각 장별로 기출유형문제를 충분히 수록하였습니다. 따라서 본 교재로 학습하면 이론 학습뿐 아니라 실전 감각도 함께 배양할 수 있습니다.

교재 출간을 위해 애써주신 해커스독학사 편집진을 비롯한 많은 분들께 감사드리며, 수험생 여러분의 합격을 진심으로 기원합니다.

저자 **박재희**

목차

빠른 합격의 문을 여는 해커스독학사만의 핵심 비법!	8
초단기합격의 열쇠! 4주/2주 학습 플랜	12
시험 전 꼭 알고 가자! 독학사 시험 안내	14
이제 실전이다! 2단계 시험 미리보기	18
무엇이든 물어보세요! 독학사 10문 10답	20

■ 본 교재의 목차는 '국가평생교육진흥원'에서 제공하는 '과목별 평가영역'을 충실히 반영하여 구성하였습니다.

제1장 | 인사관리의 기초개념

제1절	인사관리의 의의와 성격	24
제2절	인사관리자의 역할	28
제3절	인사관리의 전개과정	31
제4절	인사관리의 연구접근법	35
◆ 제1장 실전연습문제		38
◆ 제1장 정답·해설		42

제2장 | 인적자원관리의 활용관리

제1절	인적자원관리의 이론적 배경	46
제2절	인적자원관리의 목표와 방침	49
제3절	인적자원관리 최신 동향과 과제	52
◆ 제2장 실전연습문제		56
◆ 제2장 정답·해설		60

제3장 | 직무관리

제1절	직무설계	64
제2절	직무분석	70
제3절	직무평가	76
◆ 제3장 실전연습문제		84
◆ 제3장 정답·해설		88

제4장 | 인사고과

제1절	인사고과의 의의와 목적	92
제2절	인사고과의 방법	95
제3절	평가의 오류와 공정성 확보	103
◆ 제4장 실전연습문제		106
◆ 제4장 정답·해설		110

제5장 | 인적자원의 확보관리

제1절 인력계획   114
제2절 모집관리   118
제3절 선발관리   122
제4절 배치관리   127
◆ 제5장 실전연습문제   129
◆ 제5장 정답·해설   133

제6장 | 인적자원의 개발관리

제1절 경력관리   138
제2절 이동·승진 관리   143
제3절 교육훈련관리   146
◆ 제6장 실전연습문제   151
◆ 제6장 정답·해설   154

제7장 | 인적자원의 보상관리

제1절 임금관리   158
제2절 복지후생관리   165
◆ 제7장 실전연습문제   168
◆ 제7장 정답·해설   172

제8장 | 인적자원의 유지관리

제1절 산업안전관리   176
제2절 노사관계관리   181
◆ 제8장 실전연습문제   189
◆ 제8장 정답·해설   192

목차

제9장 | 전략적 인적자원관리

제1절 전략적 인적자원관리의 형성과 개념	198
제2절 고성과 조직	203
제3절 인사의 전략적 역할	206
◆ 제9장 실전연습문제	208
◆ 제9장 정답·해설	212

기출동형모의고사

기출동형모의고사 1회	218
기출동형모의고사 2회	224
기출동형모의고사 3회	230
◆ 기출동형모의고사 정답·해설	236

한달합격 해커스독학사
경영학과 2단계 인적자원관리 최신기출 이론+문제

단기합격을 위한 독학사 전문 교수님들의
명품 동영상강의
해커스독학사 **haksa2080.com**

빠른 합격의 문을 여는 해커스독학사만의 핵심 비법!

학습준비 | 이론 학습 전, 전략적으로 학습 계획 세우기!

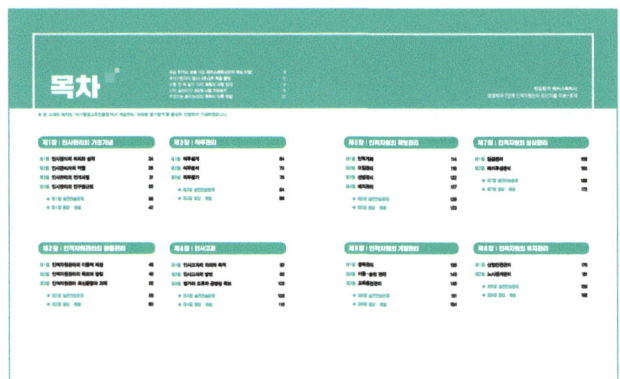

목차
독학사 시험 주관처인 국가평생교육진흥원에서 제공하는 과목별 평가영역을 완벽하게 반영하여 구성한 목차를 통하여 전반적인 흐름을 빠르게 파악할 수 있습니다.

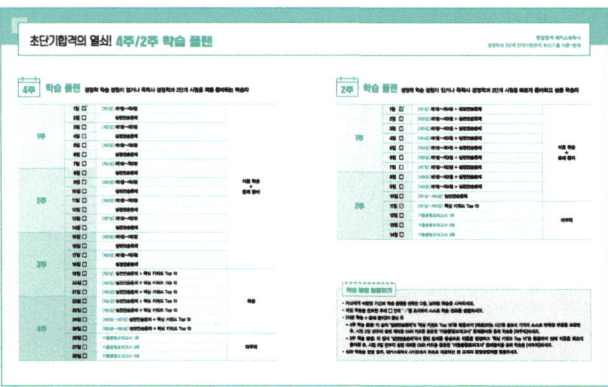

학습 플랜
두 가지로 제공되는 학습 플랜 중 자신의 학습 방법에 맞는 유형을 선택하여 매일 정해진 학습량을 학습하고 체크할 수 있습니다. '학습 플랜 활용하기'를 참고하여 자신에게 맞는 학습 방법을 선택할 수 있습니다.

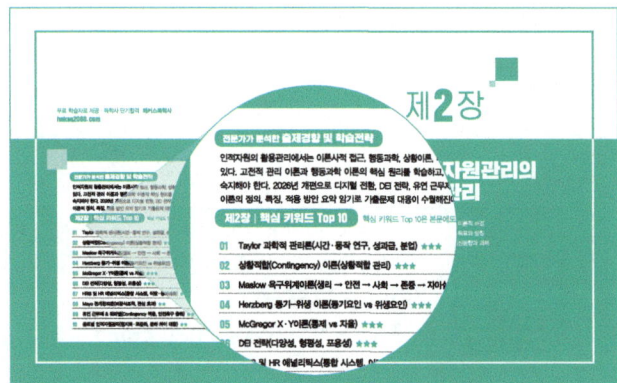

전문가가 분석한 출제경향 및 학습전략
과목별 전문가가 알려주는 시험 출제경향과 이에 대비하기 위한 효과적인 학습 방법을 통해 학습의 방향성을 올바르게 설정할 수 있습니다.

핵심 키워드 Top 10
각 장마다 엄선된 '핵심 키워드 Top 10'을 통하여 중요한 개념을 한눈에 확인할 수 있으며 키워드 옆에 표시된 ★ 개수로 개념의 중요도를 파악하여 단기간에 효율적인 학습이 가능합니다.

한달합격 해커스독학사
경영학과 2단계 인적자원관리 최신기출 이론+문제

이론학습 | 다양한 학습장치를 활용하여 효율적으로 이론 학습하기!

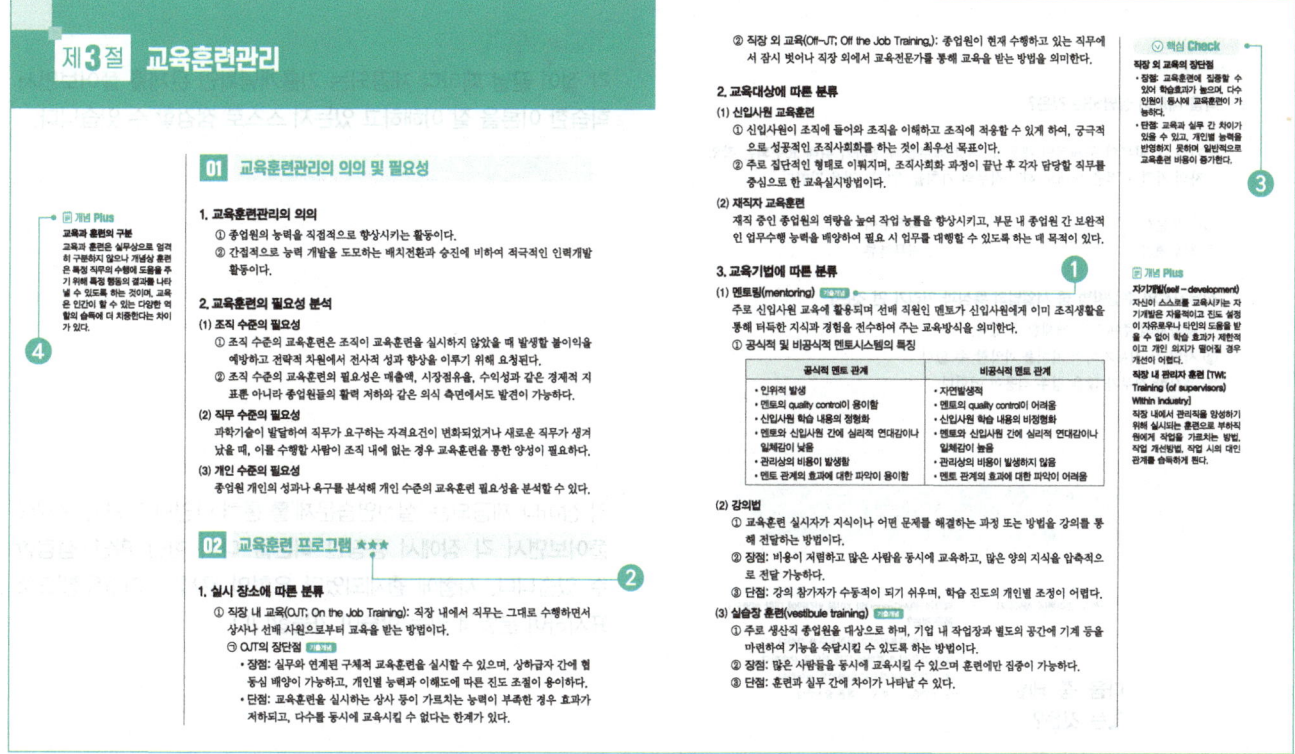

① 기출개념
실제로 출제된 이론에는 '기출개념'을 표시하여 출제경향을 파악할 수 있도록 하였습니다.

② ★ 표시
'핵심 키워드 Top 10'으로 선정된 키워드에 ★을 표시하여 중요한 개념을 쉽고 빠르게 확인할 수 있도록 하였습니다.

③ 핵심 Check
중요한 내용을 다시 한번 되짚어 설명하여 핵심개념 위주로 꼼꼼하게 학습할 수 있도록 하였습니다.

④ 개념 Plus
이론 학습 시 추가로 알아두면 좋은 내용을 '개념 Plus'를 통해 제시하여 이론을 명확하고 폭넓게 학습할 수 있습니다.

빠른 합격의 문을 여는 해커스독학사만의 핵심 비법!

문제풀이 | 최신 출제경향이 반영된 문제풀이로 실전감각 키우기!

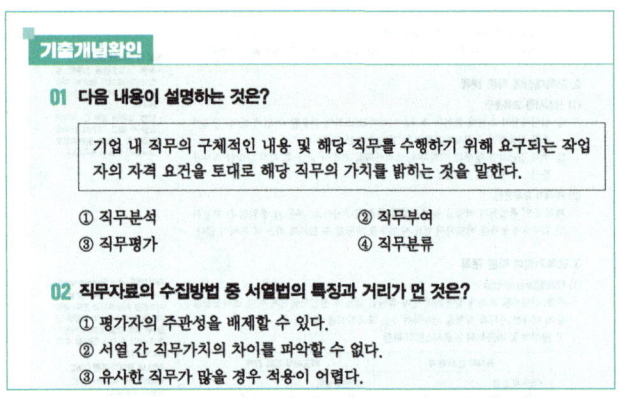

기출개념확인
각 절이 끝날 때마다 제공되는 기출개념확인 문제를 풀어보면서 학습한 이론을 잘 이해하고 있는지 스스로 점검할 수 있습니다.

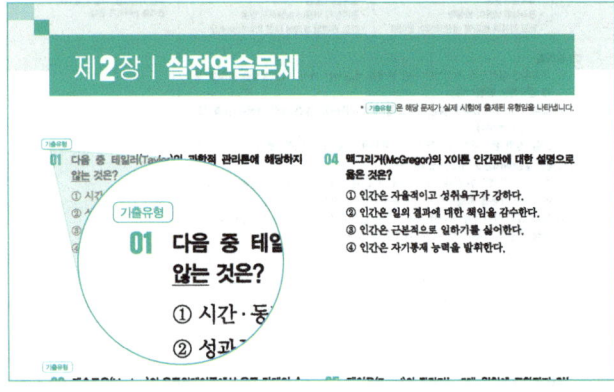

실전연습문제
각 장마다 제공되는 '실전연습문제'를 통해 다양한 유형의 문제를 풀어보면서 각 장에서 등장한 이론을 다시 한번 확인·점검할 수 있습니다. 시험에 출제되었던 유형의 문제는 '기출유형'으로 표시하여 분별력 있는 학습이 가능합니다.

정답·해설
'기출개념확인'과 '실전연습문제'에 수록되어 있는 모든 문제에 '정답·해설'을 제공합니다. 정답표를 통해 빠르게 정답을 확인할 수 있으며, '오답분석', '참고' 등의 해설 요소가 포함된 풍부한 해설은 이론의 복습 및 점검을 돕습니다.

한달합격 해커스독학사
경영학과 2단계 인적자원관리 최신기출 이론+문제

최종점검 '기출동형모의고사'로 마무리하며 실전 대비하기!

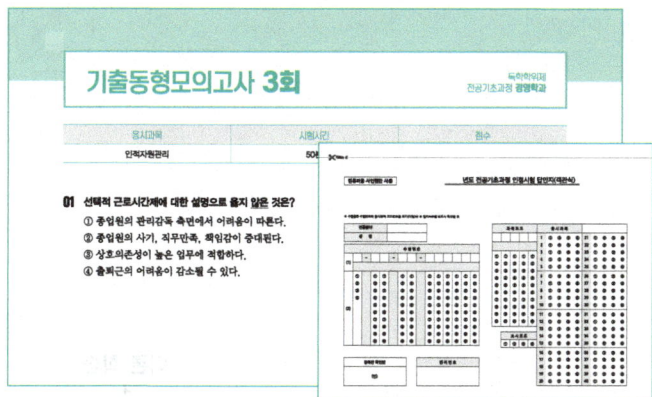

기출동형모의고사 & OMR 카드
최근 독학사 시험을 철저하게 분석하여 실제 시험 유형 및 문제 수와 동일하게 구성한 '기출동형모의고사' 3회분을 수록 하였습니다. '기출동형모의고사'와 함께 수록된 'OMR 카드'를 활용한다면 실제 시험과 가장 유사한 환경에서 자신의 실력을 최종 점검할 수 있습니다.

기출동형모의고사 정답·해설
'기출동형모의고사' 문제풀이 후, 꼼꼼한 마무리 학습이 가능하도록 '기출동형모의고사 정답·해설'에도 '오답분석', '참고' 등의 해설 요소를 포함하여 해설을 풍부하게 수록하였습니다.

초단기합격의 열쇠! 4주/2주 학습 플랜

4주 학습 플랜
경영학 학습 경험이 없거나 독학사 경영학과 2단계 시험을 **처음** 준비하는 학습자

주	일차	내용	구분
1주	1일 ☑	[제1장] 제1절~제4절	이론 학습 + 문제 풀이
	2일 ☐	**실전연습문제**	
	3일 ☐	[제2장] 제1절~제3절	
	4일 ☐	**실전연습문제**	
	5일 ☐	[제3장] 제1절~제3절	
	6일 ☐	**실전연습문제**	
	7일 ☐	[제4장] 제1절~제3절	
2주	8일 ☐	**실전연습문제**	
	9일 ☐	[제5장] 제1절~제4절	
	10일 ☐	**실전연습문제**	
	11일 ☐	[제6장] 제1절~제3절	
	12일 ☐	**실전연습문제**	
	13일 ☐	[제7장] 제1절~제2절	
	14일 ☐	**실전연습문제**	
3주	15일 ☐	[제8장] 제1절~제2절	
	16일 ☐	**실전연습문제**	
	17일 ☐	[제9장] 제1절~제3절	
	18일 ☐	**실전연습문제**	
	19일 ☐	[제1장] 실전연습문제 + 핵심 키워드 Top 10	복습
	20일 ☐	[제2장] 실전연습문제 + 핵심 키워드 Top 10	
	21일 ☐	[제3장] 실전연습문제 + 핵심 키워드 Top 10	
4주	22일 ☐	[제4장] 실전연습문제 + 핵심 키워드 Top 10	
	23일 ☐	[제5장] 실전연습문제 + 핵심 키워드 Top 10	
	24일 ☐	[제6장~제7장] 실전연습문제 + 핵심 키워드 Top 10	
	25일 ☐	[제8장~제9장] 실전연습문제 + 핵심 키워드 Top 10	
	26일 ☐	기출동형모의고사 1회	마무리
	27일 ☐	기출동형모의고사 2회	
	28일 ☐	기출동형모의고사 3회	

한달합격 해커스독학사
경영학과 2단계 인적자원관리 최신기출 이론+문제

2주 학습 플랜
경영학 학습 경험이 있거나 독학사 경영학과 2단계 시험을 **빠르게 준비하고 싶은** 학습자

	1일 ✓	[제1장] 제1절~제4절 + **실전연습문제**		
	2일 ☐	[제2장] 제1절~제3절 + **실전연습문제**		
	3일 ☐	[제3장] 제1절~제3절 + **실전연습문제**		
1주	4일 ☐	[제4장] 제1절~제3절 + **실전연습문제**		이론 학습
	5일 ☐	[제5장] 제1절~제4절 + **실전연습문제**		+
	6일 ☐	[제6장] 제1절~제3절 + **실전연습문제**		문제 풀이
	7일 ☐	[제7장] 제1절~제2절 + **실전연습문제**		
	8일 ☐	[제8장] 제1절~제2절 + **실전연습문제**		
	9일 ☐	[제9장] 제1절~제3절 + **실전연습문제**		
	10일 ☐	[제1장~제9장] **실전연습문제**		
2주	11일 ☐	[제1장~제9장] 핵심 키워드 Top 10		
	12일 ☐	기출동형모의고사 1회		마무리
	13일 ☐	기출동형모의고사 2회		
	14일 ☐	기출동형모의고사 3회		

학습 플랜 활용하기

- 자신에게 적합한 기간의 **학습 플랜**을 선택한 다음, **날짜별 학습**을 시작하세요.
- 매일 학습을 완료한 후에 ☐ 안에 'V'를 표시하며 스스로 **학습 진도**를 점검하세요.
- [이론 학습 + 문제 풀이]가 끝난 후
  - 4주 학습 플랜: 각 장의 '**실전연습문제**'와 '**핵심 키워드 Top 10**'을 활용하여 [복습]하는 시간을 충분히 가지며 **스스로 부족한 부분을 보완**한 후, 시험 3일 전부터 **실전 대비용 OMR 카드**를 활용한 '**기출동형모의고사**' 문제풀이를 통해 학습을 [마무리]하세요.
  - 2주 학습 플랜: 각 장의 '**실전연습문제**'에서 틀린 문제를 중심으로 이론을 점검하고 '**핵심 키워드 Top 10**'을 활용하여 전체 이론을 빠르게 훑어본 후, 시험 3일 전부터 **실전 대비용 OMR 카드**를 활용한 '**기출동형모의고사**' 문제풀이를 통해 학습을 [마무리]하세요.
- **심화 학습**을 원할 경우, 해커스독학사 사이트에서 유료로 제공하는 본 교재의 **동영상강의**를 활용하세요.

시험 전 꼭 알고 가자! 독학사 시험 안내

01 독학학위제란?

- 「독학에 의한 학위취득에 관한 법률」에 의거하여 국가에서 실시하는 독학학위취득시험에 합격한 자에게 학사학위를 수여하는 제도입니다.
- 독학학위취득시험은 총 4단계(교양과정 인정시험, 전공기초과정 인정시험, 전공심화과정 인정시험, 학위취득 종합시험)로 이루어져 있으며, 시험은 각 단계별로 1년에 1번 실시됩니다.
- 고등학교 졸업 이상의 학력을 가진 자는 누구나 응시할 수 있으며, 4단계 시험까지 모두 합격한 자는 4년제 대학교 졸업자와 동등한 학력을 가지게 됩니다.

02 독학학위제 전공 소개

- 독학학위제 전공 시험은 2단계(전공기초과정 인정시험)부터 실시되며, 아래 전공은 예외적으로 일부 단계만 실시합니다.
  - 유아교육학 및 정보통신학: 3~4단계(전공심화과정 인정시험, 학위취득 종합시험)만 실시
    ※ 정보통신학은 폐지되었으며, 유예기간을 두되, 전공심화과정 인정시험은 2025년까지, 학위취득 종합시험은 2026년까지 응시할 수 있도록 합니다.
  - 간호학: 4단계(학위취득 종합시험)만 실시

03 원서접수 및 접수 준비물 안내

- 진학어플라이 사이트(www.jinhakapply.com)에서 학교명을 '독학'으로 검색하여 접수가 가능합니다.
- 접수기간 내에는 24시간 접수 가능하며(접수 마감일에는 17:00까지), 접수 마감 전까지 수정 및 취소(환불)가 가능합니다.
  ※ 접수기간 종료 후에는 접수·수정·환불이 불가능합니다.
  참고 원서접수 방법은 변경될 수 있으니 독학학위제 사이트를 꼭 확인하세요.
- 접수 준비물은 다음과 같습니다.

응시자격 증명서류	• 1~3단계 지원자: 고등학교 졸업증명서(고졸 검정고시 합격증명서)
	• 4단계 지원자
	  - 대학교 성적증명서 및 수료(졸업)증명서
	  - 3년제 전문대학 졸업증명서 및 성적증명서
	  - 과정(과목) 면제를 증명할 수 있는 해당 서류
	• 독학학위제 학적보유자: 제출서류 없음
	• 파일은 jpg, jpeg, png, bmp만 등록 가능하며, 파일 사이즈는 5MB 이내여야 함

사진	최근 6개월 이내에 촬영한 3.5cm X 4.5cm의 여권용 사진 파일은 jpg, jpeg, gif만 등록 가능하며, 파일 사이즈는 2MB 이내여야 함
응시료	20,700원(수수료: 18,000원, 인터넷 원서접수 수수료: 2,700원)

한달합격 해커스독학사
경영학과 2단계 인적자원관리 최신기출 이론+문제

04 학위 취득 과정 및 시험 일정

※ 시험 일정은 매년 상이하므로, 자세한 일정은 독학학위제 사이트의 [시험안내] – [시험일정]을 참고하세요.

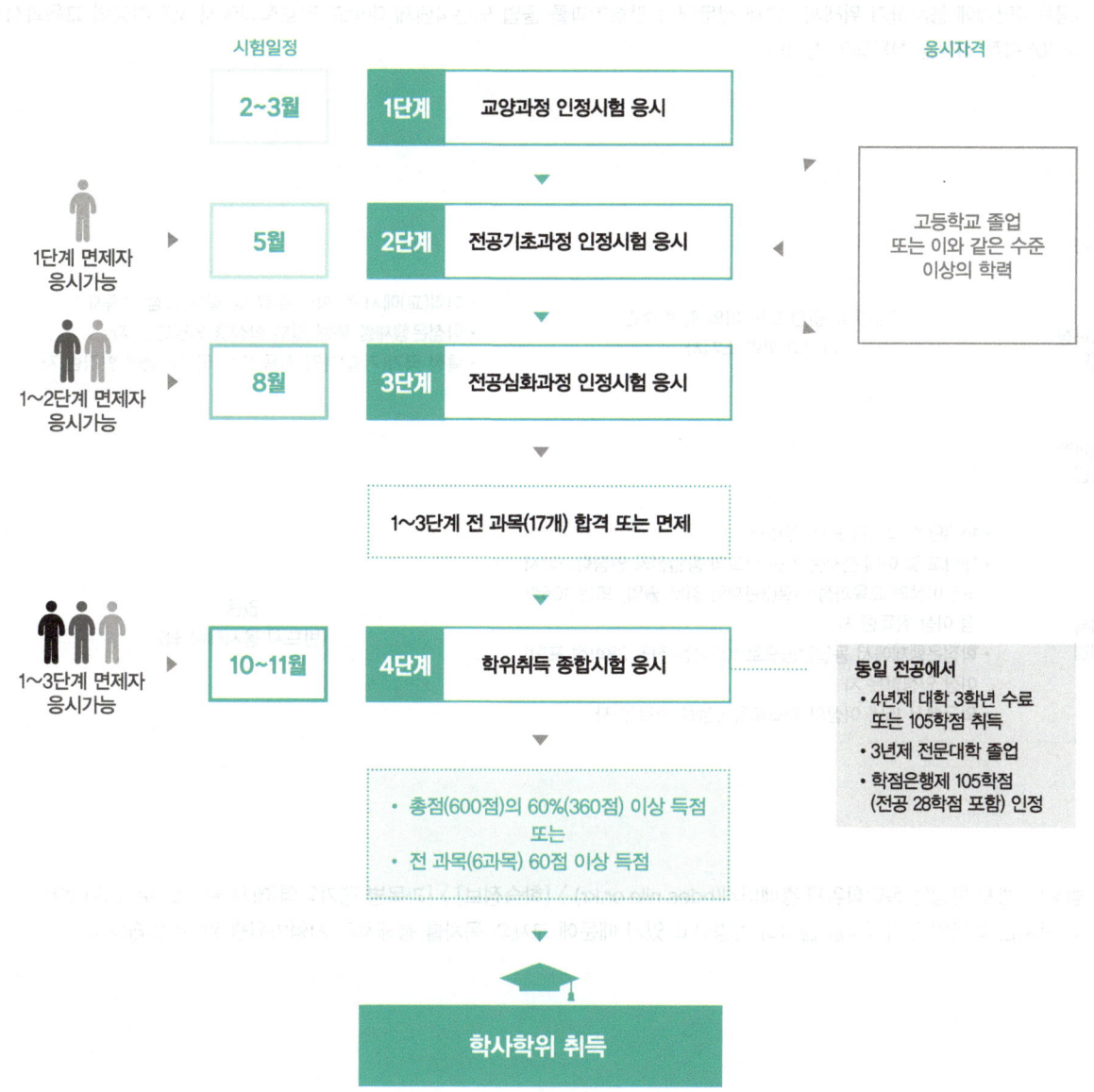

시험 전 꼭 알고 가자! 독학사 시험 안내

05 단계별 응시자격

- 학사학위 소지자는 취득한 학사학위 전공과 동일한 전공 시험에 응시할 수 없습니다.
- 고등학교 졸업자가 3단계에 응시하는 것은 가능하나, 4단계에 응시하기 위해서는 독학사 1, 2단계(교양과정 인정시험, 전공기초과정 인정시험) 면제 조건을 충족하고, 3단계에 합격하거나 4단계 응시자격을 충족해야 합니다.
- 간호학 전공은 4단계에 응시하기 위해서 3년제 전문대학 간호학과를 졸업 또는 4년제 대학교 간호학과에서 3년 이상의 교육과정을 수료하거나 105학점 이상을 취득해야 합니다.

구분	응시자격	단계별 면제 조건
1단계 교양과정 인정시험	고등학교 졸업 또는 이와 같은 수준 이상의 학력 소지자	• 대학(교)에서 각 학년 수료 및 일부 학점 취득자 • 학점은행제를 통해 일부 학점을 인정받은 자 • 특정 국가(기술)자격 취득 또는 국가시험에 합격한 자
2단계 전공기초과정 인정시험		
3단계 전공심화과정 인정시험		
4단계 학위취득 종합시험	• 1~3단계 합격자 또는 면제자 • 대학교 및 이에 준하는 각종 학교의 동일전공 인정학과에서 3년 이상의 교육과정 수료(3년제의 경우 졸업) 또는 105학점 이상 취득한 자 • 학점은행제에서 동일전공으로 105학점(전공 28학점 포함) 이상 인정받은 자 • 외국에서 15년 이상의 학교교육과정을 수료한 자	없음 (반드시 응시해야 함)

06 시험 범위

- 시험의 범위와 예시 문항은 독학학위제 홈페이지(bdes.nile.or.kr) 〉 [학습정보] 〉 [과목별 평가영역]에서 확인할 수 있습니다.
- 본 교재의 목차는 과목별 평가영역을 충실히 반영하고 있기 때문에 교재의 목차를 통해서도 시험범위를 알 수 있습니다.

한달합격 해커스독학사
경영학과 2단계 인적자원관리 최신기출 이론+문제

07 기본 출제 방향 및 단계별 평가 수준

단계	기본 출제 방향	평가 수준
1단계 교양과정 인정시험	• 국가평생교육진흥원에서 고시하는 과목별 평가영역에 준거하여 출제하되 특정 영역이나 분야가 지나치게 중시되거나 경시되지 않도록 함	• 대학 교양과정을 이수한 사람이 일반적으로 갖추어야 할 학력 수준을 평가함
2단계 전공기초과정 인정시험	• 독학자의 취업 비율이 높은 점을 감안하여, 과목의 특성상 가능한 경우에는 학문적·이론적인 문항뿐만 아니라 실무적인 문항도 출제함	• 각 전공영역의 학문을 연구하기 위하여 각 학문 계열에서 공통으로 필요한 지식·기술을 평가함
3단계 전공심화과정 인정시험	• 단편적인 지식 암기로 풀 수 있는 문항의 출제는 지양하고, 이해력·적용력·분석력 등 폭넓고 고차원적인 능력을 측정하는 문항 위주로 출제함	• 각 전공영역에 관하여 보다 심화된 전문적 지식·기술을 평가함
4단계 학위취득 종합시험	• 이설(異說)이 많은 내용의 출제는 지양하고 보편적이고 정설화된 내용에 근거하여 출제하며, 그럴 수 없는 경우에는 해당 학자의 성명이나 학파를 명시함	• 독학사 시험의 최종단계로서, 학위를 취득한 사람이 일반적으로 갖추어야 할 소양과 전문 지식·기술을 종합적으로 평가함

이제 실전이다! 2단계 시험 미리보기

01 경영학과 2단계 전공기초과정 인정시험

- 출제 방법: 4지선다형 객관식 40문항(문항당 2.5점)
- 합격 기준: 전공 8과목 중 60점 이상 득점한 과목이 6과목 이상이면 합격

구분	1교시 09:00~10:40(100분)	2교시 11:10~12:50(100분)	중식 12:50~13:40(50분)	3교시 14:00~15:40(100분)	4교시 16:10~17:50(100분)
경영학	회계원리 인적자원관리	마케팅원론 조직행동론	–	경영정보론 마케팅조사	생산운영관리 원가관리회계

> 참고) 단계별 시험 과목 및 합격 기준은 다음과 같으며, 시험에 대한 전체적인 정보는 해커스독학사 사이트(haksa2080.com)의 [독학사 시험안내]에서 확인할 수 있습니다.
> - 1단계: 필수 3과목(국어, 국사, 외국어) + 선택 2과목(현대사회와 윤리, 문학개론, 철학의 이해, 문화사, 한문, 법학개론, 경제학개론, 경영학개론, 사회학개론, 심리학개론, 교육학개론, 자연과학의 이해, 일반수학, 기초통계학, 컴퓨터의 이해 중 택2) 합격
> - 3단계: 전공 8과목(재무관리론, 경영전략, 투자론, 경영과학, 재무회계, 경영분석, 노사관계론, 소비자행동론) 중 6과목 이상 합격
> - 4단계: 교양 2과목(국어, 국사, 외국어 중 택2) + 전공 4과목(재무관리, 마케팅관리, 회계학, 인사조직론) 합격

02 경영학과 2단계 인적자원관리 시험 문제 분석

본 교재 〈한달합격 해커스독학사 경영학과 2단계 인적자원관리 최신기출 이론+문제〉의 본문에도 실제 독학사 시험과 유사한 유형의 문제와 전문가의 풍부하고 상세한 해설을 수록하여 실전 대비가 가능합니다.

※ 시험 문제 분석은 국가평생교육진흥원 독학학위제에서 제공하는 '시험 문제 예시'를 활용하였습니다.

 문제 예시

임금 체계의 종류 중 동일한 직무에 대하여는 동일한 임금을 지급한다는 원칙(equal pay for equal work)에 근거하여 적정한 임금 수준을 책정하는 임금 체계는?

① 연공급체계 ② 기본급체계
③ 직능급체계 ④ 직무급체계

정답 ④

 해커스독학사 전문가의 해설

직무급체계는 직무의 가치에 따라 급여를 지급하는 임금 체계로 '동일노동, 동일임금' 원칙을 가장 충실히 구현할 수 있다.

> 오답분석
> ① 연공급체계는 해당 기업에서의 근속기간이나 과거 경력을 기준으로 임금 수준을 결정한다.
> ② 기본급체계는 우리나라에서 많이 쓰이는 기본급에 각종 수당을 더한 임금 체계로, 학문용어로 보기는 어렵다.
> ③ 직능급체계는 종업원의 직무수행 능력을 반영한 임금 체계로 종업원 역량 개발을 촉진하는 효과가 있다.

03 시험 진행 순서 및 유의사항

시험장 가기 전	• 수험표, 주민등록증 또는 본인임을 입증할 수 있는 신분증, 컴퓨터용 사인펜(객관식 답안 마킹용)을 반드시 준비합니다.
시험장(시험실) 도착 및 착석	• 시험 당일에는 반드시 수험표에 표기된 시험장에 입실해야 합니다. • 1교시는 시험 시작 20분 전까지, 2~4교시는 시험 시작 15분 전까지 입실을 완료해야 합니다. 참고 1과목 응시자도 각 교시에 해당하는 입실 시간까지 입실을 완료해야 합니다(시험 시작 후 입실 불가).
답안지 작성 및 시험지 배부	• 답안지 작성은 답안지에 기재되어 있는 '답안 작성 시 유의사항'을 숙지하고 그에 따라야 합니다. • 객관식은 컴퓨터용 사인펜을 사용하여 마킹합니다. • 문제지에도 수험번호와 성명을 기재해야 합니다.
시험 시간	• 총 4교시로 나누어 시험이 진행됩니다. • 시험 시간 중에는 수험표와 신분증을 책상 위 좌측 상단에 놓아야 합니다.
쉬는 시간	• 시험 시간 중 50분(12:50~13:40)의 중식 시간이 있습니다. • 각 교시의 시험이 끝날 때마다 15분의 쉬는 시간이 있으며, 다음 교시의 시험 시작 15분 전까지 착석하여 대기해야 합니다. 참고 3교시는 중식 시간 외 시험 시작 전 별도의 쉬는 시간 없음
시험 종료	• 시험이 시작되고 30분 경과 후 퇴실이 가능합니다. • 1과목 응시자는 시험이 시작되고 50분 경과 후 퇴실 조치됩니다. • 퇴실 시, 문제지와 답안지는 반드시 감독관에게 제출해야 합니다.

무엇이든 물어보세요! 독학사 10문 10답

01 학위 제도 관련

Q1. 독학학위제로 학위를 취득하면 정규대학 졸업자와 동등한 학력으로 인정받을 수 있나요?

A. 네, 동등한 학력으로 인정받을 수 있습니다.

독학학위제로 취득한 학위는 「독학에 의한 학위취득에 관한 법률」 제6조 제1항에 따라 대학에서 학사학위를 취득한 사람과 동등한 학력으로 인정 받을 수 있습니다.
따라서 독학학위제로 학위를 취득한 후, 대학 편입이나 대학원 진학이 가능합니다. 단, 대학 또는 대학원별로 모집요강이 다르기 때문에 지원하고자 하는 학교의 모집요강을 꼭 확인하시기 바랍니다.

Q2. 현재 대학생인데 독학학위취득시험에 응시할 수 있나요?

A. 네, 가능합니다.

독학학위제는 이중 학적에 적용되지 않아 대학 재학 중에도 시험에 응시할 수 있습니다.

Q3. 독학학위제 2단계 시험에 응시하여 합격한 과목은 학점은행제에서 학점으로 인정받을 수 있나요?

A. 네, 학점은행제에서 학점을 인정받는 것이 가능합니다.

2단계 시험의 경우, 합격한 과목에 한해 과목당 5학점씩 최대 6과목(총 30학점)까지 인정받을 수 있습니다. 따라서 학점은행제 학위 취득 예정자의 경우, 독학학위제와 병행한다면 더욱 빠르고 효율적으로 학위를 취득할 수 있습니다.

02 원서접수 및 시험 관련

Q4. 2단계 원서접수 시, 8과목에 지원하였으나 사정상 6과목까지만 응시하려고 합니다. 이 경우, 불이익이 있나요?

A. 아니요, 응시하지 않은 과목에 대한 불이익은 없습니다.

응시하지 않은 과목은 결시 처리됩니다. 따라서 응시한 과목에 대해서만 채점하여 60점 이상 득점할 경우 합격 처리됩니다.

Q5. 독학학위취득시험은 왜 기출문제를 공개하지 않나요?

A. 독학학위취득시험은 대학 교과과정의 일반적이고 공통적인 지식과 기술을 평가할 수 있도록 일정한 수준의 난이도를 유지하는 것이 매우 중요하기 때문입니다.

독학학위취득시험은 경쟁시험이 아닌 독학 후의 학습능력이 대학 졸업학력에 도달하였는지를 측정하는 시험으로 시험의 범위와 수준이 정해져 있는 시험입니다. 그러므로 과목별로 대학 교과과정의 일반적·공통적인 지식과 기술을 평가할 수 있도록 하는 일정 수준의 난이도 유지가 매우 중요하며, 이를 위해 문제를 공개하지 않습니다. 그렇지만 본 교재에 수록되어 있는 '기출개념확인', '실전 연습문제'와 '기출동형모의고사'를 활용한다면 철저한 시험 대비가 가능합니다.

03 학습 방법 관련

Q6. 독학학위제 시험을 준비하기 위한 시험 주관처의 교재나 강좌가 별도로 있나요?

A. 아니요, 시험 주관처인 국가평생교육진흥원에서는 교재나 강좌를 제공하지 않습니다.

국가평생교육진흥원에서는 독학학위제 시험 관련 교재 출판 및 강좌 운영을 하고 있지 않습니다. 하지만, 해커스독학사에서는 1단계부터 4단계까지의 다양한 강좌를 제공하고 있으며, 각 강좌에 필요한 교재도 판매하고 있습니다. 해커스독학사와 함께 독학학위제 시험을 준비하신다면, 수준 높은 교육 서비스 및 교재와 함께 합격에 보다 빠르게 도달할 수 있습니다.

04 응시자격 및 시험면제 관련

Q7. 동일전공 인정학과란 무엇인가요?

A. 독학학위취득시험의 전공시험(2~3단계)을 면제받고자 할 때, 지원하고자 하는 독학학위제 전공과 학점을 이수한 대학(또는 학점은행제)의 전공이 동일전공이어야 한다는 것을 의미합니다.

독학학위제 전공별로 동일전공 인정학과로 인정받을 수 있는 전공 현황은 국가평생교육진흥원 독학학위제 사이트에서 확인할 수 있습니다.

Q8. 1단계를 응시 못했는데 바로 2단계 시험에 응시할 수 있나요?

A. 네, 바로 2단계 시험에 응시가 가능합니다.

1단계에 응시하지 않았더라도 바로 2단계 응시가 가능합니다. 고등학교 졸업 이상의 학력 소지자인 경우 1~3단계까지는 누구나 순서에 상관없이 자유롭게 응시할 수 있습니다. 단, 4단계의 경우 1~3단계를 모두 합격 또는 면제받아야만 응시가 가능합니다.

Q9. 4년제 대학교 국문학과를 졸업했습니다. 독학학위제 경영학 학위를 취득하려면 몇 단계까지 면제받을 수 있나요?

A. 이 경우, 1단계(교양과정 인정시험)만 면제받을 수 있습니다.

학위를 취득한 전공과 독학학위제에 지원한 전공이 다를 경우에는 전공과정 면제는 불가능하며 1단계(교양과정 인정시험)만 면제되므로, 지원하고자 하는 독학학위제 전공이 경영학과이고 대학에서 학위를 취득한 전공이 국문학과인 경우에는 2~4단계 시험에 응시하여 합격해야 합니다.

Q10. 대학교에서 '경영학개론' 과목을 이수했는데 1단계 '경영학개론' 과목 면제가 가능한가요?

A. 아니요, 면제 받을 수 없습니다.

독학학위취득시험에서는 대학에서 이수한 과목으로 시험 과목을 면제받을 수 없습니다. 그러나 대학에서 취득한 일정 이상의 학점으로 시험 단계별 면제는 가능합니다.

무료 학습자료 제공·독학사 단기합격 **해커스독학사**
haksa2080.com

전문가가 분석한 출제경향 및 학습전략

제1장 인사관리의 기초개념에서는 인사관리자의 역할 및 인사관리에 대한 이론사적 접근과 관련된 문제가 시험에 주로 출제된다. 인사관리의 기초개념은 인적자원관리 과목에서 가장 먼저 학습하는 부분으로 학습 내용이 다소 추상적이기 때문에 반복 학습하며 이해하는 것이 좋다.

제1장 | 핵심 키워드 Top 10
핵심 키워드 Top 10은 본문에도 동일하게 ★로 표시하였습니다.

번호	키워드	페이지
01	인사관리의 개념 ★★★	p.24
02	인사관리의 성격 ★★★	p.25
03	인사관리자의 새로운 역할 ★★★	p.28
04	인사관리의 관리사적 접근 ★★★	p.31
05	기계적 접근과 인간관계적 접근 ★★★	p.32
06	맥그리거의 X이론, Y이론 ★★★	p.36
07	인사관리자의 전통적 역할 ★★	p.28
08	인적자원적 접근(생산효율과 인간성의 동시 추구) ★★	p.33
09	기능적·시스템적·인적자원적 접근 ★	p.35
10	상황적합 접근법 ★	p.36

제1장

인사관리의 기초개념

제1절 인사관리의 의의와 성격
제2절 인사관리자의 역할
제3절 인사관리의 전개과정
제4절 인사관리의 연구접근법

제1절 인사관리의 의의와 성격

01 인사관리의 역사적 배경

1. 초기 산업화 단계
산업화 초기에는 생산 설비를 확보하여 양질의 물건을 생산해내면 상품 시장에서 파는 것에는 아무런 문제가 없었다. 서비스도 마찬가지로 양질의 서비스를 제공하면 서비스를 이용하려는 수요는 충분하였다. 따라서 초기 산업화시대에서 자금과 제품(혹은 서비스)은 가장 중요한 자원이었다.

2. 시장 경쟁의 심화
산업화의 가속화로 시장 경쟁이 치열해짐에 따라 과거와 같이 '잘 만들기만 하면 팔리는' 시대는 저물게 되었다. 경영혁신, 마케팅, 디자인 등이 화두로 떠오르게 되었으며 이와 같은 활동은 끊임없는 의사결정(decision making)을 요구하였다.

3. 인사관리의 중요성 대두
의사결정의 주체자는 바로 인간이므로 현대 사회의 경영 조직에서는 인적자원이 가장 중요한 자원으로 인식되고 있으며, 인적자원관리가 매우 중요한 경영활동 중 하나로 여겨지고 있다.

02 인사관리의 의의

1. 인사관리의 개념 ★★★
기업의 인적자원인 종업원이 잠재능력을 최대한 발휘하게 하여 경영성과를 극대화함과 동시에 종업원들이 인간으로서의 만족감을 느낄 수 있도록 하는 것으로, 조직에서 사람을 다루는 철학과 그것을 실현하는 일련의 제도 및 기법을 인사관리라 한다.

2. 인사관리의 구성
인사관리는 직무분석 및 직무평가, 인력의 수요와 공급 예측, 모집과 선발, 인사고과, 교육훈련, 경력개발, 보상, 인력 유지, 인력 방출 등으로 이뤄져 있다.

3. 페이욜(Fayol)의 '관리과정'에 따른 정의

페이욜은 관리과정을 계획, 조직, 지휘, 조정, 통제라는 5단계로 설명하였는데, 이에 따르면 인사관리를 기업의 인적자원에 대한 계획, 조직, 지휘, 조정, 통제 활동이라고 정의할 수도 있다.

> 📘 **개념 Plus**
>
> **경영관리과정론**
> 경영관리의 기초가 된 전통적 관리론으로, 경영관리를 계획, 조직, 지휘, 조정, 통제 등의 과정으로 수행하는 것을 말한다.

03 인사관리의 성격 ★★★ 기출개념

1. 사람을 관리하는 것

① 사람의 노동력은 그것을 제공하는 인간과 불가분의 관계이므로 결국 인사관리는 사람 그 자체를 관리하는 것이다. 즉, 인사관리는 인간에 대한 이해가 선행되어야 한다.
② 조직 내의 근로관계
  ㉠ 종업원은 근로를 제공하고 경영자는 임금 등의 보상을 제공함으로써 이루어지는 관계이다.
  ㉡ 보상과 종업원의 기여도가 항상 일치하는 것은 아니며, 종업원 개인의 의지와 능력에 따라 성과는 달리 나타나게 된다.
③ 사람의 의지와 능력 중 어느 것이 더 중요한가에 대해서는 이견이 있을 수 있지만, 능력은 어느 정도의 범위 내에서는 의지를 가지고 개발해 나갈 수 있다는 점에서 의지가 가장 중요하다고 할 수 있다.
④ 관리 대상의 의지를 북돋아주기 위해서도 인사관리의 바탕에는 인간 본성에 대한 깊은 이해가 있어야 한다.

2. 사람이 관리하는 것

① 인사관리는 관리 대상이 사람임과 동시에 관리를 하는 주체도 사람이라는 특성이 있다. 인사관리에 대한 의사결정은 최고경영자를 비롯한 고위 임원이 주로 행하게 되며, 그 과정에서 외부 전문가의 도움을 받기도 하는데 이들 역시 관리 대상인 종업원들과 같은, 사람이라는 점을 인식하여야 한다.
② 사람이 어떠한 것에 대해 판단할 때는 자신의 경험과 가치관의 영향을 받지 않을 수 없고, 이는 인사관리와 관련된 제반 사항에 대해 판단할 때도 마찬가지다.
③ 조직의 인사관리 경향을 형성하고 이끌어 가는 것에 경영층의 가치관과 경험 등도 영향을 미친다. 사람의 사고방식과 가치관은 쉽게 변하지 않을 뿐더러 변화의 폭에도 한계가 있으므로 때로는 특정 경영진의 사고방식 등이 인사관리제도의 혁신이나 개선에 장애물로 작용하기도 한다. 그래서 한 조직의 인사관리상 변혁을 위해 경영진의 교체가 요구되는 경우도 나타난다.

3. 사람과 사람 간의 상호작용

① 인사관리의 주체와 객체가 모두 사람이므로 인사관리는 사람과 사람 간의 상호작용이라는 특성을 가진다.
② 인사관리는 그 구성원들을 둘러싸고 있는 사회·문화적 환경과 전통 및 관습의 영향에서 벗어나기 어렵다.
③ 한 기업이 기존의 사회·문화권을 떠나 타 지역으로 사업을 확장할 때는 그 지역의 환경을 면밀히 분석하여 인사관리에 반영해야 하며, 기존의 틀에 얽매인 인사관리를 행할 경우 소기의 경영 목표를 달성하지 못할 가능성이 크다.
④ 이는 세계화가 진전된 오늘날, 다른 국가나 다른 문화권에서의 인사관리를 다루는 글로벌 인사관리의 중요성이 커지고 있는 이유이다.

4. 현 상태 개선의 중요성

① 인사관리는 정답이 있는 영역이라기보다는 조직이 처한 환경에 따라 끊임없이 개선해 나가야 할 필요가 있는 분야라는 특성이 있다. 이에 따라 현재 합리적인 제도가 수년 후에도 합리적일 수 없는 것이며, 조직의 성장에 따라 제기되는 인사관리상의 이슈도 달라질 수 있다.
② 인사관리에서는 현재 종업원들이 가진 능력이나 성향을 활용하거나 그들의 기대를 단순히 충족시켜 주는 것뿐 아니라 종업원들의 능력과 성향을 변화시키고, 사고방식이나 기대 수준을 발전시키는 것도 중요하다.
③ 따라서 인사관리제도는 시대의 요구에 따라 끊임없이 개선해 나가려는 노력이 필요한 것이다.

기출개념확인

01 인사관리에 대한 설명으로 옳지 <u>않은</u> 것은?

① 인사관리는 경영진이 가진 가치관의 영향을 받는다.
② 인사관리는 사회·문화적 환경, 전통 및 관습의 영향을 받는다.
③ 인적자원은 산업화 초기부터 기업 내에서 가장 중요한 자원이었다.
④ 조직의 성장과 쇠퇴에 따라 인사관리의 주요 이슈가 달라진다.

02 인사관리에 대한 설명 중 가장 적절하지 <u>않은</u> 것은?

① 인사관리의 주체와 객체는 모두 사람이다.
② 인사관리 업무를 하기 위해서는 인간에 대한 이해가 선행되어야 한다.
③ 글로벌 인사관리는 기존 기업 문화를 타 국가에 이식하는 것이 중요하다.
④ 인사관리는 사람과 사람 간의 상호작용이다.

정답·해설

01 ③ 산업화 초기에는 생산 설비로 양질의 물건을 생산하면 판매에는 문제가 없었으며, 이 시기 기업 경영에서 가장 중요한 자원은 자금과 제품(또는 서비스)이었다.

02 ③ 기업이 해외로 진출할 때는 해당 국가의 환경을 면밀히 분석하여 인사관리에 반영해야 하는데, 기존 인사관리 방식을 고수하는 것은 경영 목표를 달성하는 데 장애물이 될 수 있다.

제2절 인사관리자의 역할

01 인사관리자의 전통적 역할 ★★

1. 인사행정업무 수행자(인사관리자)의 역할
인사관리자는 모집·선발·채용, 교육·훈련, 임금 계산·지불, 종업원의 퇴사 등에 수반되는 행정업무를 수행한다.

2. 경영진에 대한 정보 제공자의 역할
① 인사관리자는 인사관리와 관련된 사회동향, 법률·정책, 새로운 이론 등 외부의 정보와 조직 내 분위기, 승진 및 배치전환 등에 필요한 종업원 인사정보 등 내부의 정보를 경영진에게 제공한다.
② 기업 내·외부의 정보는 단순한 전달만으로 충분한 경우도 있지만 대부분의 경우에는 내용 요약과 경영 실정에 맞도록 응용해야 하며, 드러나지 않은 내용에 대해서도 해석이 필요하다.
③ 상기한 일련의 과정에서 정보 왜곡이 일어나지 않도록 해야 하며, 정보 제공의 과정에서 어떠한 문제점이 드러난 경우에는 그에 대한 해결책을 제시하는 것도 인사관리자의 역할이다.

3. 종업원에 대한 인적자원서비스 제공자의 역할
① 인사관리자는 내부 종업원에 대한 인적자원서비스의 제공자이다.
② 인사관리자는 내부 종업원에게 인사관리와 관련된 일련의 정보를 적시에 정확히 제공하고 적절히 조언함으로써 종업원의 권익을 보호하고 직장 질서를 확립하는 데 기여한다.

02 인사관리자의 새로운 역할 ★★★ 기출개념

1. 부문 및 계층 간 중개자의 역할
① 인사관리자는 기업 내 각 부문과 계층 간 중개자 역할을 함으로써, 의사소통 부족으로 부문 및 계층 간에 발생할 수 있는 불필요한 갈등을 예방하는 역할을 해야 한다.

② 중개자로서의 인사관리자는 여러 당사자의 입장을 존중하고 중립적인 태도로 상대방에게 전달하는 능력이 요구된다.

2. 갈등 조정자의 역할

① 인사관리자가 부문 및 계층 간의 충분한 의사소통을 중개하더라도 그 역할이 언제나 완전할 수 없으며, 각 부문과 계층 간에는 서로 다른 이해관계가 있으므로 갈등이 필연적으로 발생한다.
② 갈등 발생 시, 인사관리자는 갈등을 조정하고 해결하는 역할을 한다. 인적자원관리자는 의사소통이나 갈등 해소에 필요한 많은 지식을 보유한 사람으로 인식되고 있으므로 갈등 조정자의 역할을 수행할 적임자로 여겨진다.
③ 갈등 조정자로서의 인사관리자는 당사자의 입장이 되어 각 집단의 요구 사항을 들은 후 상대방에게 전달하여, 당사자들이 직접 갈등을 해결하는 데 드는 시간과 역량 소모를 줄일 수 있도록 해야 한다.
④ 인사관리자는 갈등 조정 과정에서 자신의 이해관계나 특정 집단과의 친소 관계를 배제하여야 한다.

3. 변화 담당자의 역할

① 인사관리자는 사회적·기술적 변화에 대응하여 인간과 관련된 제도를 변경하는 변화 담당자(change agent)의 역할을 하여야 하며, 더 나아가 조직 전체를 혁신적으로 변화시키는 역할도 수행할 수 있는 역량까지 보유해야 한다.
② 인사관리자는 조직의 변화를 주도하거나 촉진하는 것뿐 아니라, 기업이 급격한 변화를 겪을 때 조직이 흔들리지 않도록 안정시키는 역할도 수행해야 한다.

핵심 Check

인사관리자의 새로운 역할
- 부문 및 계층 간 중개자
- 갈등 조정자
- 변화 담당자

기출개념확인

01 다음 중 최근 대두된 인사관리자의 새로운 역할에 해당하지 <u>않는</u> 것은?

① 기업 내 각 계층 간 중개자
② 인사행정업무의 수행자
③ 조직의 변화 관리자
④ 부문 및 계층 간 갈등 조정자

02 다음 설명 중 옳지 <u>않은</u> 것은?

① 인사관리자가 경영진에게 제공하는 정보에는 객관적인 사실만을 담아야 한다.
② 인사관리자는 갈등 조정 시 자신과의 친소관계를 고려하지 않아야 한다.
③ 인사관리자는 종업원의 권익을 보호하고 직장 질서를 확립해야 한다.
④ 경영진이나 종업원에게 정보를 제공할 때는 왜곡이 없어야 한다.

정답·해설

01 ② 모집·선발·채용, 교육·훈련, 임금 계산·지불, 종업원의 퇴사 처리 등의 인사행정업무는 인사관리가 처음 대두된 시기부터 인사관리자가 수행했던 전통적인 업무이므로 최근 대두된 역할은 아니다.

02 ① 인사관리자가 경영진이나 종업원에게 정보를 제공할 때는 객관적인 사실을 왜곡 없이 제공해야 한다. 그러나 기업 내·외부의 정보는 단순한 전달 이외에 내용 요약, 경영 실정에 맞는 응용, 드러나지 않은 내용에 대한 해석이 필요하며, 이는 인사관리자가 해야 할 역할이다.

제3절 인사관리의 전개과정

01 전개과정 접근방법

1. 접근방법의 구분
인사관리는 크게 관리사와 이론사의 두 측면에서 접근할 수 있다.

2. 각 접근방법의 개념
(1) 관리사(管理史)
① 과거 기업의 인사관리 활동이 어떻게 이루어졌는지를 보여 주는 것을 말한다.
② 과거의 인사관리 활동을 의미 있게 분류하고 해석한다.

(2) 이론사(理論史)
인사관리 현상에 대해 과학적으로 접근해 온 내용들을 체계적으로 분류·해석·비판하는 접근법이다.

02 인사관리의 관리사적 접근 ★★★ 기출개념

1. 관리사적 접근의 시대적 흐름
인사관리를 관리사적으로 보면 시대 흐름에 따라 가부장적(家父長的) 인사관리, 착취적 인사관리, 협의적 인사관리, 민주적 인사관리의 순으로 진행되어 왔다.

(1) 가부장적 인사관리
① 산업 혁명 이전, 가내 공업 수준의 기업에서 경영자와 종업원의 관계는 가부장제의 가족제도에서 나타나는 가장(家長)과 가족구성원 간의 관계와 유사했다.
② 경영자는 종업원에 대해 절대적인 권한을 행사하며 권위주의적인 지배를 할 수 있었는데, 종업원이 질병에 걸리는 등의 어려움이 있을 때는 임금과는 별도로 도움을 주기도 했다.
③ 가부장적 인사관리에서 종업원에게 임금 외에 지급되었던 혜택들은 오늘날 복리후생의 원형(原形)으로 평가된다.

(2) 착취적 인사관리
① 산업혁명으로 생산기계가 도입되면서 수십 명의 종업원이 할 수 있는 일을 한 대의 기계가 대체하게 되었다.

> **개념 Plus**
> **우리나라 인사관리의 관리사적 접근**
> • 산업화가 시작된 1960년대 중반부터 우리나라는 1970년대까지 '선성장(先成長), 후분배(後分配)'라는 정부의 슬로건 하에 착취적 인사관리가 일반화되어 있었다.
> • 1990년대 이후 착취적 인사관리를 벗어나기 시작하여 21세기를 맞이한 오늘날에는 상당한 기업에서 협의적 인사관리가 이뤄지고 있으나, 아직도 착취적 인사관리가 남아 있다.

② 이후 종업원들의 경쟁력이 급격히 떨어졌고, 이는 곧 임금 저하와 하루 15시간 이상의 장시간의 노동으로 이어졌다.
③ 종업원에 대한 경영자의 절대적인 권한은 그대로였으나 가부장적 인사관리시대의 복리후생제도는 사라졌다.

(3) 협의적 인사관리
① 산업화가 진행되면서 제품과 서비스에 대한 소비자의 욕구는 점차 다양해졌으며, 이를 충족시키기 위해 기업들은 창조적이고 혁신적인 아이디어를 창출해야 했다.
② 종업원들의 의식 수준도 향상되어 노동조합이 등장하였으며, 착취적 인사관리로는 기업의 경영과 생존이 어려워지게 되었다.
③ 경영자는 종업원과 협의하는 태도로 기업을 운영하기 시작했고, 다시 종업원에 대한 복리후생을 고려하게 되었다.

(4) 민주적 인사관리
① 협의적 인사관리의 새로운 양상으로 민주적 인사관리가 등장하였다.
② **협의적 인사관리와 민주적 인사관리의 차이**: 협의적 인사관리는 경영자와 종업원이 협의는 하지만, 최종 결정권은 경영자가 보유하고 있는 반면, 민주적 인사관리는 경영상의 크고 작은 사안에 대해 경영자와 종업원이 공동으로 의사결정을 한다.
③ 민주적 인사관리가 발달한 국가는 독일이며, 경영조직법(1951년), 공동의사결정법(1952년) 등이 독일의 민주적 인사관리를 법률적으로 뒷받침하고 있다.

03 이론사적 접근

1. 접근 방법의 구분
인사관리를 이론사적으로 접근하여 보면 크게 기계적 접근(the mechanical approach), 인간관계적 접근(the human relations approach), 인적자원적 접근(the human resource approach)로 나누어 볼 수 있다.

2. 기계적 접근과 인간관계적 접근 ★★★ 기출개념

(1) 기계적 접근(생산성 강조)
① 테일러(Taylor)의 과학적 관리법
  ㉠ 기계적 접근의 출발점이 되는 이론이다.
  ㉡ 테일러는 객관적인 방법으로 노동의 양과 내용을 결정하면 성과급에 대한 불신이 사라지고 생산성이 높아질 것이라 생각하고 네 가지 원칙을 고안했다.
  ㉢ 테일러는 적정한 성과 수준을 객관화하기 위해 '시간 및 동작 연구' 과정에서 작업자 한 명이 여러 종류의 일을 동시에 수행하면 여러 명이 한 가지씩 수행하는 경우보다 작업시간이 더 많이 걸린다는 사실을 확인했다.
  ㉣ 이는 아담 스미스(Adam Smith)의 '분업의 원리'를 재확인하는 것이었다.

📝 **개념 Plus**

테일러의 네 가지 원칙
- **적정한 하루의 성과 수준**: 비교적 우수한 작업자가 달성할 수 있는 하루의 작업량
- **표준적 작업 조건**: 작업에 필요한 기계, 공구, 원재료 등을 최적의 상태로 유지
- **성공에 대한 높은 보수**: 하루의 과업량을 성공적으로 해냈을 때 높은 임금 지급
- **실패에 대한 손실**: 작업자가 목표량에 도달하지 못했을 때 임금 손실

② 포드(Ford) 시스템
  ㉠ 테일러와 동시대에 포드는 컨베이어 벨트 시스템과 3S를 도입해 자동차를 대량생산했다.
  ㉡ 테일러가 인간 노동을 기계화하였다면 포드는 인간 노동을 기계로 대체하고 인간이 기계의 보조적인 역할을 하도록 했다.
③ 기계적 접근의 문제점
  ㉠ 기계적 접근법은 사람을 무시한 조직관리라는 비판을 받는다.
  ㉡ 분업화는 인간 고유의 특성인 자립성과 창의성을 억압하고 도구적·기계적인 일만을 하도록 해 작업자들의 자긍심을 빼앗고 개성을 말살하여 인간성 소외라는 부작용을 초래했다.

(2) 인간관계적 접근(인간성의 중시)
① 호손(Hawthorn) 공장의 실험
  ㉠ 인간관계적 접근의 토대가 된 실험이다.
  ㉡ 1920년대 미국 시카고 인근 전화기 제조 회사인 호손 공장은 테일러의 과학적 관리법을 도입하였으나 성과는 만족스럽지 못했다.
  ㉢ 메이오(Mayo) 등 연구진은 그 원인을 밝히기 위해 조명·작업시간·휴식시간의 조정, 간식 제공 등으로 환경을 변화시키며 생산 능률을 살폈다.
  ㉣ 연구 과정에서 연구자들은 작업환경보다 실험과정에서 형성된 인간관계나 작업자의 심리적 변화가 성과에 더 중요한 영향을 미친다는 것을 발견하였다.
  ㉤ 작업장 관찰을 통해 회사의 공식조직과는 별개인 비공식조직과 그 내부의 암묵적 규율이 성과에 영향을 미친다는 사실을 알아냈다.
② 호손 공장 실험의 시사점
  ㉠ 지나친 직무 분업화는 작업자가 흥미를 잃게 만들어 생산 능률을 저하시킨다.
  ㉡ 직무를 둘러싼 사회적 조건에 대한 관리가 중요하다.
  ㉢ 비경제적인 보상이나 사회심리적 요인도 작업자의 동기부여에 영향을 미친다.
  ㉣ 비공식 조직은 작업자의 태도와 성과에 중요한 영향을 준다.
③ 인간관계적 접근의 문제점
  ㉠ 기업 조직에 비공식적 조직의 존재에 대한 의문을 불러왔다.
  ㉡ 임금과 복리후생을 중시하는 노동조합의 반발을 불러왔으며, 사탕발림 인사관리(sugar management)라고 하기도 한다.

3. 기타 이론사적 접근

(1) 인적자원적 접근(생산효율과 인간성의 동시 추구) ★★
① 마일즈(Miles)의 인사관리 모형

구분	내용
전통적 모델	부하에 대한 상사의 엄격한 감독 강조
인간관계 모델	부하에 대한 상사의 인정감, 부하가 스스로 중요한 존재임을 인식
인적자원 모델	상사는 부하의 재능과 능력을 개발하고 이끌어내야 함을 강조

> **핵심 Check**
> **3S**
> - 간소화(simplification)
> - 표준화(standardization)
> - 전문화(specialization)

> **개념 Plus**
> **테일러리즘(Taylorism)과 포디즘(Fordism)**
> - 포디즘은 숙련노동을 연구하고 분석하여 과학적 관리법을 탄생시킨 테일러리즘을 한층 더 발전시켜 노동의 정확도와 신속성을 높일 수 있는 컨베이어 시스템을 도입하였다.
> - 포드는 컨베이어 시스템을 통해 생산성을 높여 종업원들에게 더 많은 보수를 주고자 하였다.
> - 포디즘으로 인해 대량생산과 대량소비가 가능하게 되었다.

② 리커트(Likert)의 인적자원 회계시스템
    리커트는 인적자원 회계시스템(human resource accounting system)을 제안하며 종업원을 기업의 주요한 자산으로 간주하고 기업의 재무제표에 표기하여 기업가치를 재평가해야 한다고 주장했다.
③ 인적자원적 관점의 특징
    ㉠ 종업원을 수많은 가능성을 가진 자원으로 간주한다.
    ㉡ 종업원을 기업 경쟁력 확보의 가장 중요한 요소로 생각한다.
    ㉢ 교육과 훈련을 통해 종업원의 잠재력을 발견하고 개발시켜야 함을 강조한다.
    ㉣ 종업원을 비용이 아닌 투자의 요소로 본다.

기출개념확인

01 다음 중 글에서 설명하는 사람은?

> 테일러(Taylor)와 동시대 인물로 컨베이어 벨트 시스템과 간소화(simplification), 표준화(standardization), 전문화(specialization)로 구성된 이른바 3S를 도입하여 대량생산, 대량소비의 시대를 열었다.

① 메이오(Mayo) ② 포드(Ford)
③ 아담 스미스(Adam Smith) ④ 리커트(Likert)

02 인간관계적 접근의 시사점으로 옳지 않은 것은?

① 지나친 분업은 지양되어야 한다.
② 심리적 요인도 작업자의 동기부여에 영향을 미친다.
③ 종업원의 태도와 감정이 작업 능률에 영향을 준다.
④ 조명·작업시간·휴식시간 등의 환경이 중요하다.

정답·해설

01 ② 3S를 도입한 포드는 테일러와 더불어 생산성을 강조한 기계적 접근법을 주창했다.
    [오답분석]
    ③ 아담 스미스는 18세기 철학자로 일찍이 분업의 원리를 제시하였다.
    ④ 리커트는 인적자원 회계시스템(human resource accounting system)을 제안하며, 종업원을 기업의 주요한 자산으로 간주하고 이를 기업의 재무제표에 표기하여 기업가치를 재평가해야 한다고 주장하였다.

02 ④ 인간관계적 접근은 메이오가 조명·작업시간·휴식시간, 간식 제공 등의 조건을 변경시키며 작업 능률을 확인하려고 시도한 '호손 공장의 실험'에서 도출된 것이기는 하지만 조명·작업시간·휴식시간이 중요하다는 결론을 보여준 것은 아니다. 이에 따라 작업장의 물리적 조건은 작업 능률에 영향을 미칠 수 있으나 인간관계적 접근의 시사점은 아니다.

제4절 인사관리의 연구접근법

01 기능적·시스템적·인적자원적 접근 ★

1. 기능적 접근
① 인사관리의 기능에 대한 분류방법은 다양하지만, 일반적으로 사람이 기업에 들어와 인사관리와 관련하여 경험하는 사건들을 시간적으로 고찰하면 인력 확보, 인력 개발, 인력 보상, 인력 유지, 인력 방출의 단계로 개념화를 할 수 있다.
② 인사관리 단계별로 구체적인 이슈가 발생하게 되며, 이 단계에 따라 주요 연구 과제를 설정하여 분석하는 방법을 기능적 접근법이라 한다.
③ 기능적 접근법은 일련의 과정에 따라 연구를 행하므로 과정적 접근법이라고도 한다.

2. 시스템적 접근
① 조직론에서 발전한 시스템 이론을 인사관리에 적용하고자 시도하는 접근법으로 인사관리를 시스템의 관점에서 보아 전체적인 모형으로써 인사관리시스템을 설계하려는 것이다.
② 시스템적 접근법은 하위 시스템을 하나로 묶어 연결해 주는 통합 모형을 구성하기 어려울 뿐만 아니라 이론적으로 구성하더라도 실현하기 어렵다는 한계가 있지만, 통합과 전체의 개념을 강조한다는 장점이 있다.

3. 인적자원적 접근
① 인적자원적 접근은 인간성과 생산성의 조화로운 실험을 목표로 하며 행동과학이론을 배경으로 하는 경향이 강하다.
② 미국의 경영학자 맥그리거(D. Mcgregor)는 X이론과 Y이론을 제창하여 인간관을 설명하였다.
③ X이론적 인간관을 전통적 인간관으로 보며, Y이론적 인간관은 현대적 인간관으로 생각할 수 있다.
④ 그중에서 Y이론적 인간관은 인사관리에서 종업원을 존중하고 인간의 무한한 잠재능력의 개발과 종업원의 동기부여를 중시한다.

개념 Plus

플리포
기능적 접근법의 대표적 연구자인 플리포(E. B. Flippo)는 인사관리를 관리기능과 업무기능으로 구분하여 설명하였으며, 인사관리자는 기본적 기능을 수행하는 역할을 해야 한다고 주장하였다.

개념 Plus

시스템적 접근법을 연구한 대표 학자
피고스, 마이어스, 데슬러

과정 – 시스템 접근법
프렌치(French)와 같이 시스템 접근법과 기능적 접근법을 통합한 과정–시스템 접근법을 주장하는 학자도 있다.

㉠ 맥그리거의 X이론, Y이론 ★★★ 기출개념

X이론적 인간관(전통적 인간관)	Y이론적 인간관(현대적 인간관)
• 인간은 근본적으로 일하기를 싫어함 • 조직의 목표 달성을 위해 통제와 관리가 중요함 • 인간은 책임을 회피하려고 하며, 공식적인 지시를 선호함 • 작업 시, 안전을 중시하며, 도덕적 행동은 고려하지 않음	• 인간은 일을 휴식이나 여가와 같이 당연한 것으로 받아들임 • 조직의 목표에 동의하는 한, 자기 통제와 자기 지시 능력을 발휘함 • 일의 결과에 대한 책임을 기꺼이 감수하려 함 • 인간은 누구나 바람직한 의사결정을 할 수 있는 능력을 가지고 있음

02 상황적합 접근법 ★

1. 상황적합 접근법의 개념

기업의 성과에 영향을 주는 각종 변수를 측정하고 분석하여 기업조직에 영향을 끼치는 내부적 요인과 외부적 요인인 상황 변수에 적응하는 것을 중시하는 인사관리 접근법으로 이를 상황적합 접근법이라고 한다.

2. 상황적합 접근법의 전제

기업을 둘러싼 환경을 중시하고, 그 환경에 적응할 수 있는 인적자원관리가 효과적이라고 생각하는 접근법이다.

기출개념확인

01 다음의 내용이 설명하는 접근법은?

> 인사관리 연구방법 중 사람이 기업에 들어와 인사관리와 관련하여 경험하는 사건들을 시간적으로 고찰하여 인력 확보, 인력 개발, 인력 보상, 인력 유지, 인력 방출의 단계로 개념화하여 그 과정에 따라 연구하는 접근법이다.

① 기능적 접근법
② 시스템적 접근법
③ 인적자원적 접근법
④ 기계적 접근법

02 다음 중 맥그리거의 X이론과 관련이 있는 설명은?

① 인간은 일을 휴식이나 여가와 같이 당연한 것으로 받아들인다.
② 인간은 자기 통제와 자기 지시 능력을 발휘한다.
③ 인간은 공식적인 지시를 선호한다.
④ 인간은 일의 결과에 대한 책임을 질 의향이 있다.

정답·해설

01 ① 인사관리와 관련하여 일어나는 사건을 시간적으로 분류하여 인사관리 단계별로 발생하는 이슈를 주요 연구과제로 설정하여 분석하는 방법을 기능적 접근법이라 한다. 일련의 과정에 따라 연구를 하므로 과정적 접근법이라고도 한다.

02 ③ 맥그리거는 전통적 인간관을 X이론, 새로운 인간관을 Y이론으로 명명하였다. X이론은 인간을 일하기 싫어하고 지시하는 일만 하는 존재로 보고, 금전적 보상과 엄격한 감독과 공식적이고 상세한 명령이 필요하다고 하였다.

[오답분석]
①, ②, ④ Y이론에 대한 설명이다.

제1장 | 실전연습문제

*기출유형 은 해당 문제가 실제 시험에 출제된 유형임을 나타냅니다.

01 다음 중 기계적 접근법과 관계가 가장 먼 연구자는?
① 포드 ② 테일러
③ 아담 스미스 ④ 메이오

02 인사관리에 대한 인적자원적 접근에 대한 설명으로 적절하지 <u>않은</u> 것은?
① 종업원을 기업 경쟁력 확보의 중요한 요소로 생각한다.
② 교육과 훈련을 강조한다.
③ 종업원을 비용이 아닌 투자의 대상으로 본다.
④ 비공식적 조직이 개인의 성과에 미치는 영향을 중시한다.

03 인사관리에 대한 인간관계적 접근방법에 대한 설명으로 적절하지 <u>않은</u> 것은?
① 비경제적 보상은 경제적 보상 못지않게 중요하다.
② 사회심리적 조건이 종업원의 작업에 영향을 미친다.
③ 분업을 통해 생산성을 향상시킬 수 있다.
④ 기업 내 비공식적 조직은 생산성과 관련이 있다.

기출유형

04 다음에서 설명하는 연구에 대한 설명으로 가장 적절하지 <u>않은</u> 것은?

> 미국 시카고 인근의 전화기 생산 공장인 호손 공장에서 메이오(Mayo) 등이 연구한 바에 따르면 생리적이거나 경제적인 요인뿐 아니라 사회·심리적인 요소도 종업원들의 생산성에 큰 영향을 미친다.

① 기업 내 비공식적 조직의 중요성을 발견하였다.
② 종업원들이 느끼는 감정과 태도가 그들의 작업 능률에 큰 영향을 미친다.
③ 인사관리를 인간관계적으로 접근하게 된 시초가 된 연구이다.
④ 적절한 조명과 휴식, 간식 제공 등이 능률 향상에 중요하다.

05 맥그리거의 Y이론에 대한 설명으로 옳지 <u>않은</u> 것은?
① 인간은 일을 휴식이나 여가와 같이 당연한 것으로 받아들인다.
② 인간은 일의 결과에 대한 책임을 감수할 의향이 있다.
③ 인간은 공식적인 지시를 선호한다.
④ 인간은 누구나 바람직한 의사결정을 할 능력이 있다.

06 다음 중 인적자원관리의 시스템적 접근법과 관련이 없는 연구자는?

① 피고스   ② 리커트
③ 마이어스   ④ 데슬러

07 인사관리자의 역할 중 다음의 설명과 관련이 있는 것은?

> 인사관리자는 사회적·기술적 변화에 대응하여 인간과 관련된 제도를 변경하는 역할을 해야 하고 조직 전체를 혁신시키는 역할도 수행할 수 있는 역량도 보유해야 한다.

① 갈등 조정자   ② 변화 관리자
③ 인사행정 수행자   ④ 정보 제공자

08 다음 빈칸에 들어갈 가장 적절한 용어는?

> (　　　)은 기업의 성과에 영향을 주는 각종 변수를 측정하고 분석하여 기업조직에 영향을 주는 내부적·외부적 요인인 상황 변수에 적응하는 것을 중시하는 인사관리 접근법이다.

① 과정 접근법   ② 과학적 접근법
③ 상황적합 접근법   ④ 시스템 접근법

09 다음 빈칸에 들어갈 말로 적절한 것은?

> (　　　)로서의 인사관리자는 조직 내에서 갈등이 있는 부서, 집단, 개인이 직접 접촉할 때의 마찰을 줄이기 위해 교량 역할을 할 수 있어야 한다.

① 경계 연결자   ② 대표자
③ 조정자   ④ 정보 제공자

10 다음에서 설명하는 인사관리 유형과 관련이 있는 것은?

> 산업혁명으로 생산기계가 도입되면서 종업원 여러 명이 할 일을 한 대의 기계가 대체하게 되었다. 종업원에 대한 경영자의 절대적 권한은 과거 그대로였으나, 가부장적 인사관리시대의 복리후생제도는 사라졌다.

① 민주적 인사관리   ② 착취적 인사관리
③ 권위적 인사관리   ④ 성과주의 인사관리

11 다음 빈칸에 들어갈 단어가 알맞게 짝지어진 것은?

> (　　) 인적자원관리는 경영자와 종업원이 경영사항에 대해 논의는 하되, 최종결정은 경영자가 하는 반면, (　　) 인적자원관리는 경영자와 종업원이 공동으로 의사결정을 한다.

① 협의적 – 민주적   ② 협의적 – 협력적
③ 민주적 – 합의적   ④ 가부장적 – 민주적

12 포드의 3S에 해당하지 않는 것은?
① 간소화　② 기계화
③ 표준화　④ 전문화

13 다음 중 인적자원 회계시스템을 제안한 연구자는?
① 플리포　② 메이오
③ 리커트　④ 마이어스

14 다음 설명과 관련 있는 것은?

> 임금과 복리후생을 중시하는 노동조합의 격심한 반발을 불러왔으며, 노동조합에게 '사탕발림 인사관리'라는 비판을 받았다.

① 인간관계적 접근　② 인적자원적 접근
③ 기계적 접근　④ 과학적 접근

15 인적자원적 접근법의 인간관에 대한 것으로 가장 적합한 것은?
① 상사의 엄격한 감독이 필요하다.
② 수많은 가능성을 가지고 있다.
③ 안전을 중시한다.
④ 공식적인 지시를 선호한다.

[기출유형]

16 인사관리의 성격에 대한 설명 중 가장 적합한 것은?
① 관리의 대상은 조직이다.
② 관리의 주체는 인간이다.
③ 사람의 행동과 무관하다.
④ 사회적·경제적·문화적 환경과 독립되어 있다.

[기출유형]

17 인사관리자의 외부 관계에서의 역할로 가장 적합한 것은?
① 경영진에 대한 정보 제공자
② 전략적 동반자
③ 갈등 조정자
④ 경계 연결자

18 조직에서 사람을 다루는 철학과 제도 및 기법의 체계를 일컫는 용어는?

① 경영철학　　② 거시조직론
③ 인적자원관리　　④ 인적자원개발

19 인사관리에 대한 설명으로 가장 옳지 않은 것은?

① 인사관리는 기업의 성과를 좌우하는 활동이다.
② 인사관리의 이상은 기업의 목표와 종업원의 행복을 양립시키는 데 있다.
③ 인사관리는 결과적으로 고객만족을 높일 수 있다.
④ 인사관리는 주주의 이익만을 증대시킬 수 있다.

20 기계적 접근법과 관련해 테일러가 '적정한 하루의 성과 수준'을 측정하기 위해 실시한 것은?

① 분업화　　② 시간과 동작 연구
③ 컨베이어 시스템 도입　　④ 생산현장 관찰

제1장 | 정답·해설

01	02	03	04	05
④	④	③	④	③
06	07	08	09	10
②	②	③	③	②
11	12	13	14	15
①	②	③	①	②
16	17	18	19	20
②	④	③	④	②

01 ④

메이오는 이른바 '호손 공장의 실험'으로 인간관계적 접근의 토대를 마련하였다.
①, ②, ③ 포드와 테일러는 기계적 접근법을 대표하는 연구자다. 특히, 테일러는 시간 및 동작 연구를 하는 과정에서 작업자 한 사람이 여러 일을 동시에 하는 것보다 여러 사람이 한 가지 일만 하는 것이 작업시간 측면에서 효율적이라는 것을 확인하였다. 이는 아담 스미스가 주장하였던 분업의 원리를 재확인한 것이다.

02 ④

비공식적 조직의 중요성은 메이오(Mayo) 등의 연구자가 호손 공장의 실험을 통해 밝혀낸 것으로 이는 인간관계적 접근에 해당한다.

03 ③

분업을 통한 생산성 향상은 테일러와 포드로 대표되는 기계적 접근법에 대한 설명이다.

04 ④

인사관리의 인간관계적 접근의 시초가 된 호손 공장의 실험을 통해 연구자들은 임금이나 작업환경과 같은 근로조건뿐 아니라 비공식적 집단을 통한 종업원의 사회·심리적인 만족이 중요하다는 점을 발견하였다.

05 ③

공식적인 지시를 선호하는 것은 X이론 인간관이다.
①, ②, ④ Y이론 인간관에 대한 설명이다.

06 ②

리커트는 인적자원적 접근을 시도한 대표적 연구자다.
①, ③, ④ 피고스, 마이어스, 데슬러는 시스템적 접근법을 연구한 대표 학자이다.

07 ②

인사관리자의 역할 중에서 변화 관리자(변화 담당자)에 대한 설명이다. 인사관리자는 조직의 변화를 주도하거나 촉진하는 것뿐 아니라, 기업이 급격한 변화를 겪을 때 조직이 흔들리지 않도록 안정시키는 역할도 수행해야 한다.

08 ③

상황적합(상황적) 접근법에 대한 설명이다. 상황적합 접근법은 기업을 둘러싼 환경을 중시하고 그 환경에 적응할 수 있는 인적자원관리가 효과적이라는 전제를 가지고 접근한다.

09 ③

인사관리자의 역할 중 (갈등) 조정자로서의 역할을 제시하고 있다.

[오답분석]
① 경계 연결자는 인사관리자의 역할 중 외부 환경과 기업 내부 환경을 연결해 주는 역할을 의미한다.
④ 정보 제공자는 인사관리자의 전통적 역할 중 인사관리에 필요한 정보를 경영진에게 제공하는 역할을 의미한다.

10 ②

가부장적 인사관리 이후 나타난 착취적 인사관리에 대한 설명이다. 산업혁명이 일어나 기계가 도입되면서 노동시장에서의 종업원들의 경쟁력은 떨어졌으며, 이는 임금 저하와 장시간 노동으로 이어졌다.

11 ①

협의적 인적자원관리의 새로운 양상으로 등장한 민주적 인적자원관리는 경영자와 종업원이 경영사항에 대해 협의하는 것은 물론, 최종결정까지 공동으로 한다는 특징이 있다.

참고 **협의적 인적자원관리와 민주적 인적자원관리**
협의적 인적자원관리는 노사가 서로 정보와 의견을 교환하지만 최종결정은 사용자가 하는 반면, 민주적 인적자원관리는 경영에 대한 의사결정까지 노사가 공동으로 행한다.

12 ②

포드는 자동차의 대량생산을 위해 '3S'를 도입하였다. '3S'는 간소화(Simplification), 표준화(Standardization), 전문화(Specialization)로 구성되어 있다.

13 ③

리커트는 인적자원 회계시스템을 제안하였으며, 종업원을 기업의 주요자산으로 간주하고 이를 기업의 재무제표에 표기하여 기업가치를 재평가해야 한다고 주장하였다.

14 ①

인간관계적 접근에 대한 노동조합의 비판을 요약한 설명이다. 이 밖에도 인간관계적 접근에서 중시한 비공식 집단이 실제로 존재하는 것이냐에 대한 의문도 제기되었다.

15 ②

인적자원적 접근법은 인간을 수많은 가능성을 가진 존재로 본다.

오답분석

①, ③, ④ 전통적 인간관인 맥그리거의 X이론 관점에서 보는 인간관에 대한 설명이다.

16 ②

인사관리는 사람이 사람을 관리하는 것으로 관리의 주체는 인간이다.

오답분석

① 인사관리는 사람이 사람을 관리하는 것으로 관리의 대상도 인간이다.
③ 조직의 목표를 위해 사람의 행동양식을 바꾸는 것도 인사관리자가 수행하는 역할 중 하나이다.
④ 인사관리는 기업을 둘러싼 제반환경의 영향을 받는다.

17 ④

인사관리자는 기업 내부와 외부를 연결하는 역할을 수행하여야 하는데, 이를 경계 연결자로서의 역할이라 한다.

18 ③

조직에서 사람을 다루는 철학과 제도 및 기법의 체계를 의미하는 것은 인적자원관리이다.

오답분석

④ 인적자원개발은 종업원의 능력을 신장시키는 체계를 의미하며, 인적자원관리의 하위 요소로 다루는 경우도 있다.

19 ④

인사관리는 주주, 종업원, 고객의 공존공영을 추구한다. 만일 인사관리의 제반 과정이 효과적으로 이루어진다면 주주뿐만 아니라 경영진, 종업원, 소비자의 이익을 높일 수 있다.

20 ②

테일러는 시간 및 동작 연구를 통해 적정한 하루의 성과 수준을 측정했다. 테일러는 이 연구를 통해 아담 스미스의 분업의 원리가 유효하다는 것을 재확인하였다.

오답분석

③ 컨베이어 벨트 시스템을 도입한 사람은 테일러와 동시대 인물인 포드(Ford)이다.

무료 학습자료 제공 · 독학사 단기합격 **해커스독학사**
haksa2080.com

전문가가 분석한 출제경향 및 학습전략

인적자원의 활용관리에서는 이론사적 접근, 행동과학, 상황이론, 디지털 HR, 다양성 관리 등이 출제될 수 있다. 고전적 관리 이론과 행동과학 이론의 핵심 원리를 학습하고, 상황적합(Contingency) 이론 사례를 숙지해야 한다. 2026년 개편으로 디지털 전환, DEI 전략, 유연 근무제 등 최신 동향 파악도 필요하다. 각 이론의 정의, 특징, 적용 방안 요약 암기로 기출문제 대응이 수월해진다.

제2장 | 핵심 키워드 Top 10   핵심 키워드 Top 10은 본문에도 동일하게 ★로 표시하였습니다.

01	Taylor 과학적 관리론(시간·동작 연구, 성과급, 분업) ★★★	p.46
02	상황적합(Contingency) 이론(상황적합 관리) ★★★	p.47
03	Maslow 욕구위계이론(생리 → 안전 → 사회 → 존중 → 자아실현) ★★★	p.47
04	Herzberg 동기-위생 이론(동기요인 vs 위생요인) ★★★	p.47
05	McGregor X·Y이론(통제 vs 자율) ★★★	p.47
06	DEI 전략(다양성, 형평성, 포용성) ★★★	p.54
07	HRIS 및 HR 애널리틱스(통합 시스템, 이탈·성과예측) ★★	p.52
08	Mayo 관계관리론(비공식조직, 관심 효과) ★★	p.46
09	유연 근무제 & 워라밸(Contingency 적용, 안전욕구 충족) ★★	p.55
10	글로벌 인적자원관리(현지화·표준화, 문화 차이 대응) ★★	p.55

제2장

인적자원관리의 활용관리

제1절 인적자원관리의 이론적 배경
제2절 인적자원관리의 목표와 방침
제3절 인적자원관리 최신 동향과 과제

제1절 인적자원관리의 이론적 배경

01 고전적 관리이론과 인적자원 관리

1. 과학적 관리론(테일러(Talyor), 1911년) ★★★

(1) 작업과업의 표준화
① 시간·동작 연구를 통해 각 작업 단계별 최적 수행 방법을 규명하고, 모든 작업자가 동일한 기준으로 작업하도록 표준화한다.
② 표준화된 절차는 생산성 향상과 작업 효율성 극대화를 돕는다.

(2) 성과급 제도
① 작업 성과를 객관적으로 측정해 높은 생산성을 낸 직원에게 차별적 보수를 지급한다.
② 성과 기반 보상은 직원의 동기부여와 업무 집중도를 높인다.

(3) 관리자-작업자 분업
① 기획·관리 업무는 관리자에게, 실행 업무는 작업자에게 맡겨 전문성을 강화한다.
② 분업은 관리 효율성을 높이고 작업자의 숙련도를 향상시킨다.

2. 행정관리론(페이욜(Fayol), 1916년)

(1) 관리기능 5대 원칙
계획·조직·지시·조정·통제의 순환 과정을 통해 조직 활동을 체계적으로 운영하고 각 기능이 상호 연계돼 목표 달성을 지원하도록 한다.

(2) 조직구조 원칙
계층제와 명령일원화를 통해 권한과 책임을 명확히 함으로써 권한·책임의 균형을 유지해 관리 체계의 안정성과 효율성을 확보한다.

3. 관계관리론(메이요(Mayo)·호손(Hawthorne), 1924~1932년) ★★

(1) 심리·사회적 요인의 중요성
① 비공식조직과 사회적 욕구가 직원 태도와 성과에 큰 영향을 미친다.
② 동료 간 관계와 소속감이 높은 생산성을 유도한다.

(2) 관심 효과
① 직원이 연구·관찰의 대상이 된다는 인식만으로도 생산성이 향상된다.
② 조직이 직원에게 관심을 기울이는 자체가 강력한 동기부여 수단이 됨을 보여 준다.

02 행동과학 이론과 인적자원관리

1. 욕구위계이론(매슬로우(Maslow), 1943년) ★★★

(1) 주요 내용
생리 → 안전 → 사회 → 존중 → 자아실현 욕구가 순차적으로 이루어질 때 직원 만족과 동기가 최대화된다.

(2) 인적자원관리 시사점
인적자원관리제도 설계 시 각 단계별 욕구를 반영해 복지·경력개발 정책을 수립한다.

2. 동기-위생 이론(허츠버그(Herzberg), 1959년) ★★★

성취감·인정 등 동기요인은 만족을 높여 자발적 업무 몰입을 이끌어 내는 반면, 보수·근무여건 등 위생요인은 불만을 제거해 안정적 근무 환경을 확보한다.

3. X·Y이론(맥그리거(McGregor), 1960년) ★★★

(1) X이론
X이론은 직원이 본래 게으르며 엄격한 통제와 감독이 필요하다고 본다.

(2) Y이론
Y이론은 직원의 자율성과 성취욕구를 신뢰해 참여적·지원적 관리 방식을 권장한다.

03 상황적합이론 ★★★

조직 환경·기술·규모 등 상황 변수를 분석해 적합한 인사제도를 선택·적용함으로써 상황에 따른 유연한 인적자원관리 방침으로 조직 성과를 극대화한다. 이를 상황적합(contingency)이론이라고도 한다.

기출개념확인

01 다음 중 Herzberg의 동기-위생 이론에 따른 '위생요인'에 해당하지 <u>않는</u> 것은?
① 보수
② 근무환경
③ 성취감
④ 대인관계

02 상황적합(Contingency) 이론의 핵심 내용으로 가장 적절한 것은?
① 모든 조직에 동일한 인사제도를 적용해야 한다.
② 조직 환경과 기술 수준에 따라 적합한 관리방식을 선택해야 한다.
③ 직원의 심리적 욕구 순서를 파악해 복지 정책을 설계해야 한다.
④ 관리자와 작업자의 역할을 분리해 전문성을 강화해야 한다.

정답·해설

01 ③ 위생요인은 불만을 제거하는 요소로 보수, 근무환경, 대인관계 등이 해당하며, 성취감은 동기요인이다.

02 ② 상황적합(Contingency) 이론은 조직 환경, 기술, 규모 등 상황 변수에 맞춰 가장 효과적인 인사제도 및 관리방식을 적용하도록 강조한다.

제2절 인적자원관리의 목표와 방침

01 인적자원관리의 기본 목표

1. 효율성과 생산성 향상

(1) 과학적·행정적 관리 원칙 적용
　테일러의 시간·동작 연구와 페이욜의 관리기능 원칙 등을 활용해 직무를 표준화하고 명확히 구분하며 체계적 기획·조직·지시·조정·통제 운영으로 업무 효율성과 성과를 증대시킨다.

(2) 동기부여 정책 수립
　허츠버그의 동기·위생 요인 중 동기요인은 강화하고 위생요인은 안정적으로 관리한다. 매슬로우의 욕구위계이론을 응용하여 복지·보상·성장 경로를 균형 있게 설계할 수 있도록 한다.

2. 조직몰입과 만족도 향상

(1) 권한 위임과 자율성 부여
　맥그리거의 Y이론에 따라 자율 의사결정 권한을 확대해 직원 몰입도를 높이고 책임과 권한의 균형을 통해 조직몰입과 개인 동기를 동시에 강화한다.

(2) 조직문화와 비공식 네트워크 활용
　호손 실험을 통해 비공식조직의 소통 채널을 활성화하여 팀워크를 강화하고 정기적 피드백과 워크숍으로 신뢰 기반 협업 문화를 구축하고 조직 탄력성을 확보한다.

02 인적자원관리의 방침

1. 공정성·투명성 원칙

(1) 공정한 보상 체계

직무분석·평가 결과를 토대로 보상을 공정하게 책정해 동일 직무에 동일 대우를 보장하고 성과 평가·승진 기준을 명확히 공개해 인사 결정의 투명성을 확보한다.

(2) 제도 운영의 투명성

① 인사고과 및 승진 절차를 문서화하고 이의제기 채널을 운영해 신뢰를 강화한다.
② 주요 HR 정책 변경 시 직원 의견 수렴 과정을 거쳐 정책 수용도를 높인다.

2. 지속적 피드백과 개선

(1) 환류(Feedback) 시스템 구축

① 성과 결과를 인적자원관리 제도 설계에 반영하는 순환 구조를 마련한다.
② 정기적 성과평가 후 교육·훈련 프로그램을 조정해 직원 역량을 지속적으로 개발한다.

(2) 적합성 유지

① 상황적합(Contingency) 이론에 따라 환경·기술 변화에 맞춰 제도를 유연하게 개편한다.
② 내부·외부 변화 요인을 모니터링하여 정책을 선제적으로 재설계한다.

기출개념확인

01 다음 중 허츠버그의 동기-위생 이론을 인적자원관리 방침에 적용한 사례로 옳은 것은?

① 보상 체계를 직무분석 없이 일괄 시행한다.
② 성과평가 결과를 교육훈련에 반영해 직원 역량을 개발한다.
③ 직원 불만을 줄이기 위해 업무 자율성을 완전히 제한한다.
④ 동기요인을 무시하고 위생요인만 강화한다.

02 맥그리거의 Y이론과 상황적합(Contingency) 이론을 동시에 반영한 인사관리 방침으로 적절한 것은?

① 모든 직원에게 동일한 업무 지시와 감독 방식을 적용한다.
② HR 제도를 환경 변화 없이 고정해 운영한다.
③ 자율적 의사결정 권한을 부여하고, 조직 규모 변화에 따라 제도를 유연하게 개편한다.
④ 조직 내 소통 채널을 제거해 의사결정 속도를 높인다.

정답·해설

01 ② 허츠버그 이론에서 위생요인은 불만 제거, 동기요인은 만족 증진을 다룬다. 성과평가 결과를 교육훈련에 반영해 직원 역량을 개발하는 것은 동기요인을 강화하는 사례로 적절하다.

02 ③ Y이론은 자율과 참여를 강조하고, 상황적합(Contingency) 이론은 환경·규모 변화에 따른 제도 유연성을 강조한다. 자율적 권한 부여와 유연한 제도 개편이 두 이론을 모두 반영한다.

제3절 인적자원관리 최신 동향과 과제

01 디지털 전환과 HR

1. HRIS 도입과 자동화 ★★

(1) 통합 인사관리 시스템
　① 채용·교육·성과관리 데이터를 하나의 시스템에서 처리해 업무 효율성을 높인다.
　② 반복적 행정업무를 자동화해 인적자원관리 담당자의 전략적 역할 수행을 지원한다.

(2) 데이터 기반 의사결정
　① HR 애널리틱스를 활용해 이탈예측·성과예측 모델을 수립한다.
　② 매슬로우·허츠버그 이론 설문을 통해 직원 요구를 정량 분석한다.

02 조직문화와 다양성

1. 다양성
조직의 노동력으로서의 가지는 이질적인 모든 특성을 지칭한다.
예 개인적 속성, 사회적 속성, 조직적 경험을 가진 여성, 소수인종, 고령자, 장애인 등

2. 다양성관리(Diversity Management)
　① 소니(Soni)는 "다양성을 효과적으로 활용할 조직의 구조와 업무처리 절차를 개발하여, 인종·민족·성별 등에 관계없이 모든 직원이 형평적이고 공정한 처우를 받을 수 있는 업무 환경을 조성하는 것"으로 정의하였다.
　② 네토와 소할(D'netto & Sohal)은 "어느 집단의 구성원들도 이득을 보거나 불이익을 받지 않을 형평적 업무 환경에서 이질적 노동력을 구성하고 그들의 잠재적 능력을 발휘하게 하는 것"으로 보았다.

3. 다양성관리의 대두 배경

(1) 여성의 사회 진출 증가
① 여성의 사회 진출이 증가하면서, 과거 남성 중심의 인적자원관리로는 효과적인 인재 관리에 한계가 있었다.
② 기업에서는 실질적인 양성평등을 고려한 인적자원관리 방안을 적극적으로 모색하였다.

(2) 인구 고령화
① 저출산과 평균 수명 연장으로, 인구 고령화가 이루어지는 추세이다.
② 취업 가능 인구의 감소로 인하여 중고령 근로자의 적극적 활용이 필요하다.
③ 중고령 인력의 기술, 지식, 경험을 통해 기업 성과를 높일 수 있는 인적자원 관리 방식 도입이 필요하다.

(3) 외국 인력의 유입과 다문화 가정의 증가
① 인력난을 겪고 있는 제조업체와 다국적 기업 중심으로 외국인 채용이 증가하고 있다.
② 농촌을 중심으로 국제결혼이 과거에 비해 보편화되어 다문화 가정이 증가하는 추세이다.
③ 전통적인 한국인과는 인종이 다른 한국인이 늘어나는 것도 다양성관리의 도입을 촉진하는 계기로 작용한다.

(4) 개인 가치관 변화
① 권위주의를 거부하고 개방적인 MZ세대가 조직으로 편입되고 있다.
② 연공서열주의, 남성중심주의 같은 일률적이고 경직된 인적자원관리 방식이 한계에 봉착한 상태이다.

4. 다양성관리의 필요성

(1) 갈등 예방
① 유사한 특성과 배경을 가진 사람들끼리는 안정감을 느끼지만, 그렇지 않은 사람들 사이에서는 긴장과 갈등이 조성된다.
② 갈등과 긴장을 예방하고 완화하기 위해 적극적인 다양성관리가 필요하다.

(2) 우수 인재 확보
① 개인의 다양성을 무시하고 조직 논리만을 강조하는 기업은 장기적으로 유능한 인재를 보유하기 어렵다.
② 우수 인재의 이탈은 인력 채용과 교육훈련에 드는 비용의 증가와 생산성의 하락을 유발한다.
③ 이를 예방하기 위한 조치로서 다양성관리가 필요하다.

(3) 창조성과 혁신성 배가
조직 내의 다양성이 조화를 이루면 조직의 창의성과 혁신성 향상에 기여할 수 있다.

5. 우리나라 기업의 다양성관리

(1) 전반적 실태
① 우리나라의 기업들에게 다양성관리는 여전히 낯선 문제이며 많은 기업의 최고 경영진과 인적자원관리 담당자들은 다양성관리의 개념조차 확립하지 못한 상태이다.
② 여성, 장애인, 외국인 근로자 등 국가에서 법률로 규제하고 있는 일부 영역에서 한정적으로 다양성관리가 실시되지만, 이것이 다양성관리라는 인식조차도 없는 실정이다.

(2) 대상별 현황
① **여성**
여성에 대한 차별 해소와 배려, 출산전후휴가, 육아휴직, 남녀고용 평등, 간접차별개념의 확립, 성희롱 처벌 강화 등 주로 법률에 의존하고 있으며 승진, 교육 등 법의 테두리 밖에서 이루어지는 인사관리는 여전히 차별이 잔존한다. 여성 관리자 비중이 낮고 경력 단절 여성이 비정규직으로 취업하는 현상이 두드러진다.

② **장애인**
우리나라에서는 장애인 고용촉진 및 직업재활법으로 일정 규모 이상의 기업에 일정 비율의 장애인 고용 의무가 있다. 그러나 장애인 고용률 미충족으로 부담금을 납부하는 기업이 많은 실정이다. 장애인 취업 문제는 장애에 대한 부정적 인식, 장애인 시설 미비, 장애인 대상 직업 능력 시스템 미비 등이 복합적으로 얽혀 단기간에 해소하기 어렵다.

③ **외국인 및 다문화 가정 구성원**
기본적 인권 보장도 되지 않는 착취적 인사관리 사례가 여전하며 다문화 가정 구성원에 대해서도 인적자원적 측면에서의 대책이 부재한 실정이다.

④ **핵심 인재 관리**
연공서열에서 벗어나 핵심 인재를 별도 관리하거나 외부에서 영입하는 사례가 증가하고 있으나 획일화된 채용 시스템, 핵심 인재 보상 시스템 미비로 핵심 인력 확보에 한계가 있다. 관행화된 인적자원관리제도와 공채 중심 순혈주의 문화로 핵심인력 하향평준화와 조기 정착 실패로 인한 이직 등의 문제점이 발생하고 있다.

6. 다양성 관리 방안 ★★★

(1) DEI 전략 수립
① 매슬로우의 사회욕구와 허츠버그의 인정요인을 반영해 다양한 배경의 인재를 포용한다.
② 비공식조직 네트워크를 활성화해 소수자 의견을 수렴하고 조직 혁신을 촉진한다.

(2) 포용성(Inclusion)
① 맥그리거의 Y이론에 따라 모든 직원이 참여하도록 자율적 근무 환경을 조성한다.
② 종업원의 심리적 안전감을 높여 조직문화 결속력을 강화한다.

03 향후 인적자원관리의 과제

1. 유연 근무제와 워라밸 ★★

(1) 근무방식 다양화
① 상황적합 이론을 적용해 조직·직무 특성에 맞춘 유연 근무 정책을 설계한다.
② 매슬로우의 안전·사회욕구를 충족해 종업원 만족도를 높인다.

2. 학습조직 구축

(1) 조직학습 이론 적용
① 아지리스(Argyris)의 조직학습 모델을 활용해 실험과 학습 기반 개선 문화를 조성한다.
② 정기적 환류를 통해 개인·조직의 동시 성장을 지원한다.

3. 글로벌 인적자원관리 ★★

개방시스템 관점으로 글로벌 변수를 모니터링해 현지화·표준화 전략을 병행하고 상황적합 이론에 따라 국가별 문화 차이를 반영한 인사제도를 운영한다.

기출개념확인

01 다음 중 HRIS 도입과 자동화의 효과로 옳지 않은 것은?
① 채용·교육·성과관리 데이터를 통합해 정보 접근성을 높인다.
② 반복적 행정업무를 자동화하여 HR 담당자의 전략적 역할을 강화한다.
③ HRIS를 도입하면 종업원의 심리적 안전감이 자동으로 보장된다.
④ 데이터 기반 의사결정을 통해 이탈예측·성과예측 모델을 수립할 수 있다.

02 다음 중 조직 내 다양성관리의 필요성으로 적절하지 않은 것은?
① 유사 배경 간 갈등을 예방한다.
② 우수 인재의 이탈 비용을 절감한다.
③ 조직의 창의성과 혁신성을 증대시킨다.
④ 단일 채용 기준으로 인재 선발을 강화한다.

정답·해설
01 ③ HRIS는 업무 효율화와 데이터 기반 의사결정을 지원하지만, 종업원의 심리적 안전감은 조직문화 개선과 포용성 정책이 필요하다.
02 ④ 다양성관리는 다양한 기준과 포용적 채용 방식을 통해 인재를 확보·관리하는 것이며, 단일 채용 기준 강화는 다양성관리와 반대되는 방침이다.

제2장 | 실전연습문제

*기출유형 은 해당 문제가 실제 시험에 출제된 유형임을 나타냅니다.

01 다음 중 테일러(Taylor)의 과학적 관리론에 해당하지 않는 것은?
① 시간·동작 연구
② 성과급 제도
③ 비공식조직의 중요성
④ 관리자-작업자 분업

04 맥그리거(McGregor)의 X이론 인간관에 대한 설명으로 옳은 것은?
① 인간은 자율적이고 성취욕구가 강하다.
② 인간은 일의 결과에 대한 책임을 감수한다.
③ 인간은 근본적으로 일하기를 싫어한다.
④ 인간은 자기통제 능력을 발휘한다.

기출유형
02 매슬로우(Maslow)의 욕구위계이론에서 욕구 단계의 순서로 올바른 것은?
① 생리 → 사회 → 안전 → 존중 → 자아실현
② 생리 → 안전 → 사회 → 존중 → 자아실현
③ 안전 → 생리 → 사회 → 존중 → 자아실현
④ 안전 → 생리 → 존중 → 사회 → 자아실현

05 페이욜(Fayol)의 관리기능 5대 원칙에 포함되지 않는 것은?
① 계획
② 지시
③ 동기부여
④ 통제

기출유형
03 허츠버그(Herzberg)의 동기-위생 이론에서 '위생요인'에 해당하는 것은?
① 성취감
② 인정
③ 책임감
④ 보수

06 호손(Hawthorne) 공장 실험의 시사점으로 옳지 않은 것은?
① 비공식조직의 중요성
② 사회심리적 요인의 중요성
③ 작업 표준화의 중요성
④ '관심 효과'의 발견

07 상황적합(Contingency) 이론에 대한 설명으로 가장 적절한 것은?

① 모든 조직에 적용 가능한 보편적 관리 원칙을 제시한다.
② 조직 환경과 기술 수준에 관계없이 동일한 제도를 적용한다.
③ 상황 변수에 따라 적합한 인사제도를 선택·적용한다.
④ 인간의 욕구 단계에 따른 관리 방식을 강조한다.

10 DEI 전략에서 'I'가 의미하는 것은?

① Information(정보)
② Innovation(혁신)
③ Inclusion(포용성)
④ Investment(투자)

[기출유형]

08 HRIS(Human Resource Information System)의 주요 기능으로 옳지 않은 것은?

① 채용 데이터 관리
② 성과관리 데이터 처리
③ 교육훈련 이력 관리
④ 제품 생산량 관리

[기출유형]

11 다음 중 다양성관리의 필요성에 대한 설명으로 옳지 않은 것은?

① 유사 배경 그룹 간 갈등 예방
② 우수 인재 확보 비용 절감
③ 조직 내 창의성과 혁신성 향상
④ 법적 고용 의무 회피

09 다음 중 인적자원관리의 기본 목표에 해당하지 않는 것은?

① 효율성과 생산성 향상
② 조직몰입과 만족도 향상
③ 시장점유율 확대
④ 공정성·투명성 확보

12 우리나라 기업의 다양성관리 실태와 가장 거리가 먼 것은?

① 최고경영진이 다양성관리 개념을 확립했음
② 여성 고용 평등법 준수 확대
③ 장애인 고용 의무 미충족 기업 다수
④ 외국인 근로자 인권 보장 미흡

13 여성 대상 다양성관리 현황으로 옳지 <u>않은</u> 것은?
① 배려출산전후휴가 제공
② 간접차별 개념 확립
③ 여성 관리자 비중 낮음
④ 경력 단절 여성 다수 비정규직 취업

16 핵심 인재 관리상의 과제로 옳은 것은?
① 연공서열 강화
② 공채 중심 순혈주의 지속
③ 외부 영입 확대
④ 순환보직제 완전 폐지

[기출유형]
14 장애인 고용 문제의 원인으로 옳지 <u>않은</u> 것은?
① 부정적 사회 인식
② 시설 및 재활 시스템 미비
③ 고용 의무 완전 이행
④ 중증장애인 낮은 취업률

17 다양성관리 방안으로 적절하지 <u>않은</u> 것은?
① 다양성관리 전담부서 설치
② 세분화된 HR 체계 마련
③ 경영진 의사결정에서 다양성 존중 배제
④ 인종 차별 없는 채용 정책 수립

[기출유형]
15 외국인 및 다문화 가정 구성원 관리 방안으로 적절하지 <u>않은</u> 것은?
① 고용허가제 기반 저임금 산업 활용
② 착취적 인사관리 개선
③ 다문화 지원 정책 부재
④ 핵심 인재용 순환보직제 확대

18 세분화된 HR 체계 마련 시 고려할 요소가 <u>아닌</u> 것은?
① 성별
② 국적
③ 연공서열
④ 고용형태

기출유형

19 인사관리시스템을 4개 유형으로 나누어 설명한 학자는?

① 메이오　　② 맥그리거
③ 리커트　　④ 터너

기출유형

20 인사관리 단계 중 가장 나중에 이뤄지는 것은?

① 유지 관리　　② 보상 관리
③ 방출 관리　　④ 확보 관리

제2장 | 정답·해설

01	02	03	04	05
③	②	④	③	③
06	07	08	09	10
③	③	④	③	③
11	12	13	14	15
④	①	②	③	④
16	17	18	19	20
③	③	③	③	③

01 ③

비공식조직의 중요성은 호손 공장 실험을 통해 발견된 인간관계적 접근의 내용이며, Taylor의 과학적 관리론과는 관계없다.

02 ②

매슬로우(Maslow)의 욕구위계이론은 생리 → 안전 → 사회 → 존중 → 자아실현 순으로 단계적 충족을 강조한다.

03 ④

위생요인은 불만을 제거하는 요소로 보수, 근무여건, 대인관계 등이 해당한다.

04 ③

X이론은 인간이 본래 게으르며 엄격한 통제와 감독이 필요하다고 본다.

05 ③

페이욜(Fayol)의 관리기능은 계획, 조직, 지시, 조정, 통제 5단계이다.

06 ③

작업 표준화는 Taylor의 과학적 관리론 내용이며, 호손 실험의 시사점이 아니다.

07 ③

상황적합 이론은 조직의 환경·기술·규모 등에 따라 적절한 관리 방식을 선택해야 한다고 본다.

08 ④

HRIS는 인사관리 시스템으로 제품 생산량 관리는 해당 기능이 아니다.

09 ③

시장점유율 확대는 마케팅 목표이며, 인적자원관리의 직접적 목표가 아니다.

10 ③

DEI는 Diversity(다양성), Equity(형평성), Inclusion(포용성)을 의미한다.

11 ④

다양성관리는 갈등 예방, 인재 확보, 창의성 증대 등을 목적으로 하며, 법적 고용 의무를 회피하는 것이 목적이 아니다.

12 ①

대다수 기업의 최고경영진은 다양성관리 개념을 확립하지 못한 상태이므로 해당 진술은 사실과 거리가 멀다.

13 ②

간접차별 개념이 확립되지 않아 여전히 차별이 존재하므로 "확립"은 옳지 않은 설명이다. 문제는 "옳지 않은 것"이므로 배려출산휴가, 여성 관리자 비중 낮음, 경력 단절 비정규직 현상은 모두 맞는 설명이다.

14 ③

장애인 고용 의무 미이행이 문제이므로 "완전 이행"은 원인이 될 수 없어 옳지 않다.

15 ④

순환보직제는 핵심인재 관리 과제 중 하나로, 확대하는 것이 아니라 제도 개선을 위해 순환보직제를 재검토해야 한다.

16 ③

외부 영입 확대는 핵심인재 확보 방안으로 적절하다. 연공서열 강화, 공채 중심 순혈주의 지속, 순환보직제 완전 폐지는 핵심인재 관리 과제에 부합하지 않는다.

17 ③

경영진 의사결정에 다양성 존중을 배제하는 것은 방안으로 적절하지 않다. 전담부서 설치, 세분화된 HR 체계, 인종 차별 없는 정책 수립은 모두 적절하다.

18 ③

세분화된 HR 체계는 성별, 국적, 고용형태 등 다양한 특성을 고려해야 하며, 연공서열은 기존 순혈주의 관행에 해당해 세분화 요소로 적합하지 않다.

19 ③

리커트는 인사관리시스템을 4단계로 구분하여 현대적 인사관리는 관리시스템 4를 지향해야 한다고 주장했다.

오답분석
① 메이오는 호손 공장의 실험을 통해 인사관리의 인간관계적 접근법을 제시하였다.
② 맥그리거는 X이론과 Y이론으로 인간관을 설명하였다.
④ 터너는 경영방침의 조건을 제시한 바 있다.

20 ③

인사관리 활동은 인적자원의 확보 – 개발 – 활용 – 보상 – 유지 – 방출 순으로 이루어진다.

참고 인적자원의 방출 관리
인적자원의 방출 관리는 기업이 주도하여 이뤄지는 인력 감축 활동과 종업원이 주도하는 자발적 이직으로 구분할 수 있다.

무료 학습자료 제공 · 독학사 단기합격 **해커스독학사**
haksa2080.com

전문가가 분석한 출제경향 및 학습전략

직무설계, 직무분석, 직무평가는 독학사 경영학에서 빈번하게 출제되는 내용이다. 테일러의 과학적 관리론과 현대적 직무설계 이론을 중심으로 직무구조, 직무과정, 근무시간 설계까지 폭넓게 학습하는 것이 중요하다. 또한 직무평가의 다양한 방법과 실시 시 유의점, 직무분류의 개념도 체계적으로 이해해야 한다.

제3장 | 핵심 키워드 Top 10

핵심 키워드 Top 10은 본문에도 동일하게 ★로 표시하였습니다.

01	직무설계 개념 및 구분 ★★★	p.64
02	직무구조 설계 ★★★	p.64
03	직무분석의 개념, 목적, 자료수집방법과 실시절차 ★★★	p.70, p.71
04	직무평가의 개념과 목적 ★★★	p.76
05	직무과정 설계 ★★	p.67
06	근무시간 설계 ★★	p.67
07	직무기술서와 직무명세서 ★★	p.73
08	직무분석 실시 문제점과 대책 ★★	p.74
09	직무평가 실시 시 유의점 ★★	p.81
10	직무분류 ★★	p.82

제 3 장

직무관리

제1절 직무설계
제2절 직무분석
제3절 직무평가

제1절 직무설계

01 직무설계의 개념과 구분 ★★★ 기출개념

1. 직무설계의 개념
직무설계는 기업의 효율성을 확보함과 동시에, 종업원이 의미를 가지고 일을 수행하면서 만족을 느낄 수 있는 방향으로 직무 내용을 구성하고 작업방법을 변경하는 것을 의미한다.

2. 직무설계의 구분

구분	내용
직무구조 설계	직무의 내용과 수행방법 등을 설계
직무과정 설계	직무를 어떻게 연결했을 때 성과 창출에 효율적인지를 설계
근무시간 설계	직무 시작시간, 근무시간, 휴식시간 등을 설계

02 직무구조 설계 ★★★ 기출개념

1. 직무 전문화
직무 전문화는 한 작업자가 여러 종류의 일을 할 때, 그 업무를 숫자 측면에서 줄이는 것을 의미한다.

(1) 수평적 전문화와 수직적 전문화
 ① 수평적 전문화: 책임이 작은 업무를 여러 일로 분업화시키는 것을 말한다.
 ② 수직적 전문화: 책임이 큰 공정을 쪼개어 하위자에게 일을 맡겨 분업화하는 것을 의미한다.
 ③ 수평적 전문화와 수직적 전문화는 동시에 이루어질 수도 있다.

(2) 직무 전문화의 장단점 ★★

구분	기업 측	근로자 측
장점	• 작업자 선발과 훈련이 용이함 • 단순반복 작업으로 대량생산 가능 • 높은 생산성 • 숙련공이 필요 없어 저렴한 노무비 • 작업의 관리 용이	• 작업결과에 대한 책임부담이 적음 • 정신적 부담이 적음 • 특별한 직무교육 불필요 • 미숙련공의 취업 용이

단점	• 제품 전체에 대한 책임 규명이 곤란하여, 품질관리가 어려움
	• 작업자의 불만으로 비용이 발생함
	  - 이직
	  - 지각 및 결근
	  - 생산 공정의 고의적인 지체
	  - 고충 건수의 증가
		• 반복 작업으로 권태감이 생김
		• 세분화된 작업으로 인하여 작업에 대한 만족이 저하되고, 보다 좋은 직무를 수행할 기회가 적음
		• 작업방법 또는 수단을 개선하여 능력을 발휘할 기회가 적음
		• 혹사하게 되어 피로감이 가중됨
		• 동료 작업자 간에 인간관계 형성의 기회가 줄어듦

2. 직무 확대화

(1) 직무 확대화의 개념 및 의의

① 전문화된 직무의 내용 및 범위를 넓히는 것을 말한다.
② 직무 확대화는 직무 전문화의 부작용에 대한 대응책이다.
③ 수평적 직무 확대화는 권한이나 책임의 변화 없이 업무의 숫자만 늘리는 확대화 방식을 뜻하며, 양적 직무 확대화라고 할 수 있다.
④ 수직적 직무 확대화는 종업원이 수행하는 업무의 종류가 증가됨과 더불어 의사결정권, 자유재량권, 책임의 크기도 늘어나는 유형의 직무 확대화 방식이며, 질적 직무 확대화라고도 한다.
⑤ 개인 및 집단별 직무 확대화 모델

구분	개인 대상	집단 대상
수평적 직무 확대화	직무확대 (job enlargement)	직무교차 (overlapped workplace)
		직무순환 (job rotation)
수직적 직무 확대화	직무충실 (job enrichment)	준자율적 작업집단 (semi-autonomous workgroup)

⑥ 직무 확대화 유형은 대상 및 확대화의 방법에 따라 나눌 수 있으며, 해당 유형은 위 표의 모델을 참고할 수 있다.

(2) 직무 확대화의 유형
① 직무확대(협의의 직무확대)
  ㉠ 한 작업자가 수행하는 과업의 숫자는 증가하지만 의사결정권이나 책임은 거의 증가하지 않는 경우를 말한다.
  ㉡ 목적: 작업자의 피로도와 단조로움을 감소시키고, 작업자가 다양한 기술을 익힐 기회를 제공하는 것을 주목적으로 한다.
  ㉢ 의문점: 단조로운 직무를 추가 할당했을 때 작업자의 만족도가 실제로 증가하느냐에 대한 의문이 있을 수 있다.

② 직무충실
  ㉠ 작업자가 수행하고 있는 직무에 의사결정권과 책임이 추가로 부과되는 과업이 더 할당되는 방식을 말한다.
  ㉡ 목적: 협의의 직무확대에서 추구하는 목적 외에 의사결정권을 부여하여 직무 수행자의 창의성을 증진시키고 일의 보람을 느낄 수 있도록 하는 것을 목적으로 한다.
  ㉢ 직무충실을 실시하기 위해서는 단순하게 진행해야 한다.
  ㉣ 유의점
    • 의사결정능력을 배양할 수 있는 교육훈련의 실시가 필요하다.
    • 의사결정권이 비효율적으로 행사되었을 때 감수하여야 하는 비용이 있다.
    • 성장욕구가 낮은 종업원의 경우에 직무충실로 인하여 심리적 부담과 좌절을 느낄 가능성이 있다.

③ 직무교차
  ㉠ 기본적으로 협의의 직무확대와 유사하지만, 집단을 대상으로 집단구성원 간에 직무의 일부를 공동으로 수행한다는 점이 다르다.
  ㉡ 목적: 작업자의 기능을 다양화하고 구성원 간 협동심을 함양하며, 인간관계를 강화하는 것을 목적으로 한다.
  ㉢ 유의점: 함께 맡은 업무를 서로 미룰 경우에는 생산성 저하의 우려가 있다.

④ 직무순환
  ㉠ 집단을 대상으로 하는 수직적·수평적 직무 확대화 방식이다.
  ㉡ 장점: 종업원이 매너리즘에 빠지는 것을 방지하고, 종업원의 업무적인 기능 다양성과 인력 배치의 유연성을 확보하는 장점이 있다.
  ㉢ 유의점: 전문성 확보가 곤란하고 직무순환으로 인해 새로 유입된 직원이 적응하는 동안 일시적으로 생산성이 저하될 가능성이 있다.

⑤ 준자율적 작업집단
  ㉠ 집단을 대상으로 한 수직적 직무 확대화 방식이다.
  ㉡ 몇 개의 직무들로 하나의 작업집단을 만든 후, 이를 수행하는 작업자들에게 작업장소, 작업시간, 작업방법과 속도, 책임자 선정 등에 있어 일정한 자율성을 확보해주는 것을 뜻한다.
  ㉢ 목적: 종업원의 자율성을 보장하여 종업원의 사회적 욕구와 성장욕구 충족, 생산성 향상, 조직 통제와 조정에 드는 부담을 감소시키고, 교육훈련비를 경감한다.

> **핵심 Check**
> **준자율적 작업집단의 적용**
> 직무들 간에 상호의존성이 높고 스트레스가 높은 직무에 적용할 때 효과가 크게 나타난다.

ⓔ 유의점: 기업과 자율집단 간 갈등의 소지가 있고, 작업집단 내 구성원 간 갈등이 발생할 가능성이 있다.

03 직무과정 설계 ★★

1. 비즈니스 리엔지니어링 `기출개념`
① 기본적이고, 근본적이며, 극적인 프로세스상의 변화가 핵심인 대표적인 직무과정 설계 기법이다.
② 비즈니스 리엔지니어링은 프로세스를 구성하고 있는 업무들이 여러 부문에 산재되어 있고, 업무처리 단계마다 의사결정 소요시간이나 대기시간이 길어 직무수행 과정이 비효율적으로 이뤄지는 경우에 도입할 수 있는 기법이다.

2. 마이클 해머의 비즈니스 리엔지니어링 개념 ★
마이클 해머(Michael Hammer)는 영업실적을 나타내는 중요하고도 현대적인 척도인 비용, 품질, 서비스, 속도 등의 극적인 변혁을 실현하기 위해, 업무수행 프로세스 전 과정을 완전히 재고(再考)하여 근본적으로 재설계하는 것으로 비즈니스 리엔지니어링을 정의하였다.

> **핵심 Check**
> **마이클 해머가 말한 비즈니스 리엔지니어링 개념**
> 영업실적을 나타내는 척도들의 극적인 변혁을 실현하고자 업무수행 과정을 재설계하는 것으로 정의된다.

3. 비즈니스 리엔지니어링 실시 시의 유의점
① 현재의 문제점을 드러낼 수 있는 현상 타파적이고 혁신적인 사고가 필요하다.
② 문제를 임시방편으로 해결하기보다는 근본적인 원인을 파악하고자 하는 자세가 필요하다.
③ 최고경영진의 강한 의지와 지원이 있어야 하고, 종업원 교육도 필수적이다.

04 근무시간 설계 ★★

1. 근무시간의 형태 `기출개념`

(1) 고정적 근무시간제
① 모든 종업원의 근로 시작시각과 종료시각을 동일하게 하는 것으로 가장 일반적인 제도이다.
② 일부 기업에서는 근로시간에 차이가 있는 집중 근로시간제를 도입하였다.
> 예 주 40시간을 기준으로 할 때, 4일간 10시간을 근무하고 3일을 쉬거나 9시간씩 4일을 근무하고 하루는 4시간을 근무하게 하는 등의 근무시간설계

> **핵심 Check**
> **집중 근무시간제의 장단점**
> - **장점**: 상대적으로 장기간의 여가 활용 가능, 특히 출퇴근 거리가 긴 종업원에게 유리하다.
> - **단점**: 타 기업 또는 고객과의 관계가 긴밀한 기업의 경우에는 업무 공백이 발생하고, 긴 근무시간으로 근무일의 피로가 누적되어 생산성 저하가 우려되며, 법률상 시간 외 수당이 발생하여 인건비 부담이 가중된다.

(2) 변동적 근무시간제
① 종업원이 근로 시작과 종료에 일정한 재량권을 갖는 제도이다.
② 장점: 종업원이 컨디션에 맞춰 출퇴근 시간 조정이 가능하고 개인 생활과 일의 조화를 도모할 수 있으며, 일반적으로 결근율, 지각률, 이직률과 연장근로의 감소, 직원의 직무만족도와 생산성 증가 등의 효과를 거둘 수 있다.
③ 단점: 관리감독이 어려워 근무자 간에 협업이 잘 이루어지지 않는다.
④ 따라서 상호의존성이 높지 않은 업무를 수행하는 종업원들을 대상으로 도입하는 것이 바람직하다.

(3) 부분 근무시간제(파트타임)
① 일반적인 근로자들보다 적은 시간을 근무하면서 그에 상응하는 임금을 받는 제도를 의미한다.
② 직무분할이 가능하고 상호의존성이 낮은 업무에 도입 가능하다.
③ 요식업 등 특정 시간에 업무가 가중되는 업종에 효과적이다.

(4) 교대근무제
① 24시간 가동이 필요한 업종이나 병원 등에서 활용한다.
예 철강, 화학 산업 같은 연속공정산업이나 자동화 공장 등
② 장점: 장비나 기계 설비의 활용도를 최대화할 수 있다.
③ 단점
　㉠ 인간의 생체 리듬에 맞지 않는 야간 근무 시 생산성이 저하되고, 사고 증가가 우려되며, 결근율 증가 가능성이 있다.
　㉡ 또한, 종업원의 건강과 가족 및 지인과의 인간관계 형성에 악영향을 끼치는 등의 단점이 있다.

2. 휴게시간설계

구분	내용
목적	작업자의 피로를 해소하여 작업 능률을 높이기 위함
설계요소	휴게시간의 길이, 횟수, 휴게시간의 결정 주체자
유의점	업종 및 직무의 특성에 따라 결정, 관계 법률을 준수해야 함

◎ 핵심 Check

부분 근무시간제의 장단점
- 장점: 작업자의 피로도가 낮아 집중도가 높다.
- 단점: 한 직무를 여러 사람이 분할하여 맡는 경우 다수에게 동일한 교육훈련을 반복(교육훈련비 증가), 관리감독 업무의 부담이 증가한다.

📋 개념 Plus

부분 근무시간제의 사례
학업이나 육아 등의 이유로 부분 근로를 선호하는 사람들이 있고, 정규근로자의 취업이 어려워 부분 근무시간제 업무에 종사하는 경우도 많다. 또한, 정년퇴직자 등 고령자가 체력 등을 이유로 단시간 근무하는 사례도 증가하고 있다.

기출개념확인

01 직무설계의 구분으로 적절하지 <u>않은</u> 것은?

① 직무구조설계 ② 직무과정설계
③ 직무인력설계 ④ 근무시간설계

02 다음 글에서 설명하는 근무시간제는?

> 주 40시간을 기준으로 할 때, 4일간 10시간을 근무하고 3일을 쉬거나 9시간씩 4일을 근무하고 하루는 4시간을 근무하게 하는 등의 근무시간 설계 방식이다.

① 선택적 근로시간제 ② 집중 근로시간제
③ 변동 근로시간제 ④ 탄력적 근로시간제

정답·해설

01 ③ 직무설계는 직무 내용과 수행방법에 대한 직무구조설계, 직무의 연결에 대한 직무과정설계, 근무시간과 휴식시간에 관한 근무시간설계로 구분할 수 있다.

02 ② 집중 근로시간제에 대한 설명으로 우리나라에서는 연장근로수당 등 인건비 부담이 증가하게 된다.

제2절 직무분석

01 직무분석의 의의

1. 직무분석의 개념 및 목적 ★★★ 기출개념

(1) 직무분석의 개념

특정 직무의 내용 및 이를 수행하는 데 필요한 직무수행자의 행동이나 능력을 밝히는 체계적 활동을 말하며, 현대적인 의미의 직무분석은 테일러의 과학적 관리법에서부터 시작되었다.

(2) 직무분석의 목적

직무에 대한 정보와 직무수행자에게 요구되는 자격에 대한 정보를 획득하기 위함이다.

2. 직무분석의 작성

직무 내용에 관한 정보는 직무기술서(job description), 직무수행자에게 요구되는 자격요건에 관한 정보는 직무명세서(job specification)로 작성한다.

> **개념 Plus**
>
> **직무분석 관련 용어**
> - **요소(element)**: 관련된 동작, 정신적 과정을 분리시켰을 때 가장 작은 단위의 일
> - **과업(task)**: 독립된 목적으로 수행되는 하나의 명확한 작업 활동
> - **직무(job)**: 유사한 과업들이 모여 한 가지 일의 범위를 형성하는 것
> - **직군(job family)**: 유사한 직무들의 집단
> - **직종(occupation)**: 유사한 직군들의 집단

02 직무분석과 인사관리 활동

1. 직무분석과 인력 확보

① 직무분석을 통해 해당 기업 내 부서 혹은 작업 집단에 존재하는 직무의 종류와 양을 파악할 수 있다.

② 적정인력 산정의 근거가 되며, 해당 직무의 적격자를 보다 과학적으로 선발하는 데 활용한다.

③ 직무분석을 통해 얻은 직무에 대한 구체적인 정보를 토대로 인력을 배치할 때 직무와 사람 간의 적합성을 극대화시킬 수 있다.

2. 직무분석과 인력 개발

① 직무분석을 통해 직무가 요구하는 작업자의 능력이 무엇인지를 명확히 파악할 수 있다.

② 불필요한 교육훈련을 줄이고 목적 지향적인 교육훈련을 실시할 수 있다.

3. 직무분석과 인력 보상
① 직무분석은 어떠한 직무가 기업의 목표 달성에 더 많은 기여를 하는지를 규명한다.
② 합리적인 임금 수준 결정에 활용된다.

4. 직무분석과 인력 유지
① 직무분석을 통해 직무수행방법 및 사용되는 장비에 대한 정보가 획득된다.
② 개별 직무를 수행할 때의 위험을 알 수 있어 안전사고 예방을 위한 대책 수립이 가능하다.

5. 직무분석과 인력 방출
인력 감축 시에는 개별 직무의 가치, 업무 대체 가능성 등을 고려해야 하는데 이러한 정보 역시 직무분석을 통해 얻을 수 있다.

> **개념 Plus**
> **직무분석의 활용 목적과 실시 방법**
> 직무분석은 광범위한 정보를 대상으로 하므로 추구하는 목적에 따라 범위와 방법 등을 달리해야 할 필요가 있다.
> 예) 인력 감축을 위한 직무분석과 신규 채용을 위한 직무분석은 직무분석의 범위, 필요한 정보, 정보 수집방법에 있어 상당한 차이가 있음

03 직무정보 수집방법 ★★★ 기출개념

1. 관찰법 기출개념
특정 직무가 수행되고 있는 것을 직무분석 실시자가 직접 관찰하여 기록하는 것으로, 표준화되어 있거나 짧은 순환 과정을 가진 직무에 적합한 수집방법이다.

구분	내용
장점	실시가 간편함
단점	• 작업자의 정신적인 활동 관찰 불가능 • 직무수행자가 본인의 직무가 관찰되고 있음을 인지할 경우 직무수행 왜곡이 나타날 가능성이 있음

2. 개별면접법
개별면접법은 직무분석 실시자가 개별 종업원을 대상으로 면접을 진행하여 직무에 관한 정보를 획득하는 방법이다.

구분	내용
장점	• 시작에서 종료까지의 기간이 긴 직무의 경우 직무수행자가 요약 설명 가능 • 직무수행자의 정신적인 활동 파악 가능
단점	• 비교적 많은 시간이 소요됨 • 개별 종업원이 자신의 직무에 대한 내용을 과장하거나 자신에게 유리할 것이라 예상되는 진술은 기피하는 등의 문제 발생 가능

> **핵심 Check**
> **직무정보의 수집방법**
> • 관찰법
> • 개별면접법
> • 집단면접법
> • 질문지법
> • 작업기록법
> • 중요사실기록법
> • 워크샘플링법

3. 집단면접법

집단면접법은 개별면접법과 유사하나 면접의 대상이 집단이라는 점이 다르다.

구분	내용
장점	개별면접법에 비해 시간이 적게 들고 직무평가가 상대적으로 정확함
단점	조직 내 정치적 관계, 개인 습관, 개인적 동기 등이 복잡하게 얽힌 경우 효과가 반감됨

4. 질문지법 기출개념

질문지법은 직무수행자에게 질문지를 나누어 주고 이에 답하게 함으로써 직무정보를 얻는 방법이다.

구분	내용
장점	정보 수집을 위한 시간과 노력이 많이 절약됨
단점	• 직무수행자가 무성의한 답변을 하는 경우 신뢰도 문제가 발생함 • 직무수행자가 질문의 의미를 이해하지 못할 경우 커뮤니케이션 문제가 발생함

> **개념 Plus**
> **질문지의 설계**
> 질문지 설계는 직무분석의 목적, 직무수행자의 작성 능력, 직무수행자의 협력 의지 등에 따라 달라진다.

5. 작업기록법 기출개념

작업기록법은 직무수행자가 매일 작성하는 작업일지나 메모 사항을 바탕으로 해당 직무에 대한 정보를 수집하는 방법이다.

구분	내용
장점	장기간에 걸쳐 작성된 작업일지 등을 바탕으로 한 경우에는 신뢰도가 높음
단점	원하는 정보를 충분히 획득하기 어려움

6. 중요사실기록법 기출개념

중요사실기록법은 직무수행자의 직무행동 중에서 성과를 달성하는 데 효과적인 행동과 그렇지 않은 행동을 구분하여 사례를 수집하고, 직무성과에 효과적인 행동 패턴을 추출하여 분류하는 방법이다.

구분	내용
장점	직무행동과 직무성과 간의 관계를 직접적으로 파악할 수 있음
단점	• 많은 시간과 노력이 필요함 • 해당 직무에 대한 포괄적인 정보의 획득에 제약이 있음

> **핵심 Check**
> **직무정보 수집방법의 선택**
> 직무정보의 수집방법은 서로 배타적이라기보다는 상호보완적인 것이므로 특정 방법에 의존하기보다는 상황에 따라 여러 가지 방법을 병행하면서 직무에 대한 정보를 종합해야 한다.

7. 워크샘플링법

전체 작업을 일정하지 않은 간격을 두고 많은 관찰을 하여 직무정보를 얻는 방법으로, 전문적인 작업 연구자들이 많이 활용하며 면접과 토의로 보완이 필요하다.

04 직무분석의 절차 ★

1. 배경 정보 수집
예비 조사 단계에서 이루어지며 조직도, 업무분장표, 기존의 직무기술서 및 직무명세서와 같은 배경 정보를 수집한다.

2. 대표 직위 선정
직무의 수가 많아 시간과 비용을 고려해야 하는 경우에는 분석할 대표 직위를 선정한다.

3. 직무정보 획득
직무정보 획득 단계를 일반적으로 직무분석이라 한다. 수집한 직무정보를 토대로 직무의 특성, 직무에 수행에 필요한 종업원의 행동과 자질 등을 구체적으로 분석한다.

4. 직무기술서의 작성
앞서 얻은 정보를 활용해 직무의 주요 특성과 직무의 효율적 수행에 요구되는 활동들이 기록된 문서인 직무기술서를 작성한다.

5. 직무명세서의 작성
직무명세서는 직무의 수행에 필요한 인적 자질, 특성, 기능, 경험 내용 등을 기술한 것이다. 직무명세서는 독립된 문서로 작성될 수도 있으며, 직무기술서에 함께 기술될 수도 있다.

05 직무기술서와 직무명세서 ★★

1. 직무기술서와 직무명세서의 의의 기출개념
직무기술서와 직무명세서는 직무분석의 결과물(output)이다.

직무기술서	직무명세서
• 과업 중심적인 직무분석에 의한 결과물 • 과업요건 중심	• 사람 중심적인 직무분석에 의한 결과물 • 인적요소 중심

2. 직무기술서와 직무명세서의 특징 ★

직무기술서	직무명세서
• 직무의 명칭 • 직무의 소속 직군 및 직종 • 직무내용의 요약 • 수행되는 과업 • 직무수행의 방법 • 직무수행의 절차 • 사용되는 원재료·장비·도구 • 관련되는 타 직무와의 관계 • 작업조건(작업집단의 인원수, 상호작용 정도 등)	• 직무의 명칭 • 직무의 소속 직군 및 직종 • 요구되는 교육 수준 • 요구되는 기능·기술 수준 • 요구되는 지식 • 요구되는 정신적 특성(창의력, 판단력 등) • 요구되는 육체적 능력 • 요구되는 작업 경험 • 책임의 정도

06 직무분석 실시상 문제점과 대책 ★★

1. 목적 없는 직무분석

① 우리나라의 많은 기업에서는 외국이나 다른 기업의 직무분석을 모방하여 구체적인 목표 없이 직무분석을 실시하고 있다.
② 구체적인 목표 설정이 없는 직무분석은 직무기술서를 작성하는 그 자체로 종료되는 경우가 빈번하다.
③ 직무분석의 결과물인 직무기술서를 인적자원관리의 각 분야의 활동에 적용시키는 등 직무분석에 대한 적극적인 노력이 필요하다.

2. 종업원들의 저항

① 종업원들이 직무분석의 목적과 필요성에 대해 충분히 이해하지 못한 상태에서 직무분석이 실시될 경우 종업원들의 강력한 저항이 발생한다.
② 일부 종업원은 직무분석으로 직무통합, 구조조정 등 자신에게 불리한 일이 일어날 수 있다고 생각한다.
③ 성공적 직무분석을 위해서는 최고경영진의 의지 표명과 충분한 설명으로 종업원들의 이해와 신뢰를 이끌어 내는 선행 작업이 필요하다.

3. 직무분석 자료의 진부화

① 기술 변화 등으로 직무구조의 변화는 항상 일어나고 있으며, 직무분석의 기간은 1년 이내로 하여 신속히 행해야 한다.
② 직무분석을 정기적 또는 비정기적으로 실시하면 기존 직무기술서의 진부화를 막고 해당 직무에 대한 정확한 정보를 유지할 수 있다.

기출개념확인

01 현대적 의미의 직무분석과 가장 관련이 있는 학자는?

① 테일러 ② 메이오
③ 코틀러 ④ 터너

02 직무정보 수집방법 중 관찰법에 대한 설명으로 옳지 않은 것은?

① 간편하게 실시할 수 있다.
② 표준화된 직무에 적합한 수집방법이다.
③ 작업자의 정신적인 활동을 관찰할 수 있다.
④ 작업자가 자신의 직무가 관찰되고 있다고 인지할 경우 관찰 결과가 왜곡될 수 있다.

정답·해설

01 ① 현대적 의미의 직무분석은 테일러의 과학적 관리법에서부터 시작되었다고 보는 것이 일반적이다.

02 ③ 관찰법은 직무분석을 실시하는 사람이 특정 직무가 수행되고 있는 것을 관찰하여 기록하는 방법으로 표준화되어 있거나 짧은 순환 과정을 가진 직무에 적합한 수집방법이다. 따라서 실시가 간편하지만 작업자의 정신적 활동은 관찰할 수 없다는 한계가 있다.

제3절 직무평가

01 직무평가(job evaluation)의 의의

1. 직무평가의 개념 ★★★ 기출개념
직무분석을 통해 밝혀진 직무의 구체적인 내용 및 그 직무를 수행하기 위해 요구되는 작업자의 자격 요건을 토대로 해당 직무의 가치를 밝히는 것을 말한다.

2. 직무가치의 평가방법
① 기업 내에는 수없이 많은 직무가 있고 직무 사이에는 높은 상호의존성이 존재하므로 개별 직무가 기업의 목표 달성에 얼마나 공헌하였는지를 파악하여 가치를 평가하기는 어렵다.
② 해당 직무를 수행하는 데 요구되는 자격 요건, 정신적·육체적 노력과 집중도, 작업자가 업무를 수행하는 데 존재하는 위협 요소 등을 고려하여 직무의 가치를 평가하는 간접적인 방법을 사용한다.
③ 직무평가는 개별 직무의 절대적 가치를 평가하는 것이 아니라 기업 내 직무 간의 상대적인 가치를 평가하는 것이다.

02 직무평가의 목적 ★★★

1. 임금 공정성 확보
① 직무평가는 직무급 제도의 기초가 된다.
② 연공급제에 직무평가를 바탕으로 한 직무급적 요소를 가미하면 인건비 지출의 합리성을 높일 수 있으며, 임금과 관련된 종업원 간 갈등을 최소화할 수 있다.

2. 인력 확보 및 배치의 합리성 제고
직무의 중요성, 난이도 등 직무가치에 따라 종업원을 확보하고 배치할 수 있다.
예 직무가치가 높은 직무에는 역량 있는 종업원을 정규직으로 배치하고, 직무가치가 낮은 직무는 기업의 인건비 부담 능력을 고려하여 비정규직을 활용하거나 외주화한다.

📝 **개념 Plus**

직무급 제도
유사한 가치를 가진 직무에 대해 유사한 수준의 임금을 지급하는 제도

3. 인력 개발의 합리성 제고

인력 개발의 수단인 직무 이동 경로(career path)를 설계할 때, 기업 내 여러 직무들 간 중요성과 난이도 등을 고려하여 합리적인 이동 경로를 설계할 수 있다.

03 직무평가의 방법 ★★★ 기출개념

1. 서열법

(1) 서열법의 개념 기출개념

직무기술서와 직무명세서를 바탕으로 여러 직무들에 대해 기업의 목표 달성 관련한 중요도, 직무 수행상 난이도, 작업환경 등을 포괄적으로 고려하여 그 가치에 따라 서열을 매기는 방법이다.

(2) 서열법의 장점 및 단점 기출개념

구분	내용
장점	가장 간편함
단점	• 평가자의 주관성을 배제할 수 있는 장치가 거의 없음 • 서열 간 직무가치 차이의 정도를 파악할 수 없음 • 유사 직무가 많을 경우 서열을 매기기 어려움 • 직무의 수가 많고 내용이 복잡한 경우에는 실효성이 없음

(3) 서열법의 구분

구분	내용
일괄서열법	• 평가 대상의 직무 중 가장 가치가 높다고 판단되는 직무와 가장 가치가 낮다고 판단되는 직무를 선정한 후, 나머지 직무에도 같은 방법을 적용함 • 가장 가치가 높은 직무와 가장 가치가 낮은 직무라는 극단적인 기준을 사용하므로 평가자의 주관성이 다소 줄어들 수 있으며, 서열을 매기기 용이함
쌍대비교법	• 평가 대상의 직무들을 두 개씩 쌍을 지어 그 서열을 평가하는 방법임 • 평가 대상의 직무가 많은 경우에는 직무 간 비교 활동을 계속 반복해야 하므로 대기업은 도입하기 쉽지 않음

2. 분류법

(1) 분류법의 개념 기출개념

① 분류법은 등급법이라고도 하며, 평가하려는 직무를 사전에 작성한 직무등급표에 따라 분류하는 방법이다.
② 직무등급표는 직무의 중요성, 난이도, 작업의 환경 등을 전반적으로 고려하여 개별 등급에 대해 기술하는 것이다.

> **핵심 Check**
>
> **서열법**
> 서열법은 평가의 주관성을 줄이기 위해 위원회 형식으로 실시하기도 하는데, 학자에 따라서는 이를 '위원회 방법'으로 부르기도 한다.

③ 직무등급표(생산직종의 직무등급표 예시)

등급	정의
1	매우 단순하고 반복적인 과업들을 수행하거나, 비반복적인 과업이라 하더라도 사고(思考)의 필요성이 거의 없는 경우
2	• 사전에 간단한 학습 또는 훈련을 필요로 하는 과업들 • 직무를 수행하면서 일하는 방법을 배울 수 있기 때문에 사전 직무경험이 반드시 필요하지는 않음 • 엄격한 감독하에서 직무가 수행됨
3	• 과업들은 다양하지만, 본질적으로 반복되는 것이나 직무수행의 절차는 회사의 방침이나 작업 규칙에 의해 결정되어 있음 • 직무수행에 대한 간단한 지시와 같은 업무 감독하에서 직무가 수행됨 • 직무를 수행하는 데 특히 제한된 의사결정이 드물게 부여됨 • 직무수행에 있어 약간의 판단력이 요구됨
4	• 과업들이 다양하며 이를 수행하기 위해서는 어느 정도의 직무경험이 필요함 • 직무수행에 있어 자주 판단력을 필요로 하며, 독자적인 사고(思考)가 요구됨 • 직무는 보통 정도의 감독하에서 수행됨
5	• 과업들이 특정 분야에서 기술적 수준을 어느 정도 요구하며 특화되어 있음 • 작업자 자신의 독자적 판단력이 작업 수행에 빈번하게 발생함 • 직무는 보통 정도의 감독하에 수행됨 • 해당 직무수행자는 몇 명의 하위 직급 작업자들을 지휘할 수도 있음
6	• 과업들에 높은 수준의 책임이 부여되어 있으며 직무수행 시 독자적인 판단을 해야 함 • 또한 높은 수준의 전문 기술이 요구됨 • 직무는 보통 정도의 감독하에 수행됨 • 소규모의 하위 작업 집단을 지휘하고 조정하는 업무가 있을 수 있음

(2) 분류법의 장점 및 단점 `기출개념`

구분	내용
장점	• 실시 과정이 간단하고, 저비용, 평가 대상 직무들의 자격 요건 수준 등급이 몇 개 되지 않는 경우 매우 효과적임 • 산업별 혹은 직종별로 직무등급표를 세분화하는 경우에는 종업원의 수용도가 높음
단점	• 개별 등급에 대한 정의가 곤란하며, 직무등급표를 작성하는 것 자체가 어려움 • 포괄적 서술로 인해 기술된 정의에 대한 해석상의 논란이 발생할 우려가 있음

3. 점수법

(1) 점수법의 개념 `기출개념`

평가 대상인 개별 직무의 가치를 점수화하여 표시하는 기법으로, 평가요소 선정, 평가요소에 대한 가중치 설정, 평가요소에 대한 점수 부여의 순으로 이뤄진다.

(2) 점수법의 방법별 세부 내용
① 평가요소 선정
㉠ 직무의 어떠한 측면을 평가할 것인가를 결정하는 단계이다.
㉡ 어떤 평가요소를 직무평가에 적용할 것인가에 대해서는 기업과 종업원 간에 이견이 있을 수 있다.
㉢ 1950년 독일의 레파(REFA)연구소에서 제시하였던 직무평가요소(REFA 모델)

대분류	세부 분류
지식	• 직무교육 수준 • 경험 • 사고능력(思考能力)
숙련	• 손기술 • 신체적 유연성
책임	• 고유업무에 대한 책임 • 타 작업자 업무에 대한 책임 • 타 작업자 안전에 대한 책임
정신적 노력	• 주의력 • 정신적 작업 수행
육체적 노력	• 다양한 근육 활동 • 일면적 근육 활동 • 정태적 근육 활동
작업환경	• 온도　　　　• 습도, 기름, 오염 • 소음　　　　• 먼지, 가스, 증기 • 흔들림　　　• 재해위험 • 조명　　　　• 질병위험

㉣ 1954년 라이틀(Lytle)이 제시한 직무평가요소(Lytle 모델)

대분류	세부 분류
숙련	• 지능적 숙련(intellectual skill) • 육체적 숙련(physical skill)
노력	• 정신적 노력(mental effort) • 육체적 노력(physical effort)
책임	• 대인적 책임(responsibility for others) • 대물적 책임(responsibility for equipment and material)
작업환경	• 위험도(hazard) • 불쾌도(uncomfortableness)

② 평가요소에 대한 가중치 설정
㉠ 선정된 평가요소들이 특정 직무의 가치를 평가하는 데 똑같이 중요한지, 아니면 직무의 특성에 따라 중요성이 다른지를 판단하는 단계이다.
㉡ 일반적으로 기술혁신이나 자동화가 진행될수록 노력이나 숙련에 대한 가중치는 줄고 책임에 대한 가중치는 증가하는 경향이 있다.

③ 평가요소에 대한 점수 부여
  ㉠ 가중치가 부여된 개별 평가요소들에 대한 점수를 부여하는 단계이다.
  ㉡ 평가자의 주관이 개입될 가능성이 큰 단계에서 평가 구간 설정, 구간별 정의의 명확화 등이 필요하다(전문적 지식, 긴 준비기간, 많은 비용이 필요함).

(3) **점수법의 장점 및 단점** 기출개념

구분	내용
장점	• 개별 직무가치가 점수로 명확히 산정되므로 직무 간 가치를 구체적으로 비교할 수 있음 • 평가요소 및 가중치가 결정되면 그 후의 평가 과정에서는 평가자 주관을 최소화할 수 있음 • 구체적이고 점수화된 정보를 얻을 수 있어 임금 격차에 대한 합리성과 공정성 확보에 기여함
단점	• 직무평가요소에 대한 가중치 설정에 평가자 주관의 개입 가능성이 있음 • 기업과 종업원이 가중치를 달리 볼 경우 종업원의 수용성을 확보하기 곤란함

4. 요소비교법

(1) **요소비교법의 개념** 기출개념

① 서열법에서 발전된 기법으로 서열법이 직무 전체를 대상으로 서열을 매기는 반면, 요소비교법은 각 직무가 가지고 있는 요소별로 서열을 매긴다.
② 요소비교법은 '평가요소 선정, 대표 직무 선정, 평가요소별 서열 확정, 대표 직무의 임금을 평가요소별로 배분, 각 직무들의 요소별 서열과 배분된 임금의 서열 비교, 대표 직무평가 결과를 기준으로 다른 직무평가'의 여섯 단계로 구성된다.
  ㉠ 평가요소 선정: 평가요소의 선정은 점수법의 평가요소 선정방법과 동일하다.
  ㉡ 대표 직무 선정: 해당 기업의 목표 달성에 중요하고 꼭 필요한 직무를 우선적으로 고려하여 대표 직무를 선정한다.
  ㉢ 평가요소별 서열 확정: 직무명세서와 직무기술서를 바탕으로 대표 직무들을 평가요소별로 서열을 확정한다.
    ⓐ 평가요소별 서열의 예시

구분	정신적 요건	숙련	육체적 요건	책임	작업 조건
시스템 분석직	1	4	2	1	3
자료입력직	4	1	1	4	1
프로그래머직	2	3	3	2	4
계기작동직	3	2	4	3	2

    ⓑ 작업 조건이 열악할수록 상위 서열이 된다.
  ㉣ 대표 직무의 임금을 평가요소별 배분
    ⓐ 대표 직무를 수행하는 종업원에게 지급되는 시간당 임금을 평가요소들로 배분한다.

ⓑ 배분 시, 해당 직무가 성과를 창출하는 데 어떤 직무요소가 중요하고 공헌도가 큰가를 고려한다.
ⓒ 평가요소별 임금 배분의 예시

구분	시간당 임금	정신적 요건	숙련	육체적 요건	책임	작업 조건
시스템 분석직	6,000	2,000(1)	1,000(4)	400(2)	2,000(1)	600(3)
자료입력직	4,000	750(4)	1,350(1)	450(1)	750(4)	700(1)
프로그래머직	5,300	1,700(2)	1,250(3)	350(3)	1,500(2)	500(4)
계기작동직	4,300	1,150(3)	1,300(2)	300(4)	900(3)	650(2)

ⓓ 위 표에서 괄호 속 숫자는 서열이다.
ⓔ 각 직무들의 요소별 서열과 배분된 임금의 서열 비교
  ⓐ 평가요소별 서열과 배분된 임금의 서열을 비교하여 타당성을 검토한다.
  ⓑ 불일치한 곳이 발견되면 원인 규명 후 조정한다.
ⓑ 대표 직무의 평가 결과를 기준으로 다른 직무평가: 대표 직무들을 기준으로 기업 내의 타 직무를 평가한다.

(2) 요소비교법의 장점 및 단점 기출개념

구분	내용
장점	• 임금의 공정성 확보에 큰 기여를 함 • 과정이 정교하여 평가의 타당도 및 신뢰도 확보에 탁월함
단점	• 평가요소들에 대한 서열을 매길 때나 개별 직무의 임금을 평가요소에 배분하는 과정에서 주관적 판단이 개입될 가능성이 있음 • 평가방법이 복잡해 종업원이 이해하지 못하면 종업원의 수용성 확보가 곤란함

04 직무평가 실시 시 유의점 ★★ 기출개념

1. 직무평가 대상자와 해당 직무의 분리
① 직무평가는 특정 직무를 평가하는 것이며, 그 직무를 맡은 사람을 평가하는 것이 아니다.
② 실무상 이 두 가지를 구분하기가 어려울 때가 있으므로 유의해야 한다.

2. 종업원의 저항 고려
① 직무평가는 완전하게 과학적이거나 논쟁의 여지가 없는 것이 아니다.
② 종업원과 노동조합의 저항을 고려해야 한다.
③ 사전에 충분히 설명하여 수용성을 높여야 한다.

3. 평가계획상 유의점
① 직무평가의 계획 단계에서는 평가의 단위를 어떻게 할 것인가가 문제이다.
② 평가 대상의 직무가 많은 경우 모든 직무를 하나의 평가 단위로 해야 하는지, 아니면 직군 등을 기준으로 여러 개의 평가 단위를 설정하여야 하는지를 사전에 검토해야 한다.
   예 생산직 관련 직무에 사용하는 평가 척도를 영업이나 관리직종에 그대로 사용하면 직무평가가 효과적으로 이루어질 수 있는지에 대한 의문이 생길 수 있다.
③ 평가단 구성
   다양한 종업원으로 평가단을 구성하면 종업원의 수용성을 높이는 데는 긍정적이지만, 비용이 많이 들고 필요 이상의 논쟁으로 비효율을 초래할 가능성이 있다.

4. 직무가치와 시장 임금의 조정
① 노동시장에서의 직무가치와 직무평가에서 결정된 직무가치가 불일치할 수 있다.
② 직무평가를 실시한 후에는 시장 임금을 조사하여 필요 시 임금 체계를 조정해야 한다.

05 직무분류 ★★ 기출개념

1. 직무분류의 개념
① 동일하거나 유사한 역할 또는 능력을 가진 직무의 집단(직군)을 구성하는 것이다.
② 한 직군 내의 각 직무들은 직무를 수행하는 데 필요한 기본적인 소양, 전문 지식, 근무조건 등이 유사하며 인적자원관리에 있어 하나의 집단으로 관리가 가능하다.
③ 직군이 다른 직무끼리는 쉽게 대체되기는 어려운 전문 지식과 기능 체계를 가지고 있으므로 별개의 인적자원관리방법이 필요하다.

2. 직무분류의 목적
(1) 인적자원 확보 시 활용
장기 고용을 전제로 할 때, 직무 단위가 아닌 직군에서 공통적으로 필요한 기초 능력이나 적성이 선발기준이 된다.
(2) 인적자원 개발 시 활용
① 동일하거나 유사한 기초 능력 또는 적성을 필요로 하는 직무들을 묶어 놓음으로써 종업원들의 승진이나 배치전환 시 활용이 가능하다.
② 교육훈련을 위해서도 직무분석 결과를 직군 단위로 묶어서 이를 다시 직무평가에 의한 직급으로 서열화하여 직군과 직급별 소요 능력을 밝혀야 한다.

개념 Plus

직계제도와 자격제도
- **직계제도**: 직무평가에 의하여 직무의 상대적 가치를 결정함으로써 직무의 상대적 서열을 결정하여 해당 직급의 직무를 담당하는 여부에 따라 임금이나 조직상 지위가 결정되는 제도이다. 이에 따라 지급되는 임금을 직무급이라고 한다.
- **자격제도**: 직무분석을 기초로 하여 종업원이 직급별로 갖추어야 할 능력 수준을 구체화하여 개개인을 평정함으로써 개인의 지위와 보수를 결정하는 제도이며, 이 기준에 따라 지급되는 임금을 직능급이라 한다.

기출개념확인

01 다음 내용이 설명하는 것은?

> 기업 내 직무의 구체적인 내용 및 해당 직무를 수행하기 위해 요구되는 작업자의 자격 요건을 토대로 해당 직무의 가치를 밝히는 것을 말한다.

① 직무분석 ② 직무부여
③ 직무평가 ④ 직무분류

02 직무자료의 수집방법 중 서열법의 특징과 거리가 먼 것은?

① 평가자의 주관성을 배제할 수 있다.
② 서열 간 직무가치의 차이를 파악할 수 없다.
③ 유사한 직무가 많을 경우 적용이 어렵다.
④ 직무의 수가 많고 내용이 복잡한 경우에 활용이 어렵다.

정답·해설

01 ③ 직무평가에 대한 설명이다.

> **오답분석**
> ① 직무분석은 직무의 목적, 방법, 수행장소를 밝히고, 직무를 수행하는 데 요구되는 지식, 능력, 기술, 경험, 책임 등이 무엇인지를 과학적이고 합리적으로 알아내는 것이다.
> ④ 직무분류는 동일하거나 유사한 역할 또는 능력을 가진 직무의 집단(직군)을 구성하는 활동이다.

02 ① 서열법은 여러 직무들에 대해 기업의 목표 달성 관련 중요도, 직무 수행상의 난이도, 작업환경 등을 포괄적으로 고려하여 그 가치에 따라 서열을 매기는 방법으로, 시행이 간단하지만 직무의 수가 많거나 직무가 복잡한 경우 도입이 어렵고 평가자의 주관성을 배제할 수 없다는 단점이 있다.

제3장 | 실전연습문제

* 기출유형 은 해당 문제가 실제 시험에 출제된 유형임을 나타냅니다.

기출유형

01 철강, 화학산업 등 연속공정산업에서 활용되는 근로시간 설계 유형은?
① 파트타임제　② 고정 근로시간제
③ 집중 근로시간제　④ 교대근무제

기출유형

02 특정 시간에 업무가 가중되는 업종에 가장 효과적인 근로시간 설계 유형은?
① 교대근무제　② 부분 근로시간제
③ 집중 근무시간제　④ 시차출퇴근제

기출유형

03 출퇴근 거리가 긴 종업원에게 유리한 근로시간제도는?
① 집중 근로시간제　② 고정 근로시간제
③ 조기출근제　④ 교대근무제

기출유형

04 직무분할이 가능하고 상호의존성이 낮은 직무에 활용하기 적합한 근로시간제도는?
① 교대근무시간제
② 탄력적근로시간제
③ 선택적근로시간제
④ 부분근무시간제

05 근로자 측의 부분 근로시간제 활용 이유가 아닌 것은?
① 체력부족　② 업무집중
③ 학업　④ 육아

기출유형

06 직무평가에 대한 설명으로 옳지 않은 것은?
① 직무급 제도의 기초가 된다.
② 개별 직무의 절대적 가치를 평가하는 것이다.
③ 직무평가에 따라 적재적소에 종업원을 배치할 수 있다.
④ 직무평가를 바탕으로 한 직무급적 요소를 연공급제에 가미할 수 있다.

07 다음 글에서 설명하는 직무평가방법은?

> 평가 대상의 직무 전체 중 가장 가치가 높다고 판단되는 직무와 가장 가치가 낮다고 판단되는 직무를 선정한 후, 나머지 직무들에 대해 같은 방법을 계속적으로 적용하여 직무의 가치를 매기는 방법이다.

① 쌍대비교법 ② 일괄서열법
③ 분류법 ④ 등급법

08 다음 빈칸에 들어갈 단어로 알맞은 것은?

> 분류법에서 활용하는 (　　)는 직무의 중요성, 난이도, 작업 환경 등을 전반적으로 고려하여 개별 등급에 대해 기술해 놓은 것이다.

① 직무분석표 ② 직무평가표
③ 직무등급표 ④ 직무기술서

09 요소비교법에 대한 설명으로 옳지 않은 것은?

① 서열법에서 발전된 직무평가 기법이다.
② 임금공정성 확보에 기여한다.
③ 평가방법이 복잡하므로 종업원의 수용성 확보가 어려울 수 있다.
④ 실시과정에서 주관적 판단을 배제할 수 있다.

[기출유형]

10 직무평가 시 유의사항이 아닌 것은?

① 직무평가는 항상 논쟁의 여지가 있음에 유념해야 한다.
② 종업원과 노동조합의 저항 가능성을 고려해야 한다.
③ 직무평가 시 그 직무를 맡은 사람을 염두에 두어야 한다.
④ 직무평가 전 종업원에게 충분한 설명을 해야 한다.

11 직무평가에 대한 설명으로 옳지 않은 것은?

① 기업 내 직무에 전반적으로 활용할 수 있는 평가 척도의 개발이 중요하다.
② 직무가치가 시장 임금과 맞지 않는 경우 임금 체계를 조정해야 한다.
③ 종업원의 수용성을 높일 수 있는 방안을 찾아야 한다.
④ 종업원의 저항에 직면할 수 있다.

[기출유형]

12 다음 글에서 설명하고 있는 개념은?

> 동일하거나 유사한 기초 능력 또는 적성을 필요로 하는 직무들을 묶어 놓음으로써 종업원들의 승진이나 배치전환 시 활용할 수 있다.

① 직무분류 ② 직무평가
③ 직무기술서 ④ 인사기록표

13 다음 글에서 설명하는 직무평가방법은?

> 조직의 핵심적인 직무를 기준 직무로 선정하여 평가한 후 평가하고자 하는 직무를 기준 직무와 비교하여 가치를 결정하는 방법이다.

① 요소비교법　　② 점수법
③ 분류법　　　　④ 서열법

14 다음 빈칸에 들어갈 단어로 적절한 것은?

> (　　)에서 발전된 기법인 요소비교법은 각 직무가 가지고 있는 요소별로 서열을 매기는 반면에, (　　)은 직무 전체를 대상으로 서열을 매긴다는 차이점이 있다.

① 서열법　　　　② 점수법
③ 분류법　　　　④ 등급법

15 다음은 직무평가의 기법에 대한 설명이다. 글에서 설명하는 것은?

> 가장 가치가 높은 직무와 가장 가치가 낮은 직무라는 극단적인 기준을 사용하므로 평가자의 주관성이 다소 줄어들 수 있다.

① 쌍대비교법　　② 일괄서열법
③ 등급법　　　　④ 점수법

[기출유형]

16 직무평가와 가장 관련이 있는 임금제도는?

① 직능급　　　　② 직무급
③ 연공급　　　　④ 연령급

17 다음 글에서 설명하는 것은?

> 실시 과정이 간단하고 비용이 적게 든다. 산업별 혹은 직종별로 직무등급표를 세분화하는 경우에는 종업원의 수용도가 높다.

① 점수법　　　　② 분류법
③ 쌍대비교법　　④ 요소비교법

[기출유형]

18 다음 빈칸에 들어갈 알맞은 것은?

> (　　)은/는 직무평가에 의하여 상대적 가치를 결정함으로써 직무의 상대적 서열을 결정하고 해당 직급의 직무를 담당함에 따라서 임금이나 조직상 지위가 결정되는 제도이다.

① 직계제도　　　② 자격제도
③ 직무급　　　　④ 직무분류

19 요소비교법으로 직무평가를 실시할 경우에 가장 마지막 단계에 해당하는 것은?

① 평가요소 선정
② 대표 직무평가 결과를 기준으로 타 직무평가
③ 대표 직무의 임금을 평가요소별로 배분
④ 평가요소별 서열 확정

기출유형
20 다음 글에서 설명하는 것은?

> • 개별 직무가치가 점수로 명확히 산정되므로 직무들 간 가치의 구체적인 비교 가능
> • 평가요소 및 가중치가 결정되면 그 후의 평가과정에서는 평가자의 주관 최소화 가능
> • 구체적이고 점수화된 정보를 얻을 수 있으므로 임금 격차에 대한 합리성, 공정성 확보에 기여

① 분류법
② 점수법
③ 서열법
④ 쌍대비교법

21 요소비교법에서 평가요소별 서열 확정의 기준이 되는 것은?

① 직무명세서와 직무기술서
② 사용자와 종업원 간 합의
③ 직무분류표
④ 경영방침과 이념

제3장 | 정답·해설

01	02	03	04	05
④	②	①	④	②
06	07	08	09	10
②	②	③	④	③
11	12	13	14	15
①	①	①	①	①
16	17	18	19	20
②	②	①	②	②
21				
①				

01 ④

연속공정산업이나 장비나 기계설비의 활용도를 최대화하기 위해 교대근무제를 실시한다.

02 ②

집중 근무시간제나 시차출퇴근제를 활용할 수 있는 경우도 있으나, 부분 근로시간제가 가장 효과적인 대응방안이다.

03 ①

1일의 근로시간을 늘리고 1주일 중 근무일수를 줄이는 집중 근로시간제는 출근횟수 자체를 줄일 수 있어 출퇴근 거리가 긴 종업원에게 유리하다.

04 ④

부분 근로시간제는 직무를 여러 사람이 나눠 맡을 수 있어야 하고 업무 간 의존성이 낮은 직무에 활용할 수 있다.

05 ②

고령 근로자의 체력부족, 학업이나 육아 병행, 전일제 근로 취업 곤란 등이 파트타임 근로자 취업사유가 된다. 특정 시간대 업무 집중은 사용자 측의 부분 근로시간제 활용 사유이다.

06 ②

직무평가는 기업 내 직무 간의 상대적인 가치를 평가하는 것이다.
③ 직무평가 결과 직무가치가 높은 직무에는 역량 있는 종업원을 배치하는 등 인력 배치에 활용할 수 있다.
④ 연공급제에 직무급적 요소를 가미하면 인건비 지출의 합리성을 높일 수 있다.

07 ②

일괄서열법에 관한 내용이다.

오답분석
① 직무평가방법 중 서열법에는 일괄서열법과 쌍대비교법이 있으며, 쌍대비교법은 평가 대상인 직무를 두 개씩 쌍을 지어 그 서열을 평가하는 방법이다.

08 ③

직무평가방법 중 분류법에서는 직무를 그 중요도 등에 따라 구분한 직무등급표를 활용하기 때문에 등급법이라는 명칭을 사용하기도 한다.

09 ④

요소비교법은 서열법에서 발전된 기법으로 전반적으로 과정이 정교하여 평가의 타당도 및 신뢰도 확보에 탁월하지만, 평가요소에 대한 서열을 매길 때나 개별 직무의 임금을 평가요소에 배분하는 과정에서 주관적 판단이 개입될 수 있다.

10 ③

직무평가는 특정 직무를 평가하는 것이고 그 직무를 맡은 사람을 평가하는 것이 아님에 유의하여야 한다.

> 참고 **직무평가 실시의 유의점**
> 실무에서는 직무와 직무수행자를 정확하게 구분하기 어려울 수 있으므로 특히 주의를 기울여야 한다.

11 ①

평가 대상의 직무가 많은 경우에는 직군 등을 기준으로 여러 개의 평가 단위를 설정하는 경우도 있다. 관리직 직무평가 척도를 생산직에 그대로 활용하기 어려운 것이 그 예이다.

12 ①

직무분류 결과를 인적자원 개발 시 활용할 수 있다는 점을 설명하는 글이므로 '직무분류'가 알맞다.

13 ①

요소비교법에 대한 설명이다.

> 참고 **요소비교법의 단계**
> 요소비교법은 '평가요소 선정, 대표 직무 선정, 평가요소별 서열 확정, 대표 직무의 임금을 평가요소별로 배분, 각 직무들의 요소별 서열과 배분된 임금의 서열 비교, 대표 직무의 평가 결과를 기준으로 다른 직무를 평가'의 여섯 단계로 구성된다.

14 ①

요소비교법과 서열법의 차이에 대한 글이다. 요소비교법은 서열법에서 발전된 기법으로 각 직무 전체가 아닌 직무의 각 요소별로 서열을 매긴다는 특징을 지닌다.

15 ②

서열법 중 일괄서열법은 직무 전체 중 가장 가치가 높다고 판단되는 직무와 가장 가치가 낮다고 판단되는 직무를 먼저 선정하므로 평가자의 주관성을 줄일 수 있고 서열 구분이 용이하다는 장점이 있다.

> 참고 **서열법의 종류**
> 서열법에는 일괄서열법과 쌍대비교법이 있다.

16 ②

직무의 가치를 결정하는 직무평가는 유사한 가치를 가진 직무에 대해 유사한 수준의 임금을 지급하는 직무급의 기초가 된다.

17 ②

분류법의 장점을 서술한 글이다. 분류법은 개별 등급에 대해 정의하기 어렵고, 직무등급표를 작성하는 것 자체가 곤란하며, 포괄적 서술로 인해 기술된 정의에 대한 해석상의 논란이 발생할 우려가 있다.

18 ①

직계제도를 설명한 글이다.

> 오답분석
> ② 자격제도는 직무분석을 기초로 종업원이 직급별로 갖추어야 할 능력 수준을 구체화하여 개개인을 평정함으로써 개인의 지위와 보수를 결정하는 것이다.
> ③ 직무급은 직계제도에 따라 결정되는 임금 체계이다.
> ④ 직무분류는 동일하거나 유사한 역할이나 능력을 가진 직무의 집단을 구성하는 작업이다.

19 ②

요소비교법은 '평가요소 선정, 대표 직무 선정, 평가요소별 서열 확정, 대표 직무의 임금을 평가요소별로 배분, 각 직무들의 요소별 서열과 배분된 임금의 서열 비교, 대표 직무의 평가 결과를 기준으로 다른 직무평가 실시' 순으로 시행된다. 따라서 가장 마지막 단계에 해당하는 것은 '대표 직무평가 결과를 기준으로 타 직무평가'이다.

20 ②

점수법의 장점을 나타낸 글이다. 점수법의 단점으로는 직무평가요소에 대한 가중치 설정에 평가자의 주관이 개입될 가능성이 있고, 기업과 종업원이 가중치를 달리 볼 경우 종업원의 수용성 확보가 곤란하다는 점이 있다.

21 ①

요소비교법 시행에 있어 대표 직무들을 평가요소별로 서열 확정할 때는 직무명세서와 직무기술서를 바탕으로 한다.

무료 학습자료 제공 · 독학사 단기합격 **해커스독학사**
haksa2080.com

전문가가 분석한 출제경향 및 학습전략

제4장에서는 인사고과에 대해 학습한다. 인사고과의 요건, 고과자에 의한 인사고과 분류, 고과 기법, 고과의 신뢰도 측정방법, 고과 결과의 오류 유형에 관한 내용이 출제 가능성이 높다. 그중에서도 특히 인사고과의 요건, 기법, 오류 유형에 관심을 기울여 암기하도록 한다.

제4장 | 핵심 키워드 Top 10

핵심 키워드 Top 10은 본문에도 동일하게 ★로 표시하였습니다.

번호	키워드	페이지
01	인사고과의 요건 ★★★	p.93
02	고과 기법 ★★★	p.96
03	인사고과의 오류 유형 ★★★	p.103
04	인사고과의 의의 ★★	p.92
05	고과자에 의한 인사고과 분류 ★★	p.95
06	고과 결과의 분석과 조정 ★★	p.100
07	고과 신뢰도 측정방법 ★★	p.100
08	고과 오류 감소 대책 ★★	p.105
09	인사고과의 목적 ★	p.92
10	고과자 훈련 ★	p.100

제4장

인사고과

제1절 인사고과의 의의와 목적
제2절 인사고과의 방법
제3절 평가의 오류와 공정성 확보

제1절 인사고과의 의의와 목적

01 인사고과의 의의 ★★

1. 인사고과의 개념 기출개념
① 기업 측뿐만 아니라 종업원 측을 위하여 종업원을 대상으로 필요한 사항을 체계적으로 평가하는 활동을 말한다.
② 인사고과를 통해 평가하는 일반적인 사항: 종업원의 능력, 개인적인 특성(적성, 성격, 태도 등), 행동, 기업 목표에의 공헌도 등이 있다.
③ 인사고과 평가 내용의 예

능력 (현재/잠재 능력)	개인 특성 (성격/적성/태도)	작업행동	공헌도 (성과)
• 직무지식 • 자격증 • 영업지식 • 지식	• 인간관계 • 신뢰성 • 애사심 • 정직성 • 창의력 • 리더십 • 적성	• 작업규칙의 준수 • 보고서 작성 • 작업기록 유지 • 제안건수 • 신속성 • 정확성	• 매출액 • 생산량(업무량) • 불량률 • 사고율 • 장비수선 • 고객서비스 • 고객만족

02 인사고과의 목적 ★ 기출개념

1. 인적자원 확보 시 정보 제공
① 종업원의 능력을 평가하는 인사고과는 해당 기업에 필요한 인력의 질적 수준을 판단하는 기준이 된다.
② 인력 선발 활동에 투입된 선발도구의 타당도를 측정하는 기준이 된다.

2. 교육과 훈련 및 배치와 이동 시 활용
① 교육과 훈련 시 활용: 종업원에 대한 교육과 훈련을 실시할 때 인사고과를 통해 파악한 종업원의 현재 능력과 잠재 능력을 자료로 활용한다.

② 종업원의 배치와 이동에 대한 의사결정 시 활용: 각 종업원의 능력과 적성에 맞는 배치와 이동이 이루어질 때 기업의 성과와 종업원의 만족도는 극대화된다.

3. 승진에 대한 의사결정의 판단 자료
① 인사고과는 특히 승진에 대한 의사결정에 있어 결정적인 역할을 한다.
② 인사고과를 활용하여 승진에 대한 공정성을 확보하면, 결과에 대한 종업원 저항을 사전에 예방할 수 있다.

4. 임금 결정의 기준으로 활용
① 우리나라 기업은 과거 연공에 입각한 임금 체계를 유지하고 있는데, 최근에는 능력 또는 업적을 기준으로 하는 임금 체계를 도입하는 기업이 증가하고 있다.
② 이로써 종업원의 능력과 성과를 평가하는 인사고과의 활용도와 중요성이 증대하고 있다.

5. 조직 내 분위기 파악
① 인사고과는 종업원의 정신적 측면에 대한 많은 정보를 제공한다.
② 인사고과를 통해 종업원의 태도나 행동을 파악하면 종업원의 사기나 조직에 대한 충성심을 짐작해 볼 수 있으며, 이는 인적자원의 유지 측면에서 중요한 정보가 된다.

6. 인적자원 방출의 기준 자료
인사고과는 기업이 과잉인력을 보유하고 있어 감축이 불가피할 경우 누구를 방출시켜야 할 것인가에 대한 의사결정에 중요한 정보를 제공한다.

03 인사고과의 요건 ★★★ 기출개념

1. 타당성
① 고과 내용이 고과의 목적을 얼마나 잘 반영하고 있느냐를 나타내는 것이다.
② 인사고과의 타당성은 인사고과의 목적에 맞는 고과요소를 얼마나 평가 내용에 반영했는가에 따라 결정된다.

2. 신뢰성
① 측정하고자 하는 항목이 얼마나 정확하게 측정되었느냐에 관한 것이다.
② 고과 과정에서 나타나는 의도적인 혹은 무의식적인 각종 오류들은 고과의 신뢰성에 영향을 미친다.

> **핵심 Check**
> **인사고과 목적 달성을 위한 요건**
> 인사고과가 그 목적을 달성하기 위해서는 타당성, 신뢰성, 수용성, 실용성의 네 가지 요건을 충족시켜야 한다.

3. 수용성

① 피고과자들이 인사고과를 적법하고 필요한 것이라 믿고, 고과가 공정하게 이루어진다는 것과 고과 결과를 활용하는 것에 대해 동의하는 정도이다.
② 낮은 수용성은 종업원들의 반발과 저항을 유발한다.

4. 실용성

① 투입되는 비용보다 효과가 더 커야 한다는 것을 의미한다.
② 해당 기업이 감당할 수 없는 비용이 필요한 인사고과제도는 무용지물에 불과하다.
③ 고과에 장시간이 소요되어 본 업무를 방해한다면 실용성이 있다고 볼 수 없다.

기출개념확인

01 다음 중 인사고과의 목적에 대한 설명으로 알맞지 <u>않은</u> 것은?

① 승진에 대한 의사결정의 판단 자료로 사용한다.
② 인력 선발 활동에 투입된 선발도구에 대한 타당도를 측정하는 기준이다.
③ 인사고과를 통해 종업원의 사기나 조직에 대한 충성심을 알 수 있다.
④ 종업원의 교육·훈련에는 활용할 수 있지만, 배치·이동에는 활용할 수 없다.

02 다음 중 인사고과의 요건에 해당하는 것을 모두 고른 것은?

㉠ 신뢰성 ㉡ 효율성 ㉢ 실용성 ㉣ 합리성 ㉤ 수용성

① ㉠, ㉤
② ㉡, ㉣, ㉤
③ ㉠, ㉢, ㉤
④ ㉠, ㉡, ㉤

정답·해설

01 ④ 인사고과는 교육·훈련뿐 아니라 종업원의 만족도를 극대화하기 위해 종업원의 능력과 적성에 맞는 배치·이동에도 활용될 수 있다.
02 ③ 인사고과는 타당성, 신뢰성, 수용성, 실용성의 네 가지 요건을 충족시켜야 한다. 네 가지 요건을 충족시키면 합리적인 인사고과가 된다.

제2절 인사고과의 방법

01 고과자에 의한 인사고과 분류 ★★ 기출개념

1. 자기 고과 기출개념
① 자신을 스스로 평가하는 방법이다.
② 개인이 가진 단점을 스스로 파악하고 개선할 수 있도록 하는 효과를 지닌다.
③ 능력 개발을 목적으로 고과를 실시할 때 적합하다.
④ 상급자에 의한 고과를 보충하는 기법으로도 도입이 가능하다.
⑤ 관리자나 전문직에 더욱 적합하다.
⑥ 일반적으로 종업원이 자신을 평가할 때는 관대하게 평가하는 경향이 있다는 것을 고려해야 한다.

2. 상급자에 의한 고과
① 피고과자의 직속 상사가 1차 고과를 진행하고, 직속 상사의 상사가 2차 고과를 진행하는 방법이다.
② 가장 일반적인 고과방법이라고 할 수 있다.
③ 부하직원은 상사 앞에서 회사에 대한 충성심이나 업무에 대한 열정을 과장하여 보여주려는 경향이 있다는 것을 주의해야 한다.
④ 자신의 평가에 따라 부하직원의 승진 여부가 결정된다고 생각하는 상사가 온정적 평가를 할 가능성을 고려해야 한다.

3. 동료에 의한 고과 기출개념
① 피고과자의 직무태도에 대해 상대적으로 정확한 정보를 획득할 수 있는 방법으로, 이는 상사보다 동료에게 보여주는 태도가 더 진실될 가능성이 있기 때문이다.
② 동료들은 서로 경쟁하는 입장이므로 편파적인 평가를 할 가능성이 있다.

4. 하급자에 의한 고과
① 상급자의 리더십에 대한 정보를 얻기가 수월하다.
② 우리나라의 조직 문화에서 하위자가 상위자를 평가한다는 것은 수용도가 낮을 수 있다.
③ 보복 등을 우려하여 부하직원이 상사에 대해 낮은 평가를 하기 어렵다는 단점이 있다.

> ✓ 핵심 Check
>
> **인사고과의 방법**
> - 인사고과의 방법은 누가 고과자가 되는가, 고과의 시기는 언제인가, 어떤 고과 기법을 도입하는가에 따라 달라진다.
> - 인사고과의 방법에는 정답이 없으며, 기업 규모나 특성, 고과자의 역량 등에 따라 적절한 방법을 조합하여 실시해야 한다.

5. 외부 전문가에 의한 평가
① 외부 전문가는 피고과자의 직무태도, 작업행동, 성과에 대해서는 직접 접할 기회가 없다.
② 문서, 테스트, 인터뷰를 통한 한정된 영역에 한하여 인사고과를 할 수 있다.

6. 고객에 의한 평가
① 고객을 대하는 태도 및 작업행동(친절도 등)과 관련된 한정적인 평가 결과를 수집할 수 있다.
② 활용할 수 있는 업종이나 직종에 많은 제한이 있다.

02 고과 시기

1. 고과 시기의 일반적 기준
고과 시기는 입사 후 수습 기간 종료 시, 전환 또는 배치 전, 상사 교체 시, 교육 또는 훈련 참가자 선발 시, 인센티브 책정 시, 정기(분기/6개월/1년마다) 실시 등으로 제시가 가능하다.

2. 고과 주기

구분	내용
인사고과제도의 타당성 관련	고과의 목적인 승진, 인센티브 책정, 배치 이동 등에 대한 의사결정을 할 때마다 인사고과를 실시하는 것이 가장 이상적임
인사고과의 신뢰성 관련	자주 실시하는 것이 효과적임
인사고과의 실용성 관련	• 인사고과는 그에 따른 비용이 발생하므로 자주 실시하는 것은 실용적 측면에서 바람직하지 않음 • 수습 기간 종료 시나 6개월 또는 1년마다 정기적으로 실시하는 것이 보편적임

03 고과 기법 ★★★ 기출개념

> 개념 Plus
> **고과 기법의 종류**
> • 상대적 고과
> • 절대적 고과

1. 서열법 기출개념
(1) 서열법의 개념과 종류
① 피고과자의 능력이나 성과 등을 통틀어서 그 가치에 따라 서열을 매기는 방법이다.
② 서열법에는 교대서열법과 쌍대비교법이 있다.

㉠ 교대서열법과 쌍대비교법의 차이

구분	내용
교대서열법	전체 피고과자 중 가장 우수한 사람과 가장 열등한 사람을 뽑은 후, 잔여 종업원에 대해서도 같은 방법을 반복하는 것
쌍대비교법	• 피고과자끼리 임의로 짝을 지어 비교하는 것을 되풀이해 서열을 매기는 방법 • 교대서열법이 상대적으로 도입 및 실시가 용이하고 소요 비용이 적어 실무에서 사용 빈도가 높음

③ 서열법의 장점 및 단점

구분	내용
장점	• 승진에 대한 의사결정을 하는 경우, 승진 여석에 맞는 인원 선발에 효용성이 있음 • 고과의 신뢰성 측면에서 관대화, 중심화, 가혹화와 같은 인사고과제도의 전형적인 오류가 없음
단점	• 승진, 임금, 교육훈련 등에 필요한 구체적 정보를 제공하지 못함 • 임금이나 인센티브 책정 시에도 어느 정도까지가 우수한 종업원인지 판단이 곤란 • 구체적인 측정이 불가능하다는 한계로 신뢰성 문제가 완전히 해결될 수는 없음 • 서열 책정에 구체적 기준이 제시되는 것은 아니므로 피고과자의 저항 가능성이 있음

2. 평정척도법

(1) 평정척도법의 개념

피고과자의 능력이나 개인적인 특성 및 성과를 평가하기 위해 평가요소들을 제시하고, 이에 대한 단계별 차등을 두어 평가하는 방법이다.

(2) 평정척도법의 장점 및 단점

구분	내용
장점	• 서열법에 비해 구체적인 평가 정보를 제공함 • 고과 목적에 따른 평가요소를 개발해 평가하면 특정 고과 요소에 대한 피고과자의 수준을 판단할 수 있음 • 평가 결과에 대한 의미 있는 계량화가 가능하여 임금이나 인센티브 책정 등에 유용함
단점	• 후광 효과, 관대화, 중심화, 가혹화와 같은 인사고과상의 오류가 나타나기 쉬움 • 서열법에 비해 비용과 시간이 많이 소요됨

3. 체크리스트법(대조표법)

(1) 체크리스트법의 개념

고과 내용이 되는 피고과자의 능력, 잠재능력, 태도, 작업 행동, 성과 등에 관련되는 표준 행동들을 서술하는 문장을 제시하고 고과자가 해당 서술문에 체크하여 평가하는 방법이다.

(2) 체크리스트법의 장점 및 단점

구분	내용
장점	평가를 위한 각 서술문에는 고과자가 인지할 수 없는 가중치가 매겨져 있어 관대화, 중심화, 가혹화와 같은 고과 오류를 최소화할 수 있음
단점	많은 비용이 듦

(3) 체크리스트법의 예시

> 다음 중 피고과자에게 해당되는 것이라 생각되는 문항에 체크하시오.
> 1. _____ 어떤 문제에 직면하였을 때 결단력 있게 행동한다.
> 2. _____ 모든 부하들을 대상으로 공정한 승진 의사결정을 한다.
> 3. _____ 지속적으로 드러나는 문제에 대해 임시방편의 해결책을 제시한다.
> 4. _____ 관계를 해칠지 모르는 일을 하기에 앞서 부하들의 감정을 평가한다.
> 5. _____ 일년에 1~2회 성과를 평가한다.

4. 중요사건기술법 [기출개념]

(1) 중요사건기술법의 개념

중요사건기술법은 고과자가 피고과자의 일상 작업 생활을 관찰하여 피고과자가 보여준 특별히 효과적인 혹은 비효과적인 행동과 업적을 기록한 후, 이를 고과 시점에서 정리해 평가하는 방법이다.

(2) 중요사건기술법의 장점 및 단점

구분	내용
장점	적은 비용으로 신뢰성 있는 정보를 얻을 수 있음
단점	인사고과의 목적에 맞는 정보를 얻기 어렵고 피고과자 간 우열을 가리기도 힘듦

5. 행위기준고과법 [기출개념]

(1) 행위기준고과법의 개념

① 평정척도법의 결점을 보완하기 위해 평정척도법과 중요사건기술법을 혼용하여 보다 정교하게 계량적으로 수정한 기법이다.
② 특정 직무수행 시 나타나는 수많은 중요 사실을 추출하여 몇 개의 범주로 나눈 후, 각 범주에 척도를 매겨 고과를 실시한다.

📋 **개념 Plus**

행위기준고과법
Behaviorally Anchored Rating Scales로, BARS라고 지칭된다.

(2) 행위기준고과법의 장점 및 단점

구분	내용
장점	• 직무 성과에 중점을 두어 고과를 실시하므로 임금이나 인센티브에 대한 의사결정을 목적으로 활용할 때 높은 타당도를 가짐 • 구체적인 행동패턴을 평가 기준으로 제시하므로 후광 효과, 관대화, 중심화, 가혹화 경향을 줄일 수 있음 • 성과에 긍정적인 영향을 미치는 행동패턴과 부정적인 영향을 미치는 행동패턴을 제시하므로 간접적인 교육 효과도 있음
단점	막대한 비용과 시간이 소요되므로 실용성 측면에서 일정 부분 한계를 가짐

6. 목표관리법 기출개념

(1) 목표관리법의 개념
① 고과 과정 전반에 걸쳐 고과자와 피고과자가 서로 협의를 하는 것이 특징인 인사고과법이다.
② 1950년대 피터 드러커(P. Drucker)가 경영관리 기법의 일환으로 도입하였다.

(2) 목표관리법의 실행 단계

단계	단계 내용
단계 1	부하직원이 차년도에 달성할 목표를 설정함
단계 2	상사와 협의하여 목표를 확정함
단계 3	부하직원(피고과자)이 업무를 수행함
단계 4	수행한 업무에 대해 피고과자인 부하직원 스스로 자신이 달성한 목표의 정도를 1차 평가함
단계 5	평가 결과를 상사(고과자)에게 보고하여 평가 결과에 대해 상사와 협의함

(3) 목표관리법의 장점 및 단점

구분	내용
장점	• 평가 과정에 피고과자가 참여하여 상사와 부하직원 간 커뮤니케이션을 촉진함 • 고과자인 상사의 주관적 편견을 최소화할 수 있으며, 평가 결과에 대한 피고과자의 높은 수용도를 이끌 수 있음
단점	• 목표 설정과 평가 단계에서 상사와 부하직원 간에 갈등 발생 가능성이 있음 • 비용과 시간의 소요가 많음

7. 평가센터법 기출개념

① 각종 의사결정 게임과 토의 및 토론, 심리검사 등 여러 가지 고과 기법을 다중적으로 이용해 고과를 실시한다.
② 주로 중간경영진에 대한 승진 의사결정에 활용한다.
③ 신뢰도는 매우 높으나 설계와 실행에 많은 비용과 시간이 든다.

> **개념 Plus**
> **목표관리법**
> Management By Objectives로, MBO라고 지칭하기도 한다.

04 고과자 선정

1. 고과자의 지위와 수

(1) 고과자의 지위

고과는 종업원의 직무와 그 수행 상태를 잘 파악할 수 있는 1차 상급자가 하는 것이 원칙으로, 1차 상급자를 1차 고과자, 2차 상급자를 2차 고과자로 하는 경우가 많다.

(2) 고과자 수

① 고과자 수에 대해 일치된 견해는 없으나, 그 수가 너무 많으면 혼란을 가져올 수 있다.
② 3차 상급자 이상은 피고과자를 관찰하거나 인식할 기회가 적으므로 신뢰성 있는 고과를 하기가 쉽지 않다.

2. 고과자 훈련 ★

(1) 고과자 훈련의 실시 이유

① 조직에서 관리자나 감독자는 지위 때문에 부하의 고과자가 되지만, 그 지위 자체가 고과자로서 충분한 역량을 갖추고 있다는 것을 의미하지는 않는다.
② 조직에서 합리적인 인사고과제도를 도입하여도 고과자가 평가의 오류를 유발하면 인사고과는 그 목적을 달성하기 어렵다.
③ 고과자는 고과 실시 전에 고과에 영향을 주는 제반요소, 고과의 원리, 고과방법과 요령 등에 대해 충분한 교육을 받아야 한다.

(2) 고과자가 갖추어야 할 일반적인 태도

① 고과자 자신의 독자적인 판단에 따라 자주적이고 독립적으로 평가하여야 한다.
② 주관을 배제하고 공정성과 타당성이 인정될 수 있는 평가를 한다.
③ 직무의 중요도와 수행상의 난이도를 고려한다.
④ 정해진 기간 내에 고과를 실시하고, 평가 기간을 소급·연장해서는 안 된다.
⑤ 고과의 결과는 종합적으로 분석하고 평가한다.
⑥ 고과요소의 개념과 착안점에 대해 충분히 숙지한 후 평가를 실시한다.

05 고과 결과의 분석과 조정 ★★

1. 고과 결과의 분석

(1) 고과 신뢰도

① 개념: 고과자 및 고과 도구의 항상성 또는 객관성을 평가하는 것을 말한다.
② 고과 신뢰도 측정방법 ★★ 기출개념
  ㉠ 재검사법: 동일한 평가도구를 동일한 고과 대상에게 다른 시점에서 두 번 이상 적용한 후 그 결과를 비교하는 방법이다.

ⓒ **복수구성법**: 형식을 달리하는 두 가지 이상의 평가 도구를 만들어 동일한 고과 대상에 적용한 후 그 결과를 비교하는 방법이다.

　　ⓒ **반분법**: 평가 도구를 1회 사용하여 평가하고, 두 부분으로 나누어 그 결과를 비교하는 방법이다.

(2) **고과 타당도**
① 타당도 분석에서 가장 중요한 것은 내용타당도와 구성타당도이다.
② 일반적인 타당도 측정방법: 평가요소 간 상호 내부의 상관관계를 구하는 방법, 평가요소의 요인 분석, 평균치/분산도/분포도에 의한 평가 분포의 분석법 등이 있다.

> **핵심 Check**
> **고과 신뢰도 측정방법**
> • 재검사법
> • 복수구성법
> • 반분법

2. 고과 결과의 조정방법

(1) 산술평균에 의한 방법
각 고과자의 평가 분포 폭 사이에 유의한 차이가 없거나 각 부서별로 큰 차이가 없는 경우에 각 평가 점수와 그 고과자의 전체 평균 또는 부서 간의 전체 평균과 비교하여 평균과의 차를 더하거나 빼는 방법이다.

> 예 600점 만점의 고과를 하는데 A 고과자에 의한 고과 점수의 평균은 400점, B 고과자에 의한 고과 점수의 평균은 350점이었다고 가정해 본다. 이때 고과 점수를 전환하기 위해 임의로 정한 기초 점수가 300점이라고 할 때, A 고과자에게 250점을 받은 피고과자의 조정 점수는 (250−400)+300=150점이 되고, B 고과자에게 250점을 받은 피고과자의 조정 점수는 (250−350)+300=200점이 된다.

(2) 표준점수에 의한 방법
평가 결과의 분포에 유의한 차이가 있는 경우 다음의 식에 따라 표준 점수로 조정한다.

$$Z = \frac{X_i - X}{s}$$

X_i:원점수, X:평균, s:표준편차

(3) 간격 배율법에 의한 방법
평가 결과의 분포에 큰 차이가 있는 2개 이상을 동일한 표준 범위에 비율별로 확산 또는 축소시켜 일률적으로 조정하는 방법이다.

> 예 고과자 또는 A 부서의 평가 점수가 50점에서 70점까지 분포되어 있고, B 고과자 또는 B 부서의 평가 점수가 30점에서 50점까지 분포되어 있을 경우, 각 고과자 또는 부서별 평가 점수의 분포를 표준 범위로 조정한다.

(4) 일 대 일 비교법에 의한 분석
① 다른 고과자에 의해 평가된 개인을 한 쌍씩 비교하여 점수를 조정하는 방법이다.
② 전원을 비교할 필요는 없으며, 최상위/중위/최하위의 사람을 일 대 일로 조정한 후 이를 사용하여 다른 사람을 조정한다.

기출개념확인

01 다음 내용이 설명하는 고과 기법은?

> 고과자가 피고과자의 일상 작업 생활을 관찰하여 피고과자가 보여준 특별히 효과적이거나 비효과적인 행동과 업적을 기록한 후, 이를 고과 시점에서 정리하여 평가하는 방법이다.

① 평정척도법 ② 체크리스트법
③ 중요사건기술법 ④ 행위기준고과법

02 고과자가 고과 시 갖추어야 할 일반적인 태도로 알맞지 <u>않은</u> 것은?

① 정해진 기간 내에 고과를 실시하고 평가 기간을 소급하거나 연장해서는 안 된다.
② 객관성 확보를 위해 타인의 조언을 최대한 청취하고 이를 반영하여 평가한다.
③ 직무의 중요도와 수행상의 난이도를 고려한다.
④ 주관을 배제하고 공정성과 타당성이 인정될 수 있는 평가를 한다.

정답·해설

01 ③ 중요사건기술법에 관한 설명으로, 중요사건기술법은 인사고과의 목적에 맞는 정보를 얻기 어렵고 피고과자 간에 우열을 가리기 힘드나 적은 비용으로 신뢰성 있는 정보를 얻을 수 있는 방법이다.

02 ② 고과자는 자신의 독자적인 판단에 따라 자주적이고 독립적으로 평가하여야 한다.

제3절 평가의 오류와 공정성 확보

01 인사고과의 오류 유형 ★★★ 기출개념

1. 관대화 경향
① 피고과자의 능력이나 성과를 실제보다 더 높게 평가하는 것을 의미한다.
② 대개 고과자의 의도성이 있는 주관적인 평가로 인해 발생한다.
③ 부하직원을 낮게 평가하여 대립하고 싶지 않거나 자신의 부하를 승진시키고자 할 때 나타날 수 있다.

2. 중심화 경향
① 피고과자에 대한 평가 점수가 '보통'과 같은 평가 척도상 중간 지점에 몰리는 현상이다.
② 고과자가 평가방법이나 평가 척도를 이해하지 못했거나 또는 피고과자를 알지 못할 때 나타날 수 있다.
③ 피고과자와의 대립을 회피하고자 할 때도 나타난다.

3. 가혹화 경향
① 피고과자를 의도적으로 실제보다 낮게 평가하는 것이다.
② 고과자가 임의로 성과에 대한 기준을 높게 설정하였거나, 고과자와 부하직원 간 갈등이 있어 처벌적 평가를 하는 경우에 나타난다.

4. 상동적 오류
특정한 사람에 대한 고과자의 지각에 의해 나타난다.
예 고과자가 특정 종교에 대해 부정적인 생각을 가진 경우, 그 종교 활동을 열심히 하는 피고과자에 대해 낮은 평가를 할 수 있다.

5. 연공 오류
피고과자의 연공적 속성인 나이, 학력, 근속연수가 평가에 영향을 미치는 경우에 나타난다.
예 유사한 능력을 가진 사람 중 연장자에게 더 높은 고과 점수를 주거나 그 반대의 경우이다.

✓ 핵심 Check

인사고과의 오류 유형
- 관대화 경향
- 중심화 경향
- 가혹화 경향
- 상동적 오류
- 연공 오류
- 후광 효과
- 시간적 오류
- 상관편견
- 대비 오류
- 유사성 오류
- 귀속과정 오류

6. 후광 효과 [기출개념]

고과자가 피고과자의 어느 한 면을 기준으로 다른 것까지 함께 평가하는 경우에 나타난다.

예 친절성, 책임감, 성실성 등을 평가요소로 하고 있을 때 어느 피고과자가 특히 친절한 경우에 고과자가 책임감, 성실성 등에도 높은 점수를 부여하는 경우를 말한다.

7. 시간적 오류

고과자가 기억하는 최근의 성과나 태도를 기준으로 피고과자를 평가할 때 나타나는 오류로 고과자가 인지하기 어려운 오류 중 하나이다.

8. 상관편견

고과자가 고과 항목의 의미를 정확히 알지 못할 때 나타나는 오류이다.

예 성실성과 책임감의 정확한 차이를 구분하지 못하는 고과자가 해당 항목에 항상 동일한 점수를 주는 경우에 나타난다.

9. 대비 오류 [기출개념]

여러 명의 피고과자를 동시에 평가할 때 우수한 피고과자 다음에 오는 보통의 피고과자는 실제보다 낮게, 낮은 수준의 피고과자 뒤에 평가하는 보통 수준의 평가자는 실제보다 높게 평가하는 경우에 나타나는 오류이다.

10. 유사성 오류

고과자와 피고과자 간의 가치관, 행동, 태도 측면에서 유사한 정도에 따라 고과 결과가 영향을 받는 경우에 나타난다.

예 술을 잘 마시고 구성원과 어울리기를 좋아하는 상사가 자신과 비슷한 피고과자와, 술자리를 싫어하고 가정적인 피고과자 두 명에게 고과 점수를 줄 때, 두 사람의 객관적 능력이나 성과가 비슷함에도 자신과 비슷한 부하직원에게 더 높은 점수를 줬다면 유사성 오류가 발생한 것이다.

11. 귀속과정 오류

① 하이더(Heider)의 귀속 이론에 근거를 두고 있는 오류로, 하이더에 따르면 타인의 행동의 원인은 크게 내적 원인과 외적 원인으로 나눌 수 있다.

② 내적 원인과 외적 원인

구분	내용
내적 원인	행동을 한 사람이 가진 원인
외적 원인	그 사람을 둘러싼 환경적 측면

③ 내적 귀속과 외적 귀속

구분	내용
내적 귀속	행동이 내적 원인에 기인하는 것이라 보는 것
외적 귀속	외적 원인에 의한 것으로 보는 것

④ 피고과자의 업적이 낮을 때 외적 귀속을 해야 함에도 내적 귀속을 하거나 그 반대의 경우, 또는 업적이 높았을 때 내적 귀속을 해야 함에도 외적 귀속을 하거나 그 반대의 경우 모두 고과 오류가 된다.

02 고과 오류 감소 대책 ★★ 기출개념

1. 평가방법 정교화
고과자가 의도적으로 주관적 평가를 하는 경우, 어떠한 제도로도 이를 100% 방지할 수 없지만 평가방법을 가능한 한 정교하게 함으로써 고과 오류를 최소화할 수 있다.

2. 고과자 교육
고과자 자신도 모르는 사이에 발생하는 오류는 평가방법의 개선과 아울러 고과자 교육을 실시함으로써 상당 수준 극복이 가능하다.

3. 정보 제공
① 피고과자에 대한 정보 부족으로 인한 오류는 충분한 정보 제공으로 예방할 수 있다.
② 제공된 정보가 부족한 경우, 제공된 정보로 평가할 수 있는 수준으로 평가항목을 조정하는 것이 필요하다.

기출개념확인

01 평가 오류 중 귀속과정 오류의 근거가 되는 귀속 이론을 주장한 학자는?
① 드러커 ② 테일러
③ 포터   ④ 하이더

02 고과자가 각 고과 항목의 의미를 구분하지 못할 때 나타나는 평가 오류는?
① 상관편견   ② 관대화 오류
③ 유사성 오류 ④ 대비 오류

정답 · 해설
01 ④ 하이더(Heider)는 타인의 행동의 원인은 크게 내적 원인과 외적 원인으로 나눈 귀속 이론을 주장했으며, 이는 귀속과정 오류의 토대가 되었다.
02 ① 고과자가 각 고과 항목의 의미를 정확히 이해하지 못했을 때 유사하다고 생각하는 항목에 같은 점수를 부여하는 것을 상관편견이라 한다. 같은 이유로 중간 정도의 점수를 주는 것을 중심화 경향이라 한다.

제4장 | 실전연습문제

* 기출유형 은 해당 문제가 실제 시험에 출제된 유형임을 나타냅니다.

01 다음 중 서열법에 대한 설명으로 옳지 <u>않은</u> 것은?
① 피고과자의 능력이나 성과 등을 통틀어 그 가치에 따라 서열을 매긴다.
② 교대서열법은 피고과자 중 가장 우수한 사람과 열등한 사람을 뽑아 비교한다.
③ 교대서열법보다 쌍대비교법이 실시가 용이하여 실무 사용 빈도가 높다.
④ 서열법은 승진, 임금, 교육훈련 등에 필요한 구체적인 정보를 제공하지 못한다.

기출유형
04 목표관리법(MBO)에 대한 설명으로 옳지 <u>않은</u> 것은?
① 1950년대 피터 드러커(P. Drucker)가 제시하였다.
② 평가 과정에서 피고과자는 참여하지 않고 상사가 주관적으로 평가한다.
③ 목표의 설정과 평가 단계에서 상사와 부하 간 갈등을 야기할 가능성이 있다.
④ 비용과 시간이 많이 든다.

기출유형
02 다음 중 전통적인 고과 기법에 해당하는 것은?
① 평정척도법　　② 인적평정센터법
③ 행위기준고과법　④ 목표에 의한 관리방식

기출유형
05 고과 결과의 분석방법 중 신뢰도의 측정방법이 <u>아닌</u> 것은?
① 재검사법　　② 반분법
③ 복수구성법　④ 평가요소 요인 분석법

03 다음 중 평정척도법에 대한 설명으로 옳은 것은?
① 서열법에 비해 구체적인 평가 정보를 제공할 수 있다.
② 평가 결과에 대한 계량화가 불가능하다.
③ 후광 효과 등 인사고과상의 오류에서 비교적 자유로운 편이다.
④ 서열법에 비해 비용과 시간이 적게 든다.

기출유형
06 다음 중 고과 결과의 조정방법으로 옳지 <u>않은</u> 것은?
① 산술평균에 의한 방법
② 표준점수에 의한 방법
③ 일 대 다 비교법에 의한 방법
④ 간격 배율법에 의한 방법

07 다음 내용이 설명하는 인사고과 오류의 유형은?

> 고과자가 피고과자의 어느 한 면을 기준으로 다른 것까지 함께 평가해 버리는 경우를 일컫는다. 예를 들어, 친절성, 책임감, 성실성 등을 평가요소로 하고 있을 때 어느 피고과자가 특히 친절한 경우 고과자가 책임감, 성실성 등에도 높은 점수를 부여하는 경우를 말한다.

① 연공 오류 ② 귀속과정 오류
③ 상동적 오류 ④ 후광 효과

08 다음 중 인사고과의 오류에 대한 설명으로 옳은 것은?

① 부하직원과 대립하고 싶지 않을 때 관대화 경향이 나타난다.
② 연공 오류는 무조건 나이가 많은 사람에게 더 높은 고과 점수를 주는 경우이다.
③ 상관편견은 고과자가 고과 항목의 의미를 정확히 알아도 발생할 수밖에 없는 오류이다.
④ 중심화 경향은 피고과자를 잘 아는 경우 의도적으로 좋은 평가를 부여하는 경향을 말한다.

09 목표관리법(MBO)의 특징이 아닌 것은?

① 목표달성 기간을 설정한다.
② 개인 목표의 구체화를 위한 논의가 이루어진다.
③ 목표 달성 여부에 피드백을 제공한다.
④ 상사에 의한 하향식 목표 설정이 이루어진다.

10 다음 중 인사고과 오류의 한 유형인 '상동적 태도' 극복 방안으로 옳지 않은 것은?

① 고과자들에게 충분한 교육 실시
② 개인과 직무에 대한 충분한 정보 제공
③ 객관성 유지를 위한 기업 내 구성원과 접촉 제한
④ 편견에서 탈피하려는 노력

11 다음 중 고과자에 의한 인사고과방법의 분류가 아닌 것은?

① 상급자에 의한 고과 ② 고객에 의한 평가
③ 동료에 의한 고과 ④ 행위기준 고과

12 다음 중 평가센터법에 대한 설명으로 옳지 않은 것은?

① 주로 신입직원에 대한 승진 의사결정에 활용된다.
② 피고과자를 수일간 따로 합숙시키면서 관찰하고 평가하기도 한다.
③ 평가 신뢰도가 매우 높다.
④ 많은 비용과 시간이 소요된다.

기출유형

13 다음 중 행위기준고과법에 대한 설명으로 옳은 것은?
① 직무 성과보다 개인의 직무 능력에 중점을 둔다.
② 후광 효과나 관대화 경향을 줄이기 어렵다.
③ 평정척도법에 중요사건기술법을 혼용한 기법이다.
④ 비교적 소요시간이 짧고 비용이 저렴하여 실용적인 기법이다.

16 다음 중 현대적 고과에 관한 설명으로 옳은 것은?
① 인물 중심의 고과
② 능력 개발을 위한 고과
③ 다목적 고과
④ 추상적 기준에 의한 고과

14 고과 결과의 분석방법 중 타당도 측정방법이 아닌 것은?
① 평가요소의 요인 분석법
② 복수구성법
③ 분산도에 의한 평가 분포 분석법
④ 평가요소 간 상호 내부 상관관계 산출

17 다음 중 다면 평가에 대한 설명으로 옳지 않은 것은?
① 상급자 이외에 본인, 동료, 고객과 같은 복수 인원으로부터 피드백을 얻는다.
② 하향식 평가에 비해 신뢰성과 공정성을 확보할 수 있다.
③ 개인이 가진 결함의 파악과 개선에 효과가 있다.
④ 정확한 피드백을 통해 종업원 개인이 스스로 역량과 태도를 개선하게 된다.

기출유형

15 다음 중 인사고과의 요소라고 보기 어려운 것은?
① 업적   ② 능력
③ 관계   ④ 태도

18 인사고과에 대한 설명으로 옳지 않은 것은?
① 평정척도법은 자의적 평가가 이뤄질 우려가 있다.
② 서열법은 피평정자의 수가 많을 때 유용하다.
③ 강제할당법은 관대화 오류를 예방할 수 있다.
④ 평가센터법은 중간경영진의 승진 의사결정에 활용된다.

19 다음 중 현대적 고과 기법이 아닌 것은?

① 중요사건서술법 ② 행위기준고과법
③ 등급할당법   ④ 인적평정센터법

20 다음 중 상대 고과에 대한 설명으로 옳은 것은?

① 평가 기준이 명확하고 피평가자가 한 사람이라도 가능하다.
② 평가가 용이하고 수용성이 높다.
③ 평가 기준이 없으므로 정규분포를 따른다.
④ 평가를 승급이나 상여에 연결할 수 있다.

제4장 | 정답·해설

01	02	03	04	05
③	①	①	②	④
06	07	08	09	10
③	④	①	④	③
11	12	13	14	15
④	①	③	②	③
16	17	18	19	20
②	③	②	③	③

01 ③

교대서열법이 쌍대비교법보다 도입과 실시가 용이하고, 비용도 적게 들어 더 많이 사용된다.

참고 서열법
서열법은 피고과자의 능력이나 성과 등을 그 가치에 따라 서열을 매기는 방법이며, 서열법은 교대서열법과 쌍대비교법으로 나누어진다.

02 ①

평정척도법은 서열법, 대조표법과 함께 대표적인 전통적 고과 기법 중 하나다.

03 ①

평정척도법은 평가 결과에 대한 의미 있는 계량화가 가능하지만, 인사고과상의 오류가 나타나기 쉽고, 서열법에 비해 비용과 시간이 많이 든다는 특성이 있다.

04 ②

목표관리법은 고과 과정 전반에 걸쳐 피고과자가 참여하여 고과자와 서로 협의하는 것이 특징이며, 상사의 주관적인 편견을 최소화할 수 있다는 장점이 있다.

05 ④

평가요소의 요인 분석은 타당도 측정방법에 해당한다.

06 ③

고과 결과를 조정하는 방법에는 다른 고과자에 의해 평가된 개인을 한 쌍씩 비교하여 조정하는 일 대 일 비교법에 의한 분석이 있다.

07 ④

후광 효과에 대한 설명이다.

오답분석
① 연공 오류는 피고과자의 연공적 속성이 평가에 영향을 미치는 오류이다.
② 귀속과정 오류는 하이더의 귀속 이론에 근거를 둔 오류이다.
③ 상동적 오류는 특정한 사람에 대한 고과자의 인식에 의해 나타나는 오류이다.

08 ①

관대화 경향은 부하직원과 대립하고 싶지 않을 때, 자신의 부하를 승진시키고자 할 때 나타나는 경향이 있다.

오답분석
② 연공 오류는 나이가 적은 사람에게 더 높은 점수를 주는 경우도 있다.
③ 상관편견은 고과자가 고과 항목의 의미를 정확히 모를 때 발생한다.
④ 중심화 경향은 피고과자를 잘 알지 못할 때 발생한다.

09 ④

목표관리법은 목표를 설정할 때 상사-부하 간 논의와 협의를 중시하는 기법이다.

10 ③

상동적 태도를 극복하기 위해서는 오히려 한 집단 안의 여러 구성원과 접촉 경험을 증대하여 피고과자나 그가 속한 집단에 대한 고정 관념에서 탈피하기 위해 노력해야 한다.

11 ④

고과자에 의한 인사고과 방법의 분류로는 자기 고과, 상급자에 의한 고과, 동료에 의한 고과, 하급자에 의한 고과, 외부 전문가에 의한 평가, 고객에 의한 평가가 있다.

12 ①

평가센터법은 주로 중간경영진에 대한 승진 의사결정에 활용되는 평가 방법이다.

13 ③

행위기준고과법은 직무 성과에 중점을 두어 고과를 실시하며, 후광 효과나 관대화, 중심화 경향을 줄일 수 있다. 또한, 막대한 비용과 시간이 소요되기 때문에 실용성 측면에서는 일정 부분 한계를 가진다.

14 ②

복수구성법은 신뢰도 측정방법의 하나이다.

15 ③

일반적으로 인사고과의 요소는 크게 종업원의 업적, 능력, 태도의 3가지로 구성된다.

16 ②

현대적 고과는 전통적 고과와 비교하여 인물 중심에서 직무 중심으로, 다목적에서 목적별 고과로, 추상적 기준에 의한 고과에서 구체적 직무기준에 의한 고과로 전개되었다.

17 ③

개인이 가진 결함의 파악 및 개선에 효과가 있는 것은 자기 고과에 대한 설명으로, 자기 고과는 능력 개발을 목적으로 하는 고과방법이다.

18 ②

서열법은 피평정자의 수가 많을 때는 사용하기 어려운 인사고과 기법이다.

19 ③

전통적 고과 기법에는 서열법, 강제할당법, 평정척도법, 대조표법, 등급할당법 등이 있다.

20 ③

상대 고과는 평가 기준이 없으므로 정규분포에 따라 고과를 진행한다.

오답분석

①, ②, ④ 절대 고과에 대한 설명이다.

무료 학습자료 제공 · 독학사 단기합격 **해커스독학사**
haksa2080.com

전문가가 분석한 출제경향 및 학습전략

제5장 인적자원의 확보관리에서는 인력수요 예측 기법, 모집방법, 선발도구, 선발도구의 요건, 선발비율, 인력배치 원칙을 눈여겨봐야 한다. 실무와는 다르게 모집과 선발은 명확히 구분되는 개념이므로 이 점에 유의하여 학습하도록 한다.

제5장 | 핵심 키워드 Top 10
핵심 키워드 Top 10은 본문에도 동일하게 ★로 표시하였습니다.

01	인력수요 예측 ★★★	p.114
02	모집방법 ★★★	p.119
03	선발도구 ★★★	p.124
04	합리적인 선발도구의 요건 ★★★	p.125
05	선발비율 ★★★	p.126
06	인력배치 원칙 ★★★	p.127
07	인력계획의 정의 ★★	p.114
08	모집의 개념 ★★	p.118
09	마르코프 분석(Markov analysis) ★	p.116
10	선발의 개념 및 의의 ★	p.122

제5장

인적자원의 확보관리

제1절 인력계획
제2절 모집관리
제3절 선발관리
제4절 배치관리

제1절 인력계획

01 인력계획의 정의와 필요성

1. 인력계획의 정의 ★★ 기출개념
미래 일정 시점에서 기업이 필요로 하는 인력의 양적, 질적 측면을 예측하여 준비하는 것이다.

2. 인력계획의 필요성
① 기업이 필요한 인력을 확보하는 두 가지 전략에는 적응전략과 계획전략이 있다.

구분	내용
적응전략	기업이 미래의 특정 시점까지 아무런 조치를 하고 있지 않다가 해당 시점에 도달하였을 때 필요 인력을 확보하거나 잉여 인력을 감축하는 방법
계획전략	기업에 필요한 인력의 양적, 질적인 측면을 예측하여 준비하는 것

② 적응전략 시행 시 인력을 과다 보유하여 비용을 증가시키거나 과소 인력을 보유하여 시장 기회를 상실하는 단점이 있다. 이에 따라 기업의 성과를 극대화하기 위해서는 인력계획에 전략이 필요하다.

> **개념 Plus**
> **적응전략의 장점**
> 적응전략은 예측으로 인한 위험이 없으며 잘못된 인력 투자를 막을 수 있고, 기술변화가 극심한 영역의 경우에는 직무와 인력 간의 적합성을 극대화할 수 있다.

02 인력수요 예측 ★★★ 기출개념

기업환경의 변화로 인해 미래 어느 시점에 해당 기업에 필요한 인력이 현재 보유한 인력과 양적, 질적 측면에서 다를 수 있으므로 인력수요 예측 활동이 필요하다.

1. 질적 인력수요 예측
(1) 개념과 요건 기출개념
① 어떤 능력을 가진 사람이 필요한가에 대한 분석으로, 양적 인력수요 예측과 결부되어 있다.
> 예 "내년 상반기에 현재보다 100명 더 많은 인력이 필요하다."고 했을 때, 어떤 능력과 자격을 가진 100명이 필요한 것인지에 대한 예측을 하는 것이 질적 수요 예측이다.

② 질적 인력수요 예측을 위해서는 미래 시점에서 수행될 직무 내용이 무엇이며, 이를 통해 기대되는 성과가 무엇인지 사전에 밝혀야 한다.

(2) 예측 기법

구분	내용
자격요건 분석 기법	• 기업의 환경과 구조가 안정적인 경우에 사용함 • 단기적 예측에 적합함 • 직무기술서와 직무명세서를 기준으로 시행함
시나리오 예측 기법	• 기업환경이나 조직 구조가 불안정하고 복잡한 경우에 사용함 • 전문가 집단의 브레인스토밍 및 예측 프로젝트 조직에 활용함 • 비교적 장기적인 예측에 활용함 • 자격요건 분석 기법보다는 개괄적임

2. 양적 인력수요 예측

(1) 개념
① 미래 특정 시점에서 해당 기업의 전체/부서별/작업집단별로 필요한 인력의 수를 예측하는 활동을 의미한다.
② 양적 인력수요에 영향을 미치는 요인: 생산량, 기술 수준, 작업조건, 작업자의 능력 및 모티베이션, 생산 프로그램의 종류, 조직 규모, 허용되는 작업시간 등이다.

(2) 예측 기법 `기출개념`
① 통계적 기법: 해당 기업의 역사적 자료를 바탕으로 분석하는 기법이다.
② 노동과학적 기법
  ㉠ 작업시간 연구를 기초로 하여 조직의 하위 개별 작업장별 필요 인력을 산출하는 상향식 기법으로, 주로 생산직 인력 예측에 활용한다.
  ㉡ 미래 특정 시점에 제품의 생산에 필요한 총 작업시간을 예측하여 이를 1인당 작업시간으로 나눈 값이 수요 인력이 된다.
③ 델파이 기법
  ㉠ 기업 미래에 대한 폭넓은 지식을 가진 전문가 집단의 자문을 얻어 미래의 인력수요를 예측하게 하는 것을 말한다.
  ㉡ 기업의 미래환경이 불투명하고 정형화시키기 어려울 때 유용한 하향식 기법이다.
④ 화폐적 기법: 기업의 지불 능력에 초점을 맞추는 기법으로, 개별 기업의 부문별, 직급별 보유 인력에 대한 정보를 얻기는 어렵다는 한계가 있다.

> **핵심 Check**
> **통계적 예측 기법의 구분**
> • 생산성 비율 분석: 과거의 생산성을 바탕으로 분석한다.
> • 추세 분석: 과거 인력 변화의 영향요인을 살펴 인력수요를 예측한다.
> • 회귀 분석: 인력수요에 영향을 미치는 여러 요소들의 복합적인 영향력을 계산한다.

03 인력공급 예측

1. 내부 노동시장의 인력공급 예측
① 종업원들은 현재의 직무에 계속 근무하거나 승진 또는 전보를 통해 다른 빈자리로 이동함으로써 미래의 인력수요를 충족시키는 데에 기여하는데, 이는 내부 노동시장에 의한 인력공급이 된다.

> **핵심 Check**
> **인력공급 예측**
> 인력공급 예측은 미래 특정 시점에서 조직에 필요한 인력을 기업 내·외부에서 어느 정도나 충당할 수 있을지를 예측하는 것이다.

② 내부 노동시장의 인력공급 예측: 현재의 인력관리 패턴을 미래 특정 시점까지 유지했을 때 보유하게 될 인력을 예측하는 활동이다.
　㉠ 내부 인력공급 예측방법
　　• 마르코프 분석(Markov analysis) ★ 기출개념 : 전이 행렬을 이용한 양적 인력공급 예측방법이다. 미래 어떤 시점에서의 해당 기업 내 종업원 이동에 대한 예측을 하는데 유용하다. 마르코프 분석이 잘 이루어지기 위해서는 이동 확률이 비교적 안정적이고 측정 가능해야 하며, 일반적으로 각 직무나 상황에 최소한 50명 이상의 인력이 있을 때 유효하다.
　　• 승진도표(replacement chart): 현 재직자의 능력을 면밀히 파악하여 개별 종업원의 승진, 배치전환, 교육훈련 등의 요건을 정하고 이를 집계하여 내부 인력공급변화를 예측하는 방법이다.
③ 질적 인력공급 예측: 미래 특정 시점에 해당 기업의 종업원들이 갖추게 될 자격 수준에 대해 예측하는 것이다.
④ 양적 인력공급 예측: 미래의 특정 시점에 보유하게 될 종업원의 전체 수와 직종별, 직급별, 직군별, 직무별, 종업원의 인구통계적 측면에서 파악하는 것이다.

2. 외부 노동시장의 인력공급 예측 기출개념

미래의 특정 시점에 총 수요인력이 공급인력을 초과할 경우, 기업은 순 수요인력을 외부 노동시장에서 충원해야 한다.

핵심 Check

내부 인력공급 예측방법
- 마르코프 분석: 전이 행렬을 이용한 양적 인력공급 예측방법으로, 미래 어떤 시점에서 해당 기업 내 종업원 이동에 대한 예측에 유용하다. 마르코프 분석이 잘 이루어지기 위해서는 이동 확률이 비교적 안정적이고 측정 가능해야 하며 일반적으로 각 직무나 상황에 최소 50명 이상의 인력이 있을 때 유효하다.
- 승진도표(replacement chart): 현 재직자의 능력을 면밀히 파악하여 개별 종업원의 승진, 배치전환, 교육훈련 등의 요건을 정하고 이를 집계하여 내부 인력공급의 변화를 예측하는 방법이다.

개념 Plus

추세 분석(trend analysis)
대표적인 질적 인력공급 예측 기법으로, 과거부터 현재까지 종업원의 자격 수준 변화를 불러왔던 요인들을 찾아 이러한 요인들의 시간에 따른 변화를 파악하고, 이를 당시 종업원이 보유했던 자격 수준과 연결시키는 것을 말한다.

양적 인력공급 예측 기법
- 빈도 분석, 추세 분석, 마르코프 분석 등이 있다.
- 양적 인력공급 예측 시에는 결근율과 생산성도 함께 고려해야 한다.

핵심 Check

외부 노동시장 여건 판단
해당 국가의 경제활동 인구와 실업률, 특정 분야 공급인력에 대한 정보를 바탕으로 판단한다.
예 고(高)실업률 → 인력 구인이 상대적으로 용이, 저(低)실업률 → 인력난

기출개념확인

01 다음 빈칸에 들어갈 말로 알맞은 것은?

> (　　　)은 기업 내외의 환경변화와 사업계획을 고려하여 현재 및 장래의 각 시점에서 기업이 필요로 하는 종류의 인원수를 사전에 예측하고 결정하며, 이에 대한 사내 및 사외의 공급인력을 예측하고 계획하는 것을 말한다.

① 배치계획　　　　　② 인력계획
③ 교육계획　　　　　④ 평가계획

02 다음 중 인력예측 기법 중 통계적 방법이 아닌 것은?

① 시계열 분석　　　　② 회귀 분석
③ 마르코프체인법　　　④ 델파이법

정답·해설

01　②　'인력계획'에 대한 설명을 나타낸 설명으로, 인적자원계획(human resource planning)이라고도 한다.
02　④　델파이법은 경영환경이 불확실한 경우 전문가들의 논의를 통해 인력수요를 예측하는 기법이다.

제2절 모집관리

01 신규 인력 채용 이전의 대체안

1. 시간 외 근무(초과근무)
① 인력수요가 단기적인 경우에 사용하는 안으로, 기업은 신규 인력의 채용과 교육에 드는 비용을 절약하고, 종업원은 일시적으로 소득이 증가한다.
② 과도한 시간 외 근무는 종업원의 일과 삶의 균형을 무너뜨리고 피로감 등으로 인해 생산성이 저하될 수 있음에 유의한다.

2. 하도급(아웃소싱)
① 생산기능 일부를 다른 기업에 맡기는 방법이다.
② 제품 수요가 단기적이거나 계절적일 때 활용한다.

3. 임시직 고용
① 장기 고용에 따른 인건비 부담, 관리 비용의 증가 등을 예방한다.
② 단기 고용 직원들의 동기부여에 문제가 발생할 가능성이 있다.

4. 파견 근로자 사용
① 인력 파견 회사로부터 필요한 근로자를 파견 받아 사용한다.
② 관리비와 간접인건비를 줄일 수 있다.
③ 파견 직원의 소속감 부족으로 인한 생산성 저하의 가능성이 있다.
④ 우리나라의 노동법은 파견 근로자를 사용할 수 있는 직종을 제한하고 있다.

02 모집

1. 모집의 개념 ★★
① 인력 선발을 전제로 하여 양질의 지원자를 확보하는 활동을 말한다.
② 유능한 지원자를 모집하지 못하면 그에 이어지는 선발 활동의 질은 저하될 수밖에 없다.

2. 모집원천

(1) 내부 노동시장
① 재직 중인 종업원을 승진시키거나 전환 배치시킴으로써 인력 확보가 가능하다.
② 사내모집 제도를 통한 지원자 확보이다.

(2) 외부 노동시장

구분	내용
교육기관	고등학교, 전문대학 및 대학교
타 기업체	특정 직무 경력을 갖춘 종업원을 모집하는 경우
실업자	자격을 갖추고는 있으나 여러 이유로 실직 상태에 있는 자 모집
자영업자	기업가적 기질을 갖춘 자, 특정한 경험을 요하는 직무(일반적이지 않음)

> **개념 Plus**
> **내부 노동시장 모집**
> 현재 성장기에 있는 기업은 조직 확장이 계속 이뤄지므로 내부 노동시장만으로는 공급 원천의 제약으로 수요인력을 충족시키지 못하는 경우가 많다.
>
> **교육기관을 통한 모집**
> 교육기관을 통한 모집은 학업과 기업 실무 간 차이로 인해 채용 후 교육·훈련 부담이 있다.

3. 모집방법 ★★★ 기출개념

(1) 내부 노동시장
① 사내공모제도
  ㉠ 공석이 생겼을 때 사내 게시판이나 인트라넷에 모집 공고를 내어 요구하는 자격을 갖춘 종업원이 지원하도록 하는 제도이다.
  ㉡ 미국, 독일 등 선진 외국 기업에서 일반적으로 사용한다.
  ㉢ 사내공모제도의 장단점 기출개념
   • 장점: 모집 비용과 이직률이 낮고 정확한 평가에 의한 선발이 가능하며, 종업원에게 승진 기회를 제공해 사기를 진작시킨다.
   • 단점: 외부 인력의 영입이 적어져 조직의 정체 가능성이 있으며, 성장세의 기업은 사내 공급이 불충분하고, 선발 과정에서 지원자가 반복 탈락하는 경우에 심리적으로 위축될 수 있다.

> **개념 Plus**
> **직무게시제, 직무공모제**
> 직무게시제(job posting)와 직무공모제 등 유사개념이 있으나, 큰 틀에서는 사내공모제도와 큰 차이가 없다.

(2) 외부 노동시장

구분	내용
광고	• 매체 선택과 문안 작성 등에 높은 수준의 전문성이 필요함 • 신문, 전문잡지, 라디오, 텔레비전, 옥외게시판 등을 이용함 • 기업과 직무에 대한 자세한 정보 전달이 가능함 • 자격이 없거나 부족한 지원자의 지원 가능성이 있음
직업소개소	• 기업의 모집·선발을 대행하는 동시에 직장을 구하고자 하는 개인을 돕는 기관임 • 비영리 무료 직업소개소와 수수료를 받아 운영되는 유료 직업소개소가 있음
리쿠르터 기출개념	• 기업을 대표하여 각지를 돌면서 기업을 소개하고 지원자를 면접하는 사람을 말함 • 면접은 지원자의 적성, 지능, 판단력, 성숙도, 리더십 등을 파악하기 위해 실시하며 최종 선발을 하는 것은 아님

구분	내용
인턴제도	방학 기간 등에 학생들을 근무하도록 하여 평가를 거친 후, 정식으로 고용하는 방법임
현직 종업원 추천	• 현직 종업원은 자신이 속한 기업에 대해 잘 이해하고 있기 때문에 해당 기업과의 적합성이 큰 인재를 추천해 줄 수 있음 • 종업원들의 사기가 높고 기업에 대한 공헌 의욕이 강한 기업에서 이 방법을 채택하면 적은 비용으로 유능한 인재를 확보할 수 있으나, 파벌 형성 우려가 있음
교육기관 추천	• 산학협력을 맺거나 대학의 취업센터 등을 통하여 지원자를 모집할 수 있음 • 교수 1인당 학생 수가 많은 우리나라에서는 지원자에 대한 정보를 구체적으로 파악할 수 없어 상대적으로 효과가 크지 않으며, 추천서 또한 요식행위가 되는 경우가 많음
자발적 지원	• 기업에서 모집을 하지 않았음에도 인터넷이나 전화 등으로 지원하는 경우가 있음 • 공석인 자리와 지원자의 능력이 일치하면 선발 가능하지만, 우리나라에서는 드묾
친지 추천	• 개인이나 가족 소유 기업에서는 친족의 추천으로 지원자를 모집하는 경우가 있음 • 능력 있는 인재 확보는 어렵겠지만, 기업에 대한 관심과 충성도는 높을 수 있음

> **핵심 Check**
> **인턴제도의 장단점**
> • 최근 우리나라에서 유행하고 있으며, 대졸자들을 대상으로 하기도 한다.
> • 지원자의 자격 여부를 판단할 수 있는 충분한 시간이 주어진다는 장점이 있으나 인턴 입장에서는 고용불안정이 커진다.

4. 모집활동에 대한 평가

① 모집방법, 확보된 지원자 수와 질, 모집활동에 투입된 비용 및 시간 등으로 평가한다.
② **지원자 수**: 단순한 지원자 수, 입사제안자 수, 자격을 갖춘 지원자 수 등으로 구분 가능하다.
③ **평가기준**: 기업 간 비교를 할 수도 있고, 한 기업의 연도별 모집활동 결과를 비교하여 평가할 수도 있다.

> **핵심 Check**
> **모집활동에 대한 평가**
> 자격을 갖춘 지원자를 얼마나 확보했느냐가 궁극적인 평가기준이 된다. 단, 자격을 갖춘 지원자를 많이 확보했다 하더라도 그 과정에 너무 많은 비용과 시간이 들었다면 그 모집활동을 긍정적으로 평가하기 어렵다.

기출개념확인

01 다음 중 내부 노동시장에서 지원자를 모집하는 방법으로 옳은 것은?

① 사내공모제도 ② 현직 종업원에 의한 추천
③ 가까운 친족 ④ 교육훈련기관

02 다음 중 사내공모제도에 대한 설명으로 옳지 <u>않은</u> 것은?

① 모집 비용이 저렴하다.
② 지원자에 대한 정확한 평가가 가능하다.
③ 사내공모제도로 채용된 종업원은 이직률이 다소 높다.
④ 종업원의 사기 진작에 도움이 된다.

정답·해설

01 ① 사내공모제도는 내부 노동시장에서 인력을 확보하는 대표적인 방법이다.

오답분석

②, ③, ④ 모두 외부 노동시장에서의 인력 확보방법이다.

02 ③ 사내공모제도로 채용된 종업원은 이직률이 낮은 경향이 있다.

제3절 선발관리

01 선발의 개념 및 의의 ★

1. 선발의 개념
① 모집을 통해 응모한 지원자 중에서 조직이 필요한 사람을 선별하는 것을 말한다.
② 기본적으로 공석이 된 직무를 가장 잘 수행할 수 있는 지원자를 찾아내는 것이다.

2. 선발의 의의
선발은 장기고용을 전제로 할 때, 반드시 특정 직무와의 적합성을 고려해야 하는 것은 아니며, 근무 기간 중 근무할 예정인 일련의 직무군에 대한 개인의 적합성을 판단하는 것이 더 중요하다.

02 선발 방침

1. 인재관 결정

(1) 직무명세서 중심 선발
① 직무명세서를 기준으로 공석이 된 직무의 자격요건을 지원자가 얼마나 충실하게 갖추고 있느냐를 기준으로 인력을 선발한다.
② 지원자의 지능이나 잠재능력보다 실제 보유한 기술이나 기능을 중시한다.

(2) 경력 중심 선발
① 공석이 된 직무가 요구하는 자격요건뿐 아니라 지원자가 갖춘 현재 및 잠재능력을 아울러 중요시하는 방법이다.
② 지원자가 직무명세서의 자격요건 중 일부를 갖추고 있지 않아도 기업에 공헌할 수 있는 다른 능력이 있다고 판단되면 채용이 가능하다.

(3) 기업 문화 중심 선발
기업 전체 문화와의 적합성을 인력 선발의 기준으로 채택하는 것이다.

2. 선발방법에 대한 기본 방침

(1) 종합적 평가법과 단계적 제거법
① 종합적 평가법
 ㉠ 서류 전형, 필기 시험, 면접 시험 등 선발의 모든 단계를 거쳐 각 단계에서 획득한 점수를 합산하여 선발하는 방법이다.
 ㉡ 선발 비용이 많이 들지만, 우수한 지원자를 놓칠 가능성은 낮다.
② 단계적 제거법
 ㉠ 선발 각 단계마다 지원자의 자격 수준이 미달할 경우 탈락시키는 방법이다.
 ㉡ 선발 비용이 적게 들지만, 우수한 지원자를 탈락시킬 위험성은 상대적으로 높다.

(2) 기본 방침 선택 시 고려 사항
① 어떤 방법을 택하느냐는 기본적으로 지원자의 수에 따라 결정해야 한다.
② 지원자가 적은 경우에는 종합적 평가법이 바람직하고, 지원자가 많은 경우에는 비용 문제상 단계적 제거법이 적합하다.

03 선발 과정

1. 예비 면접
선발 과정 실시 이전에, 결격 사유가 있는 지원자를 탈락시키는 것을 목적으로 한다.
예 대학교의 취업 설명회 등에서 응시원서 또는 인터넷 등으로 응시할 수 있는 식별번호(ID)를 미리 배부하는 것

2. 서류 전형
지원자가 제출한 지원서를 토대로 경력, 학점, 보유 자격증 등 지원자의 현재 및 잠재능력과 관련 있는 항목에 대한 평가를 실시한다.

3. 선발 시험
심리 검사, 필기 및 실기 시험 등을 통해 지원자가 가지고 있는 능력 및 개인적 특성을 측정하기 위해 실시한다.

4. 선발 면접
① 기업이 지원자를 상대로 면접을 통해 지원자가 가지고 있는 능력 및 개인적 특성 등을 파악하는 활동이다.
② 면접을 통해 지원자는 기업과 근로조건(예 임금, 근무장소 등)에 대한 정보 획득이 가능하다.

5. 경력 조회
① 지원자가 이력서 등에 기재한 학력, 직무경험, 자격증 등의 사실 여부를 확인하는 것이다.
② 경력 조회는 경력 사원 채용 시에 중요한 단계이다.

6. 신체 검사
지원자가 직무를 수행하는 데 필요한 신체적 조건을 갖추고 있는지를 확인하는 것이다.

04 선발도구 ★★★

1. 바이오데이터 분석
① 바이오데이터: 서류 전형이나 면접 전형 등에서 획득한 지원자의 신상과 관련된 모든 정보를 말한다.
② 검증 가능한 것뿐만 아니라 검증 불가능한 것도 포함한다.
③ 연령, 성별, 출생지, 거주지, 교육 수준, 가족관계, 취미와 특기, 신념과 가치관 등도 포함한다.
④ 선진국의 기업에서 최근 들어 사용되고 있는 방법이다.

2. 선발 시험
① 시험 대상자에 따라 집단 시험과 개별 시험으로 분류한다.
② 해답 방식에 따라 필기 시험, 실기 시험, 구술 시험으로 구분한다.
③ 이 중에 가장 보편적으로 사용하는 방식은 필기 시험이다.

3. 선발 면접 기출개념

(1) 개념과 목적
① 선발 면접은 면접자와 피면접자가 서로에 대한 정보를 교환하는 목적 지향적인 대화이다.
② 지원서의 기재 내용을 명확히 하고, 지원서에 나타나지 않은 정보를 수집하는 과정이다.
③ 기업에 관한 정보를 지원자에게 전달하는 것이다.

(2) 면접 전형의 구분
① 구조적 면접과 비구조적 면접

구분	내용
구조적 면접	직무명세서를 기초로 질문을 미리 준비하여 실시하는 면접
비구조적 면접	특정한 질문 목록 없이 면접자가 상황에 따라 임의로 질문을 하는 면접

📋 **개념 Plus**

우리나라 기업의 바이오데이터 활용
우리나라에서는 서류전형에서 이와 유사한 활동이 있으나, 역량 등에 대한 예측보다는 지원자를 차별화하는 수단으로 활용되고 있다.

선발 시험의 분류
대상자 혹은 해답 방식을 기준으로 분류하는 것은 크루던(Chruden)과 셔먼(Sherman)의 분류방법에 따른 것이다.

✓ **핵심 Check**

면접
주관적인 판단에 크게 의존한다는 단점이 있으나, 오늘날 산업심리학 및 면접 기법의 발달로 인해 신뢰도가 높아지고 있다.

구조적 면접과 비구조적 면접
- 구조적 면접: 면접에 대한 훈련을 받지 않았거나 경험이 없는 면접자도 어려움 없이 면접을 진행할 수 있다는 반면, 직무분석을 근거로 해야 한다는 한계가 있다.
- 비구조적 면접: 유연한 질문이 가능하지만 피면접자의 답변에 대한 평가가 어려워 경험 많은 면접자가 필요하다.

② 집단 면접과 위원회 면접

구분	내용
집단 면접	피면접자가 복수가 되어 진행하는 방법
위원회 면접	다수의 면접자가 한 명의 피면접자를 평가하는 방법

③ 스트레스 면접

지원자의 약점 등 대답하기 곤란한 내용의 질문을 주로 하는 면접 기법으로, 압박 면접이라고도 한다.

4. 평가센터법 기출개념

① 다수의 지원자에게 여러 종류의 선발도구를 동시에 적용하여 지원자를 평가하는 것이다.
② 신뢰도는 그 어느 선발도구보다 우수하지만, 선발 비용이 많이 든다.

5. 합리적인 선발도구의 요건 ★★★ 기출개념

(1) 신뢰성

① 지원자의 특정한 면을 측정할 때 동일한 환경에서 측정된 결과가 서로 일치하는 정도를 의미한다.
② 신뢰성의 문제는 주로 심리 및 적성 검사와 면접 단계에서 발생한다.
③ 심리 및 적성 검사 단계
  ㉠ 지원자가 의도적으로 실제와 다른 답변을 할 때 신뢰도에 문제가 발생한다.
  ㉡ 그러나, 지원자가 지원서를 허위 작성한 경우가 아닌 이상 신뢰도 문제가 발생하지 않는다.
④ 면접 단계: 피면접자에 대한 편견, 후광 효과, 대비 효과, 말투/억양/표정 등 비언어적 행동이 신뢰도에 영향을 끼친다.

(2) 타당성

① 특정 선발도구가 얼마나 평가 목적을 충족시키느냐에 관한 것을 말한다.
② 현재타당도(동시타당도): 신입사원 선발에 적용하려는 선발도구를 현직 종업원에게 적용해 현직 종업원이 획득한 점수와 그들의 성과(인사고과 점수) 간의 상관관계를 조사하는 방법이다.
③ 예측타당도: 선발 시험에 합격한 지원자들의 시험 성적과 입사 후 일정 기간이 지난 후의 성과를 비교하여 그 상관관계를 조사하는 방법이다.
④ 내용타당도: 해당 직무의 전문가들이 선발도구가 측정 대상의 취지를 얼마나 잘 반영하고 있는지를 파악하여 타당도를 알아보는 방법이다.

(3) 실용성

① 선발에 들어간 비용 대비 효과를 살펴보는 비용편익분석을 통해 실용성 판단이 가능하다.
② 선발도구 도입에 따른 비용 산정이 용이하나, 그 효과 측정에는 어려움이 많다.

핵심 Check

집단 면접과 위원회 면접
- 집단 면접: 시간이 적게 들며 여러 명의 지원자를 동시에 평가하기 때문에 비교가 용이하다. 개별 지원자에 대해 관찰하고 파악할 시간은 상대적으로 부족하다.
- 위원회 면접: 평가 신뢰도는 높으나 시간 소요가 많으며, 다수의 면접자 앞에서 피면접자가 위축되면 제대로 된 평가를 하기 어려울 수 있다.

스트레스 면접
스트레스나 위기 상황 대응 능력을 평가하는 데 유용하다. 피면접자가 해당 기업에 반감을 가질 우려가 크므로 영업직 등 특정 직무에 한해 적용한다.

개념 Plus

스트레스 면접 시 유의점
스트레스나 위기 상황에 대응하는 능력을 평가하는 데는 유용한 방법이기는 하나, 피면접자가 기업에 반감을 가질 우려가 크므로 영업직 등 특정직무에 한하여 적용하는 것이 바람직하다.

선발도구의 신뢰성 측정방법
시험-재시험방법, 대체형식방법, 양분법 등이 있다.

핵심 Check

현재타당도의 장단점
- 장점: 필요한 자료를 신속히 획득하여 비교 가능하다.
- 단점: 현직 종업원들이 시험에 최선을 다하지 않는 경우 신뢰도 문제 발생이 우려되며, 기존 종업원이 없는 새 직종 채용 시 활용이 곤란하다.

예측타당도의 장단점
- 장점: 현재타당도의 단점을 해소 할 수 있다.
- 단점: 문제가 발생해도 이미 채용된 종업원을 상대로 개선이 불가하며, 시간이 지난 후 결과가 도출된다.

개념 Plus
선발비율의 활용 신뢰도와 타당도가 매우 높은 선발도구를 사용하면 되나 현실적으로 어려우므로 주어진 선발도구로 선발의 합리성을 높이기 위해 선발비율을 활용한다.

6. 선발비율 ★★★ 기출개념

① '선발비율 = 채용 인원수 ÷ 총 지원자 수'로 계산한다.
② 선발비율이 너무 높아 1에 가까워질수록 선발의 의미는 퇴색된다.
③ 선발비율이 낮을수록 기업의 선택 여지는 증가하며, 선발비율이 지나치게 낮으면 높은 선발비용이 든다.

기출개념확인

01 다음 중 선발도구가 갖춰야 할 요건으로 옳지 <u>않은</u> 것은?

① 신뢰성　　　　　　　　　② 독립성
③ 타당성　　　　　　　　　④ 실용성

02 다음 설명에 해당하는 타당도 측정방법은?

> 신입사원의 선발에 적용하려는 선발도구를 현직 종업원에게 실시하여 현직 종업원이 획득한 점수와 그들의 인사고과 점수 간의 상관관계를 조사하는 방법이다.

① 예측타당도　　　　　　　② 내용타당도
③ 현재타당도　　　　　　　④ 결과타당도

정답·해설
01　② 선발도구의 요건으로는 신뢰성, 타당성, 실용성, 객관성, 적절한 선발비율 등이 있다.
02　③ 현재타당도에 해당하는 설명이며, 동시타당도라고도 한다.

제4절 배치관리

01 배치관리의 의의

1. 배치
선발된 인력을 적성, 희망, 능력에 따라 적절한 직무를 맡도록 하는 것을 말한다.

2. 배치전환
일단 배치된 종업원을 필요에 따라 다른 직무에 재배치하는 것을 의미한다.

02 인력배치 원칙 ★★★ 기출개념

1. 적재적소적시주의
① 종업원을 배치 또는 배치전환할 때는 종업원의 능력·직무·시간이라는 세 측면을 모두 고려하여 이들 간 적합성을 극대화해야 한다.
② 능력과 직무가 부합하지 않는 경우 자격 미달 혹은 자격 과잉 현상이 나타나 효율성이 저해된다.
③ 능력과 직무가 잘 맞더라도 지나치게 장기간 하나의 직무를 수행하면 매너리즘이 나타나 효율이 저하될 수 있다.

2. 인재육성주의
① 인재육성주의는 배치 또는 전환 배치는 종업원의 능력이 신장될 수 있는 방향으로 한다는 것을 말한다.
② 종업원은 새로운 직무를 수행하는 간접적인 방법으로도 지식과 기능을 습득한다.
③ 조직은 개인에게 도전적인 직무를 부여하여 종업원의 능력 개발을 도모하고 종업원 개인의 성장욕구와 자아실현욕구가 충족될 수 있도록 해야 한다.

3. 균형주의
① 배치 또는 배치전환시 조직 전체와 종업원의 상황을 고려해야 한다는 원칙이다.
② 개별 종업원들이 가진 능력과 욕구를 완전히 충족시켜줄 수는 없고, 조직 차원의 적합성이 극대화되는 방향으로 배치 등이 이뤄져야 한다.

03 배치전환의 유형

1. 생산 및 판매 변화에 의한 배치전환
제품이나 서비스 시장의 환경 변화로 인한 배치전환이 일어날 수 있다.

예 소비자들이 중형차를 선호하다가 소형차를 선호하게 된 경우 중형차 생산인력을 소형차 생산인력으로 배치전환한다.

2. 순환 근무
종업원의 경력 개발과 종업원이 매너리즘에 빠지는 것을 막기 위해 도입하는 것이다.

3. 교정적 배치전환 [기출개념]
개인의 적성이 직무에 맞지 않거나 조직 내 인간관계에 문제가 생겼을 때 이를 해소하기 위해 실시하는 배치전환이다.

기출개념확인

01 다음 중 배치의 원칙으로 옳지 <u>않은</u> 것은?
① 적재적소적시 원칙 ② 인재육성 원칙
③ 종업원 욕구충족 원칙 ④ 균형의 원칙

02 다음 중 과잉 인력에 대한 대책으로 옳지 <u>않은</u> 것은?
① 신규 채용 억제 ② 시간 외 근로 독려
③ 조기퇴직제도 ④ 직무분할제

정답·해설
01 ③ 개별 종업원들이 가진 능력과 욕구를 현재의 직무들로 완전하게 충족시켜줄 수 없으므로, 조직 전체 차원에서의 적합성이 극대화되는 방향으로 배치 등이 이루어져야 한다.
02 ② 인력이 과잉 상태일 때는 시간 외 근로를 하기보다 오히려 근무 시간을 단축하여 경영악화를 예방하여야 한다.

제5장 | 실전연습문제

* 기출유형 은 해당 문제가 실제 시험에 출제된 유형임을 나타냅니다.

01 다음 중 사내공모제도에 대한 설명으로 옳은 것을 모두 고른 것은?

> ㉠ 모집 비용이 적게 들고, 이직률이 낮다.
> ㉡ 외부 인력의 영입이 적어져 조직이 정체될 가능성이 있다.
> ㉢ 정확한 평가에 의한 선발은 비교적 어려운 편이다.
> ㉣ 선발과정에서 지원자가 수차례 탈락하는 경우, 지원자가 심리적으로 위축될 수 있다.

① ㉠, ㉡
② ㉠, ㉣
③ ㉠, ㉢, ㉣
④ ㉠, ㉡, ㉣

[기출유형]

03 다음 중 신규 인력 채용 이전의 대체안으로 옳지 <u>않은</u> 것은?

① 시간 외 근로
② 임시직 고용
③ 파견 근로자 사용
④ 인센티브 지급

[기출유형]

04 다음 중 양적 인력수요 예측방법으로 옳지 <u>않은</u> 것은?

① 통계적 기법
② 델파이 기법
③ 화폐적 기법
④ 시나리오 예측 기법

[기출유형]

02 다음 중 빈칸에 들어갈 알맞은 면접 기법은?

> (   )은 면접자가 피면접자의 약점 등 대답하기 곤란한 내용의 질문을 주로 하거나 무시함으로써 피면접자의 인내력 등을 관찰하는 방법이다.

① 정형적 면접법
② 비정형적 면접법
③ 스트레스 면접법
④ 패널 면접법

05 다음은 양적 인력수요 예측방법 중 어떠한 기법에 대한 설명이다. 설명의 기법을 알맞게 고른 것은?

> 기업의 미래에 대한 폭넓은 지식을 가진 전문가 집단의 자문을 얻어 미래의 인력수요를 예측하게 하는 것으로, 해당 기업의 미래환경이 불투명하고 정형화하기 어려울 때 유용한 하향식 방법이다.

① 델파이 기법
② 노동과학적 기법
③ 자격요건 분석 기법
④ 화폐적 기법

06 다음 중 인력의 공급예측방법이 아닌 것은?
① 승진도표　　② 시계열 분석
③ 인력(기능)재고표　　④ 마르코프체인법

07 다음 중 웹기반 모집의 특성이 아닌 것은?
① 실시간 모집이 가능하다.
② 한 사람이 복수모집에 복수응모가 가능하다.
③ 모집 시 개인의 신상자료가 노출될 수 있다.
④ 외부 전문가의 자료와 경험의 이용이 가능하다.

08 다음 중 내부 인력 모집의 장점으로 옳은 것은?
① 새로운 관점의 도입이 가능하다.
② 인력 개발 비용을 절감할 수 있다.
③ 외부로부터 새로운 정보 및 지식의 유입이 가능하다.
④ 객관적인 능력평가로 정확한 인사고과가 가능하다.

09 선발도구의 신뢰성 측정방법으로 옳지 않은 것은?
① 시험 – 재시험방법　　② 대체형식방법
③ 직무 중심 접근법　　④ 양분법

10 다음에 해당하는 타당성 측정방법은?

> 선발도구가 측정하고자 하는 속성이나 개념을 측정할 수 있도록 되어 있는 정도를 말하며, 요구하는 내용이나 행위를 시험이 얼마나 잘 나타내는가를 검토하여 타당성을 검증하는 방법이다.

① 내용타당성　　② 예측타당성
③ 동시타당성　　④ 구성타당성

11 다음 중 빈칸에 들어갈 내용으로 알맞은 것은?

> (　　　)은 전이 행렬을 이용한 양적 인력공급 예측방법으로 미래 특정 시점에서의 해당 기업 내 종업원 이동에 대한 예측을 하는 데 유용하다.

① 화폐적 기법　　② 델파이 기법
③ 마르코프 분석　　④ 노동과학적 기법

12 기업 내 특정 직위에 결원이 생겼을 때 내부에서 인력을 구하는 방법은?

① 채용설명회　　② job posting
③ 하도급　　　　④ 현직 종업원 추천제도

15 다음 중 기업 전체의 인력 예측을 하여 필요한 총인원을 정하는 방법은?

① 거시적 인력 예측　　② 상향식 인력 예측
③ 미시적 인력 예측　　④ 정태적 인력 계획

기출유형

13 미래 특정 시점에서 기업이 보유할 종업원의 양적, 질적인 면을 예측하는 것은?

① 인력개발 예측　　② 인력활용 예측
③ 인력선발 계획　　④ 인력수요 예측

16 다음이 설명하는 인력공급 예측기법은?

> 과거부터 현재까지 종업원의 자격 수준 변화를 불러왔던 요인들을 찾아 이러한 요인들의 시간에 따른 변화를 파악하고 이를 당시 종업원이 보유했던 자격 수준과 연결시키는 방법이다.

① 마르코프 분석　　② 노동과학적 기법
③ 추세 분석　　　　④ 승진도표

기출유형

14 다음 중 빈칸에 들어갈 단어로 적절한 것은?

> 인적자원의 (　　)는 인력계획에 따라 필요한 인재를 모집·선발·배치하는 과정을 말한다.

① 확보관리　　② 유지관리
③ 활용관리　　④ 개발관리

기출유형

17 선발비율에 대한 설명으로 옳은 것은?

① 0에서 1 사이의 값을 갖는다.
② 가능한 한 1에 가까워야 한다.
③ 선발비율은 1이 될 수 없다.
④ 선발비율은 높아야 한다.

18 선발 과정 중 지원자가 이력서에 기재한 학력, 직무경험, 자격증 등이 사실인지 여부를 확인하는 과정을 일컫는 단어는?

① 선발 면접   ② 경력 조회
③ 서류 전형   ④ 예비 면접

19 선발도구에 대한 설명으로 옳지 않은 것은?

① 평가센터법은 신뢰도는 우수하나 선발비용이 많이 든다.
② 구조적 면접은 직무분석을 근거로 한다.
③ 선발도구의 타당도란 선발도구의 평가 목적 충족 정도에 관한 것이다.
④ 바이오데이터는 검증 가능한 것만 활용해야 한다.

기출유형
20 인력선발 시 특정 지원자에 대해 동일한 환경에서 측정한 결과가 서로 일치하는 정도를 의미하는 것은?

① 수용성   ② 타당성
③ 신뢰성   ④ 실용성

제5장 | 정답·해설

01	02	03	04	05
④	③	④	④	①
06	07	08	09	10
②	③	④	③	①
11	12	13	14	15
③	②	④	①	①
16	17	18	19	20
③	①	②	④	③

01 ④

㉠ 사내공모제도는 모집 비용이 적으며, 이직률이 낮다.
㉡ 외부 인력의 영입이 적어지므로 정체 가능성이 있다.
㉣ 지원자가 반복 탈락하면 심리적으로 위축될 수 있다.

오답분석
㉢ 외부 인력에 비해 정확한 평가에 의한 선발이 가능한 것이 장점이다.

참고 사내공모제도
사내공모제도는 사내의 게시판이나 인트라넷에 모집 공고를 내어 요구 조건을 갖춘 내부 종업원이 지원하도록 하는 제도이다.

02 ③

스트레스 면접법에 대한 설명이다. 스트레스나 위기 상황에 대응하는 능력을 평가하는 데에는 유용하지만, 지원자가 해당 기업에 반감을 가질 우려가 크므로 영업직 등 특정 직무에 한하여 적용하는 것이 바람직하다.

03 ④

신규 인력 채용 이전의 대체안으로는 시간 외 근로, 임시직 고용, 파견 근로자 사용, 하도급을 이용하는 방법이 있다. 인센티브를 기존 종업원에게 지급하더라도 신규 인력 채용에 대한 수요를 충족시키지는 못한다.

04 ④

시나리오 예측 기법은 질적 인력수요 예측방법의 하나로 기업환경이나 조직 구조가 불안정하고 복잡할 때 전문가 집단의 브레인스토밍 등을 통한 경영환경 변화예측방법을 말한다.

05 ①

양적 인력수요 예측방법 중 델파이 기법에 대한 설명이다.

오답분석
② 노동과학적 기법은 조직의 하위 개별 작업장별 필요인력을 산출하는 상향식 기법이다.
③ 자격요건 분석 기법은 질적 인력수요 예측방법의 하나이다.
④ 화폐적 기법은 기업의 지불 능력에 초점을 맞추는 기법이라는 점에서 일에 초점을 맞추는 다른 방법들과 다르다.

06 ②

시계열 분석(time series analysis)은 과거의 역사적 수요에 입각하여 미래의 수요를 예측하는 방법을 총칭하며, 인력수요 예측방법 중 통계적 방법의 하나이다.

07 ③

웹기반 모집은 전통적 모집과는 달리 모집 시 개인의 신상자료에 대한 비밀유지가 가능하다.

08 ④

내부 인력 모집은 객관적인 능력평가로 정확한 인사고과가 가능하다는 장점이 있다.

오답분석
①, ②, ③ 외부 인력 모집의 장점에 해당한다.

09 ③

직무 중심 접근법은 선발의 접근방법 중 하나로 선발도구의 신뢰성 측정 방법과는 관계가 없다.

10 ①

내용타당성에 대한 설명이다. 선발도구의 내용이 실제 작업에 가까울수록 내용타당성은 커지며, 성취도 검사에 적합한 방법이다.

11 ③

전이 행렬을 이용한 양적 인력공급 예측방법인 마르코프 분석법은 기업 내외부의 환경변화가 급격하지 않은 경우에 적합한 방법이다.

[오답분석]
① 화폐적 기법은 기업의 지불 능력에 맞춰 필요한 인력수요를 산출하는 방법이다.
② 델파이 기법은 전문가 집단의 자문을 통해 미래 인력수요를 예측하는 방법이다.
④ 노동과학적 기법은 작업시간 연구를 기초로 필요 인력을 산출하는 기법이다.

12 ②

사내공모제도의 한 방법으로 사내에 결원이 된 자리를 공고하여 내부에서 적임자를 구하는 방법은 job posting(직무게시)이다.

[오답분석]
① 채용설명회는 기업의 리쿠르터가 교육기관 등을 방문하여 다수를 상대로 채용 직무 등을 설명하는 것이다.
③ 하도급은 기업의 업무 중 일부를 외부 업체에 위탁하는 것이다.
④ 현직 종업원 추천제도는 사내 종사자가 외부의 적임자를 추천하는 것이므로 외부 인력모집방법에 해당한다.

13 ④

인력수요 예측은 미래에 필요한 종업원의 수인 양적 수요 예측과 종업원이 보유해야 할 역량이나 자격요건에 대한 예측인 질적 수요 예측으로 구분할 수 있다.

14 ①

인적자원의 확보관리는 양질의 지원자를 모집하여 인재를 선발하고 적재적소에 배치하는 일련의 과정을 일컫는다.

15 ①

기업 전체의 인력 예측을 하여 총인원을 정한 후 다시 부문, 직급, 직종에 따라 분할하는 하향식 인력 예측을 거시적 인력 예측이라 한다.

[오답분석]
④ 정태적 인력 계획이란 예측을 하지 않고 현재 상태를 기준으로 인력 계획을 하는 것이다.

16 ③

추세 분석은 종업원이 보유한 자격 수준을 바탕으로 한 인력공급 예측 기법이다.

[오답분석]
④ 승진도표는 현 종업원의 능력 파악 후 향후 승진 및 배치전환 시기 등을 정하고 이를 집계하여 내부 인력변화를 예측하는 방법이다.

17 ①

선발비율은 '채용 인원수 ÷ 총 지원자 수'로 0~1의 값을 갖는다.

[오답분석]
② 선발비율이 1에 가까우면 지원자 대부분을 선발해야 하므로 선발의 의미가 퇴색된다.
③ 모든 지원자를 최종합격자로 선발하면 선발비율은 1이 된다.
④ 선발비율이 너무 낮거나 높으면 선발의 합리성이 떨어지며, 적정 선발비율은 기업 정책에 따라 다르다.

18 ②

서류 전형에 기재한 내용을 확인하는 경력 조회는 경력 사원 채용 시에 특히 중요하다.

[오답분석]
①, ③ 서류 전형과 선발 면접에서도 이력서 기재 내용의 사실 여부를 확인할 수 있으나 그것이 주목적은 아니다.
④ 선발 과정 시작 전에 결격 사유가 있는 지원자를 탈락시키기 위한 것이다.

19 ④

바이오데이터는 연령, 성별, 출생지, 교육 수준과 같이 검증 가능한 것뿐만 아니라 신념과 가치관 같은 검증이 어려운 것도 활용할 수 있다. 단, 직무와의 관련성이 있는지에 유의해야 한다.

20 ③

동일한 환경에서 측정한 결과가 서로 일치하는 것은 선발도구의 신뢰성과 관련이 있다.

오답분석
① 수용성은 선발결과를 당사자들이 받아들이는 정도를 말한다.
② 타당성은 선발도구가 선발의 목적을 잘 반영하고 있느냐에 대한 것이다.
④ 실용성은 선발도구에 투입된 비용 대비 효과와 관련된 것이다.

무료 학습자료 제공 · 독학사 단기합격 **해커스독학사**
haksa2080.com

전문가가 분석한 출제경향 및 학습전략

제6장 인적자원의 개발관리에서는 경력경로, 경력정체, 인사이동의 종류, 승진정책과 기본 원칙, 교육훈련 프로그램의 분류가 주요 학습 내용이다. 특히, 교육훈련 프로그램의 분류에는 혼동하기 쉬운 개념들이 있으므로 이를 잘 구분하여 숙지해야 한다.

제6장 | 핵심 키워드 Top 10
핵심 키워드 Top 10은 본문에도 동일하게 ★로 표시하였습니다.

01	경력경로의 설계 및 유형 ★★★	p.140
02	경력정체 ★★★	p.141
03	승진정책 ★★★	p.144
04	승진관리의 기본 원칙 ★★★	p.144
05	교육훈련 프로그램 ★★★	p.146
06	경력욕구 ★★	p.139
07	인사이동의 종류 ★★	p.143
08	승진유형 ★★	p.145
09	교육훈련의 평가 ★★	p.149
10	경력관리의 의의와 목적 ★	p.138

제6장

인적자원의 개발관리

제1절 경력관리
제2절 이동·승진 관리
제3절 교육훈련관리

제1절 경력관리

01 경력관리의 의의와 목적 ★

1. 경력과 경력관리

(1) 경력
종업원이 기업 내에서 장기적으로 여러 직무를 맡아 경험함으로써 개인의 생애에 계속성, 질서, 의미를 부여하는 것을 뜻한다.

(2) 경력관리(CDP; Career Development Program) `기출개념`
인간 존중의 이념을 바탕으로 개인의 경력을 장기적이고 계획적으로 개발하는 것을 말한다.

2. 경력관리의 목적

구분	내용
기업 입장	• 종업원의 경력개발을 통해 인적자원을 효율적으로 확보함 • 조직의 노하우를 체계적으로 쌓아 경쟁력을 강화시킴 • 종업원과 기업 간 일체감을 높여 기업 내 원활한 협동시스템 구축함
종업원 입장	• 성장욕구가 충족됨 • 의미 있는 미래 설계가 가능함 • 노동시장에서의 경쟁력이 향상됨

3. 경력관리의 전제조건

(1) 인간 존중의 인사 이념
① 효율적인 경력개발을 위해서는 인간 존중의 인사 이념을 확립하는 것이 중요하다.
② 타 인사시스템과의 유기적 연계가 이루어져야 한다.
③ 경력개발이 배치전환, 승진·승격, 교육훈련, 직무순환 등의 인사제도와 유기적으로 연계되어 운영되어야 그 효과가 극대화된다.

📋 **개념 Plus**

경력관리와 고용
어떤 사람이 재직하고 있는 기업에서 비전을 찾을 수 없거나 고용에 불안정을 느끼는 것은 경력관리에 문제가 있기 때문이다.

✅ **핵심 Check**

경력관리의 이념
경력관리는 본질적으로 기업의 욕구와 개인의 욕구를 통합하는 것을 목적으로 하며, 개인 능력의 장기적·체계적인 개발을 수행하는 것이기 때문에 인간 존중의 이념이 필요하다.

02 경력관리시스템

1. 경력욕구 ★★

(1) 개인의 경력욕구(Leach의 이론)

① 개인의 경력욕구는 크게 경력역할과 경력상황의 두 요소에 의해 결정된다.

구분	내용
경력역할	개인의 경력욕구와 관련하여 조직으로부터 기대되는 행동
경력상황	조직이 제공하는 경력기회 예 구체적으로 자신이 원하는 직무가 조직에 존재하는지의 여부와 자신이 원하는 경력경로의 경쟁 정도 등

② 경력역할과 경력상황에 대한 인식은 개인의 경력방향과 경력수준에 따라 결정된다.
③ 경력방향과 경력포부의 수준은 자아 존경 욕구(self-esteem)와 경력 자아 개념에 따라 결정된다.
④ 자아 존경 욕구와 경력 자아 개념은 개인의 유전적 특성, 사회문화적 특성, 가정교육, 학교 기관 등에서의 교육, 개인적 관심의 변화, 태도 변화, 가치관의 변화 등의 영향을 받아 형성된다.

(2) 경력단계

① 연령에 따라 개인의 경력욕구가 변화한다.
② 홀(Hall)의 경력단계

명칭	연령	주요 내용
탐색단계	25세 이하	• 개인이 자아 개념을 정립하고 경력방향을 결정하는 시기 • 경력 또는 일에 대한 정체성이 형성되는 시기
확립단계	25 ~ 45세	• 개인이 특정한 직무 영역에 정착하는 시기 • 조직에 대한 친밀감과 귀속감을 가지는 시기인 한편, 동료 간에 상당한 경쟁심을 느끼는 시기
유지단계	45 ~ 65세	• 업무에 일관성이 나타나는 시기 • 의미 있는 것을 창출하고자 노력하는 시기이자 생산의 시기 • 중년의 위기가 나타나 성장 또는 쇠퇴의 기로에 서는 시기 • 가족 및 지인과의 관계 재정립을 시도하는 시기
쇠퇴단계	65세 이후	• 육체적, 정신적 능력이 쇠퇴하는 시기로 은퇴 준비 시기 • 자신의 인생에 대한 의미를 총정리하는 통합단계 시기

(3) 조직의 경력욕구

① 미래 특정 시점에 필요한 인력을 기업 내부에서 확보하려는 욕구이다.
② 조직의 경영 전략에 의해 도출된 미래의 인력수요 예측으로부터 도출한다.
③ 미래 특정 시점의 직무가 요구하는 자격요건과 현재 종업원이 보유하고 있는 자격 수준 간 차이가 경력욕구를 유발한다.
④ 조직의 경력욕구는 종업원에게 미래에 대한 비전을 제시해 심리적 안정감을 부여함으로써, 이직률을 감소시키고 조직 효율성을 극대화한다.

핵심 Check

경력욕구
경력욕구는 경력개발의 필요성을 인식하는 근거가 되는 요소로, 종업원 개인의 경력욕구와 조직이 추구하는 경력욕구로 나누어 살펴볼 수 있다.

개념 Plus

경력포부의 결정요인
개인이 존경을 받고 싶은 욕구가 강할수록 경력포부의 수준은 높아지고, 개인이 보유한 기술, 재능, 노력, 장단점, 인생 목표 등을 포괄하는 경력 자아 개념에 따라서도 달라진다.

핵심 Check

조직과 경력욕구
기업이 스스로의 경력욕구에 대한 면밀한 검토 없이 경력관리 프로그램을 통해 종업원의 능력을 높인 후, 그들을 적재적소에 배치할 수 없게 된다면 기업 입장에서는 과잉 투자가 되며 종업원 입장에서는 과잉 자격이 되어 상호 불만족이 발생한다.

(4) 경력욕구의 통합
① 개인과 조직의 경력욕구가 일치하지 않을 경우, 개인과 조직의 경력욕구를 조정하여 통합해야 한다.
② 개인과 조직 간의 경력욕구를 조정하여 통합하는 방법으로는 경력교육, 경력정보, 경력상담 등이 있다.

구분	내용
경력교육	경력관리 워크숍이나 세미나를 통해 경력관리와 관련된 핵심개념을 교육시켜 경력관리에 대한 종업원의 관심을 높임으로써, 종업원들이 각자에게 적합한 경력목표를 설정하고 수정 및 확립하도록 함
경력정보	인사부서에서 직종, 직무, 직급별 인력구조와 승진율, 임금 수준 등의 인사 정보를 제공함으로써 종업원의 경력목표를 수정할 수 있음
경력상담	전문적인 상담자를 고용하여 종업원의 의견을 들어주고 인사 관련 정보를 제공하여 경력목표를 조정하고 통합할 수 있음

2. 경력경로의 설계 및 유형 ★★★ 기출개념

(1) 경력경로(career path)의 정의
개인이 조직에서 여러 직무를 수행함으로써 경력을 쌓는다고 할 때, 그 사람이 수행할 직무들을 배열한 것을 경력경로라고 한다.

(2) 경력경로의 유형
경력경로는 전통적 경력경로, 네트워크 경력경로, 이중 경력경로로 구분될 수 있다.

① **전통적 경력경로**
㉠ 개인이 경험할 조직 내 직무들이 수직적으로 배열되어 있는 것을 말한다.
㉡ 이 경로에 따르면 개인은 특정 직무를 수행한 후에 유사한 직무경험이 없이 바로 상위 수준의 직무를 수행하게 된다.
㉢ 주로 서양의 기업에서 채택하고 있다.

② **네트워크 경력경로**
㉠ 개인이 조직 내에서 경험하는 직무들이 수평적이고 수직적으로 배열되어 있는 경우에 해당된다.
㉡ 해당 직급 내에서 여러 직무를 수행한 후 상위 직급으로 이동하게 된다.
㉢ 일본이나 우리나라에서 보편적인 경력경로로 사용되고 있다.

③ **이중 경력경로**
직무경험을 쌓은 후에도 관리직종으로 보내지 않고 기술직종에 머물게 하여 기술분야의 전문성을 높이도록 하는 방법이다.

핵심 Check

전통적 경력경로의 장단점
• 장점
 - 자신의 경력경로를 명확하게 파악할 수 있다.
 - 해당 직무에 대한 전문성을 극대화하여 높일 수 있다.
• 단점
 - 기업환경의 변화가 클 때, 타 직무로의 전직이 곤란하다.
 - 중간관리층 감소 추세의 현대 인사관리 특성상, 상위 직무로의 이동이 제한적임

네트워크 경력경로의 장단점
• 장점
 - 다양한 직무경험을 한 종업원을 양성하여 인력 배치의 유연성을 향상시킨다.
• 단점
 - 직무 전문성 확보에 취약하다.

3. 경력정체 ★★★ 〔기출개념〕

① 종업원이 특정 직급이나 직무에서 경력개발이 멈추어 있는 상태를 의미한다.
② 조직의 성장이 둔화되거나 조직 규모가 축소되는 경우에 흔히 발생하는 현상이다.
③ 조직이 성장기에 있더라도 특정 종업원의 능력 또는 의욕이 부족하거나 잘못된 경력을 쌓아온 경우에도 발생한다.
④ 경력정체 시의 인력 대책으로는 멘토를 활용한 경력관리에 대한 조언, 경력정체 인력을 위한 새로운 직무개발 등이 있다.

4. 경력개발 과정상의 유의점

(1) 최고경영자의 의지와 지원
최고경영자가 경력개발에 대하여 확고한 의지를 가지고 물심양면으로 지원해야 경력개발이 실효를 거둘 수 있다.

(2) 점진적 도입
① 단기적 효과를 노리고 경력개발제도를 도입하면 종업원들의 반발 등으로 인해 예기치 못한 부작용이 발생할 수 있다.
② 장기간 검토하여 점진적으로 도입하고 안정시켜 나가야 한다.

(3) 소관 부서의 업무 독립성 확보
경력개발 업무를 맡은 부서에 명확한 책임과 권한을 주고 업무 독립성을 확보해주어야 한다.

기출개념확인

01 다음 글에서 설명하는 것은?

> 특정 개인이 조직에서 여러 직무를 수행하며 경력을 쌓을 때, 그 사람이 향후 수행할 직무들을 배열한 것이다.

① 경력포부 ② 경력상황
③ 경력경로 ④ 경력정체

02 경력정체현상에 대한 설명으로 옳지 않은 것은?

① 기업의 성장이 정체된 경우에 나타날 수 있다.
② 고도성장을 계속하는 기업에서는 나타나지 않는다.
③ 경력개발에 대한 조언을 통해 개선할 수 있다.
④ 조직 내 새로운 직무를 개발하여 개선할 수 있다.

정답·해설

01 ③ 경력경로(career path)는 전통적 경력경로, 네트워크 경력경로, 이중 경력경로 구분할 수 있다.

오답분석
② 경력상황은 조직이 종업원에게 제공하는 경력기회로 자신이 원하는 직무가 조직에 존재하는지 여부, 자신이 원하는 경력경로의 경쟁 정도 등을 말한다.
④ 경력정체는 종업원이 특정 직급이나 직무에서 경력개발이 멈추어 있는 상태를 의미한다.

02 ② 기업이 지속적으로 성장하더라도 종업원 개인의 능력이나 의욕이 부족하거나 경력개발을 잘못해 온 경우에는 경력정체 현상이 나타날 수 있다.

제2절 이동·승진 관리

01 인사이동

1. 인사이동의 의의
종업원이 조직에 들어와 특정한 직무에 배치된 후, 종업원 능력의 변화, 직무 내용 변화, 기타 조직 운영상 필요성에 따라 종업원이 할 직무를 바꾸어주는 것이다.

2. 인사이동의 종류 ★★ 기출개념

구분		내용
수직적 이동	승진	직위가 상승하는 것
	강등	직위가 내려가는 것
수평적 이동	배치전환 (직무순환)	• 기능, 작업조건, 책임과 권한 등이 현재와는 다른 직무로 이동하는 것 • 종업원의 능력 개발을 주목적으로 비교적 단기에 걸쳐 이루어지는 수평적 이동을 직무순환이라 따로 구분하기도 함

> **핵심 Check**
>
> **인사이동의 종류**
> • 수직적 이동: 승진, 강등
> • 수평적 이동: 배치전환, 직무순환

3. 직무순환
① 종업원이 요건, 권한, 책임이 다른 여러 가지 직무를 수행하게 하여 종업원의 능력 향상을 도모하고 종업원의 경력욕구를 충족시키기 위해 실시되는 수평적 인사이동이다.
② 직무순환의 부수적 효과로는 종업원의 권태감 해소, 부정부패 방지가 있다.

02 승진관리

1. 승진관리의 의의와 중요성
① 승진은 기업 내의 개인이 현재 수행하는 것보다 더 나은 직무로 이동하는 것이다.
② 승진이 되면 더 큰 권한과 책임을 갖게 되며, 대개의 경우 임금이 상승한다.
③ 승진은 종업원의 사회적 지위를 확보하게 해주며, 종업원 개인의 지배욕구를 충족시켜 준다는 점에서 중요하다.

> **핵심 Check**
>
> **기업의 합리적이고 효율적인 승진관리 조건**
>
> 기업이 합리성과 효율성을 갖춘 승진관리를 위해서는 우선 승진정책이 수립되어야 한다. 승진정책은 연공주의와 능력주의에 대한 기업의 기본 입장, 그리고 승진관리 시 지켜야 할 기본 원칙 수립에 대한 부분으로 크게 나누어 볼 수 있다.

④ 승진은 조직이 자신을 인정해 주고 있다는 징표로 종업원의 심리적인 안정감을 준다.
⑤ 승진은 종업원에게 잠재능력을 발휘할 수 있는 기회를 제공한다는 점에서도 중요하다.

2. 승진정책 ★★★ 기출개념

(1) 연공주의와 능력주의
① 연공주의
  ㉠ 연공이란 한 조직 또는 특정 직급에서의 개인의 근속기간을 말한다.
  ㉡ 연공이 높은 종업원을 우선적으로 승진시키는 정책으로, 개인의 능력이나 숙련도가 연공에 따라 일정하게 상승한다는 가정을 전제로 한다.
② 능력주의: 승진 대상자를 결정할 때, 능력을 중시해야 한다는 입장이다.

(2) 연공주의와 능력주의의 관계
① 연공주의와 능력주의는 상호배타적인 것이 아니다.
② 사회문화적·경제환경적 특성을 감안하여 두 방식을 혼용하고, 장기적으로는 능력주의 승진제도를 확립하는 것이 바람직하다.

3. 승진관리의 기본 원칙 ★★★ 기출개념

(1) 적정성의 원칙
① 해당 기업이 종업원에게 어느 정도 승진 기회를 주느냐와 관련된 원칙이다.
② 적정성의 원칙은 주로 시간적 측면이나 공간적 측면에서 접근할 수 있다.

구분	내용
시간적 측면	해당 기업에서 과거에 구성원들에게 주어졌던 승진 기회와 현재 유사한 구성원들에게 주어지고 있는 승진 기회를 비교하는 것
공간적 측면	해당 기업과 비슷한 조직의 구성원들의 승진 기회를 해당 기업의 그것과 비교하는 것

(2) 공정성의 원칙
조직구성원에게 나누어 줄 수 있는 승진 기회를 올바른 사람에게 배분하였느냐와 관련된 원칙이다.

(3) 합리성의 원칙
① 무엇을 성과나 능력으로 간주할 것인가에 대한 원칙이다.
② 개인의 업적, 잠재능력과 같이 조직의 직무수행이나 목표 달성과 관계있는 요소를 기준으로 할 때 합리성 확보가 가능하다.

핵심 Check
연공주의의 장점과 한계
- 장점: 유교문화권에서 조직 내 질서 유지가 용이하며, 평가시스템 구축이 미진한 경우 연공주의 활용이 가능하다.
- 한계: 최근 이직이 보편화되면서 연공주의의 의미가 일정 부분 퇴색되었다.

개념 Plus
능력주의와 연공 - 숙련 비례상승설의 관계
능력주의 지지자들은 과학기술이 하루가 다르게 발전하는 오늘날, 연공이 높아질수록 숙련이 높아질 수 있는지에 대해 의문을 가진다.

핵심 Check
능력주의의 장점과 한계
- 장점: 종업원들의 직무수행 능력을 최대한 활용하여 조직의 효율성이 상승한다.
- 한계: 객관적 평가가 이뤄지지 못하면 비합리적 정실인사가 유발되고, 종업원 다수가 승복하지 않으면 조직 문화가 저해된다.

승진관리의 3대 원칙
다른 인적자원관리 활동과 마찬가지로 조직의 경영 이념, 조직 문화 등을 고려해 승진관리 방향을 설정해야 하지만, 적정성, 공정성, 합리성의 원칙이라는 큰 틀은 준수해야 한다.

승진 기준에 대한 신뢰성 확보의 필요성
정실인사 등의 풍토가 남아 있는 우리나라 기업에서 가장 문제가 되는 것이 공정성의 원칙이므로 승진 기회가 충분하지 못하더라도 배분이 공정할 수 있도록 승진 기준에 대한 신뢰성을 확보해야 한다.

4. 승진유형 ★★ 기출개념

유형	내용
직급승진	• 종업원을 상위 직급으로 이동시키는 것으로 권한, 책임, 보상의 증가를 수반하는 명실상부한 승진이며, 역직승진이라고도 함 • 자리가 나지 않으면 승진이 불가능하므로, 승진정체가 나타나 종업원의 사기 저하를 불러올 수 있음
자격승진	• 종업원의 직무수행능력을 기준으로 승진을 시키는 제도로 직능자격제도라고도 함 • 종업원의 능력개발 촉진에 효과적이나, 과잉 능력 현상이 나타나 직무 불만족을 느낄 수 있고, 조직에서도 불필요한 인건비 지출이 발생할 수 있음
대용승진 기출개념	• 직무 내용이나 근로조건의 변동 없이 직급 명칭 등만 부여하는 승진 • 승진정체 현상이 발생하여 조직 분위기를 쇄신하고 종업원의 사기를 고양시킬 필요가 있거나, 영업직 등 대외 업무 수행자들의 대고객 업무 원활화를 위해 도입한 승진제도
OC(Organization Change) 승진	새로운 직위나 직무를 만들어 승진시키는 동태적 승진제도로, 조직변화승진이라고도 함

기출개념확인

01 승진관리의 3대 원칙에 속하지 <u>않는</u> 것은?
① 공정성의 원칙　　② 합리성의 원칙
③ 독립성의 원칙　　④ 적정성의 원칙

02 다음이 설명하는 승진유형은?

> 승진정체 현상이 발생하여 조직 분위기를 쇄신하고 종업원의 사기를 높일 필요가 있거나, 영업직 등 대외 업무 수행자들의 대고객 업무 원활화를 위해 도입하는 승진유형이다.

① 대용승진　　② 직급승진
③ 자격승진　　④ 서리발령

정답·해설

01　③　승진관리의 3대 원칙은 적정성, 공정성, 합리성의 원칙이다. 이 외에도 기업의 경영이념과 조직문화도 고려해야 한다.
02　①　담당 직무나 근로조건 변동 없이 직급 명칭 등만 새로 부여하는 승진유형인 대용승진의 필요성에 대한 설명이다.

제3절 교육훈련관리

01 교육훈련관리의 의의 및 필요성

1. 교육훈련관리의 의의
① 종업원의 능력을 직접적으로 향상시키는 활동이다.
② 간접적으로 능력 개발을 도모하는 배치전환과 승진에 비하여 적극적인 인력개발 활동이다.

2. 교육훈련의 필요성 분석

(1) 조직 수준의 필요성
① 조직 수준의 교육훈련은 조직이 교육훈련을 실시하지 않았을 때 발생할 불이익을 예방하고 전략적 차원에서 전사적 성과 향상을 이루기 위해 요청된다.
② 조직 수준의 교육훈련의 필요성은 매출액, 시장점유율, 수익성과 같은 경제적 지표뿐 아니라 종업원들의 활력 저하와 같은 의식 측면에서도 발견이 가능하다.

(2) 직무 수준의 필요성
과학기술이 발달하여 직무가 요구하는 자격요건이 변화되었거나 새로운 직무가 생겨났을 때, 이를 수행할 사람이 조직 내에 없는 경우 교육훈련을 통한 양성이 필요하다.

(3) 개인 수준의 필요성
종업원 개인의 성과나 욕구를 분석해 개인 수준의 교육훈련 필요성을 분석할 수 있다.

> **개념 Plus**
> **교육과 훈련의 구분**
> 교육과 훈련은 실무상으로 엄격히 구분하지 않으나 개념상 훈련은 특정 직무의 수행에 도움을 주기 위해 특정 행동의 결과를 나타낼 수 있도록 하는 것이며, 교육은 인간이 할 수 있는 다양한 역할의 습득에 더 치중한다는 차이가 있다.

02 교육훈련 프로그램 ★★★

1. 실시 장소에 따른 분류
① 직장 내 교육(OJT; On the Job Training): 직장 내에서 직무는 그대로 수행하면서 상사나 선배 사원으로부터 교육을 받는 방법이다.
  ㉠ OJT의 장단점 [기출개념]
   • 장점: 실무와 연계된 구체적 교육훈련을 실시할 수 있으며, 상하급자 간에 협동심 배양이 가능하고, 개인별 능력과 이해도에 따른 진도 조절이 용이하다.
   • 단점: 교육훈련을 실시하는 상사 등이 가르치는 능력이 부족한 경우 효과가 저하되고, 다수를 동시에 교육시킬 수 없다는 한계가 있다.

② 직장 외 교육(Off-JT; Off the Job Training,): 종업원이 현재 수행하고 있는 직무에서 잠시 벗어나 직장 외에서 교육전문가를 통해 교육을 받는 방법을 의미한다.

2. 교육대상에 따른 분류

(1) 신입사원 교육훈련
① 신입사원이 조직에 들어와 조직을 이해하고 조직에 적응할 수 있게 하여, 궁극적으로 성공적인 조직사회화를 하는 것이 최우선 목표이다.
② 주로 집단적인 형태로 이뤄지며, 조직사회화 과정이 끝난 후 각자 담당할 직무를 중심으로 한 교육실시방법이다.

(2) 재직자 교육훈련
재직 중인 종업원의 역량을 높여 작업 능률을 향상시키고, 부문 내 종업원 간 보완적인 업무수행 능력을 배양하여 필요 시 업무를 대행할 수 있도록 하는 데 목적이 있다.

3. 교육기법에 따른 분류

(1) 멘토링(mentoring) 기출개념
주로 신입사원 교육에 활용되며 선배 직원인 멘토가 신입사원에게 이미 조직생활을 통해 터득한 지식과 경험을 전수하여 주는 교육방식을 의미한다.
① 공식적 및 비공식적 멘토시스템의 특징

공식적 멘토 관계	비공식적 멘토 관계
• 인위적 발생	• 자연발생적
• 멘토의 quality control이 용이함	• 멘토의 quality control이 어려움
• 신입사원 학습 내용의 정형화	• 신입사원 학습 내용의 비정형화
• 멘토와 신입사원 간에 심리적 연대감이나 일체감이 낮음	• 멘토와 신입사원 간에 심리적 연대감이나 일체감이 높음
• 관리상의 비용이 발생함	• 관리상의 비용이 발생하지 않음
• 멘토 관계의 효과에 대한 파악이 용이함	• 멘토 관계의 효과에 대한 파악이 어려움

(2) 강의법
① 교육훈련 실시자가 지식이나 어떤 문제를 해결하는 과정 또는 방법을 강의를 통해 전달하는 방법이다.
② 장점: 비용이 저렴하고 많은 사람을 동시에 교육하고, 많은 양의 지식을 압축적으로 전달 가능하다.
③ 단점: 강의 참가자가 수동적이 되기 쉬우며, 학습 진도의 개인별 조정이 어렵다.

(3) 실습장 훈련(vestibule training) 기출개념
① 주로 생산직 종업원을 대상으로 하며, 기업 내 작업장과 별도의 공간에 기계 등을 마련하여 기능을 숙달시킬 수 있도록 하는 방법이다.
② 장점: 많은 사람들을 동시에 교육시킬 수 있으며 훈련에만 집중이 가능하다.
③ 단점: 훈련과 실무 간에 차이가 나타날 수 있다.

핵심 Check
직장 외 교육의 장단점
- 장점: 교육훈련에 집중할 수 있어 학습효과가 높으며, 다수 인원이 동시에 교육훈련이 가능하다.
- 단점: 교육과 실무 간 차이가 있을 수 있고, 개인별 능력을 반영하지 못하며 일반적으로 교육훈련 비용이 증가한다.

개념 Plus
자기개발(self-development)
자신이 스스로를 교육시키는 자기개발은 자율적이고 진도 설정이 자유로우나 타인의 도움을 받을 수 없어 학습 효과가 제한적이고 개인 의지가 떨어질 경우 개선이 어렵다.

직장 내 관리자 훈련 [TWI; Training (of supervisors) Within Industry]
직장 내에서 관리직을 양성하기 위해 실시되는 훈련으로 부하직원에게 작업을 가르치는 방법, 작업 개선방법, 작업 시의 대인관계를 습득하게 된다.

(4) 인바스켓 훈련(in basket exercise) 기출개념
① 관리자의 의사결정능력을 배양을 위해 개발된 교육 기법이다.
② 가상의 상황에 대한 정보를 주고 이에 대한 대응 방안을 마련하는 연습을 하도록 하는 것이다.
③ 장점: 실제 상황과 비슷하므로 교육 참가자의 흥미 유발에 효과적이다.
④ 단점: 교육효과를 측정하기가 어렵다.

(5) 비즈니스 게임(business game)
① 기업의 경쟁 상황에서 올바른 의사결정을 할 수 있도록 하기 위해 개발된 기법이다.
② 교육 참가자들은 각자 다른 기업의 책임자가 되어 주어진 상황에서 의사결정을 한다.
③ 장점: 피드백이 정확히 이뤄지면 의사결정의 정확도를 다른 팀과 비교 가능하다.
④ 단점: 게임에 지나치게 몰입하면 경영이론과는 무관하게 게임에서 이기는 방법만 모색할 수 있으며, 교육과 실무 간 괴리가 있을 수 있다.

(6) 사례 연구(case study)
① 관리자의 의사결정능력을 제고시키기 위한 교육방법이다.
② 유사 기업에서 일어났던 일련의 사건에 대해 분석하여 문제를 해결한다.
③ 장점: 실제 사례를 바탕으로 하므로 현실성이 높으며, 교육 참가자의 흥미 유발이 가능하다.
④ 단점: 적절한 사례를 발굴하는 데 어려움이 있으며, 이론에 대한 체계적인 습득이 곤란하다.

(7) 역할연기법(role–playing) 기출개념
① 교육 참가자에게 상황을 제시하고 그 상황에서 가장 효과적이라 생각되는 행동을 하게 한 후, 교육 참가자들끼리 토의하여 가장 이상적인 행동을 찾도록 하는 교육방법이다.
② 장점: 교육 참가자들에게 흥미와 체험감을 줄 수 있고, 아는 것과 행동하는 것의 차이를 인식시킬 수 있다.
③ 단점: 시간 제약으로 인해 모든 상황에 대해 전부 역할연기를 시행할 수는 없다.

(8) 행동모델법(behavior modeling) 기출개념
① 교육 참가자에게 가장 이상적인 행동을 제시한 후 이를 이해하고 모방하도록 하는 방법이다.
② 장점: 교육이 구체적으로 이루어지며 시행착오가 적다.
③ 단점: 개발에 비용이 많이 들고, 교육 범위가 제한적이다.

(9) 대역법(understudy) 기출개념
① 승진예정자에게 실시하는 교육 기법이다.
② 승진 예정인 종업원이 현재 그 자리에 있는 직속상사와 함께 업무를 진행하면서 업무에 관한 내용을 교육받는 것이다.
③ 실무 내용을 그대로 학습할 수 있고, 교육 참가자의 학습 의욕을 높일 수 있다.
④ 형식적인 교육이 이루어질 가능성이 있다.

(10) 청년중역회법(junior board)
① 향후 관리자가 될 예정인 종업원들로 모의 이사회를 구성하여 전체 기업 경영에 대한 통찰력을 배양하는 교육방법이다.
② 장점: 조직 전반에 대한 지식을 두루 습득할 수 있다.
③ 단점: 선발되지 않은 종업원들이 박탈감을 느낄 수 있고, 모의 이사회에 대한 일선 부서들의 반발이 있을 경우 시행이 어렵다.

03 교육훈련의 평가 ★★

교육훈련의 평가는 교육훈련활동 전체를 평가하는 거시적 평가접근법과 교육훈련활동을 구성하는 개별요소 하나하나를 평가하는 미시적 평가접근법으로 나눌 수 있다.

1. 거시적 평가접근법
① 교육훈련활동 전체를 평가하는 접근법이다.
② 교육훈련에 할당한 자원과 다른 부문에 할당한 자원 간에 경제적 효율성과 합리성을 비교하는 데 효과적이다.
③ 비용 비교 분석법: 교육에 투입된 모든 요소 중에서 화폐로 환산이 가능한 지출을 비용 중심으로 평가한다.
④ 비용 – 편익 분석법: 화폐적 지출과 교육훈련의 결과로 나타나는 이익을 견주어 비교하는 분석법이다.

2. 미시적 평가접근법
① 교육훈련의 4대 요소인 교육훈련의 내용, 참가자, 기법, 실시자에 각각 초점을 맞추어 평가하는 접근법이다.
② 각 요소의 문제점을 발견하여 개선하는 데 목적이 있으며, 교육훈련 프로그램이 실패했을 때 그 원인을 찾을 때에도 유용하다.

3. 거시적 접근법과 미시적 접근법의 관계
교육훈련 평가에 대한 거시적, 미시적 접근법은 상호보완적이므로 기업에서는 상황에 따라 두 방법을 적절히 도입 및 활용해야 한다.

핵심 Check

비용 비교 분석법의 장단점
비용만으로 평가하므로 자칫 비용 절감에 신경을 쓴 나머지 장기적 인력 개발 측면은 도외시할 수 있으나 부문 간 합리적 자원 배분과 통제라는 관점에서는 긍정적이다.

비용 – 편익 분석법의 장단점
교육훈련의 이익을 인식하고 있다는 점에서 의미가 있으나, 이익을 화폐 단위로 환산하는 데 어려움이 있다. 이익 평가에 주관이 개입될 여지가 크며, 특히 교육 주관부서는 교육훈련 편익을 과대 계산할 우려가 있다.

개념 Plus

커크패트릭의 교육훈련 평가의 네 가지 기준
- 반응 기준: 피훈련자가 교육훈련을 통해 받은 인상을 기준으로 평가한다.
- 학습 기준: 교육훈련 도중이나 직후에 테스트를 하여 학습이 일어났는지를 알아보는 것이다.
- 행동 기준: 교육훈련을 받은 이후 행동 변화가 일어나 성과에 영향을 미치는지를 측정
- 결과 기준: 교육훈련이 조직 목표 달성에 어떤 효과가 있었는지를 파악한다.

기출개념확인

01 비공식적 멘토링의 특징이 아닌 것은?
① 조직 내에서 자연스럽게 발생한다.
② 관리 비용이 발생하지 않는다.
③ 교육 내용이 정형화되어 있다.
④ 멘토의 질 관리가 어렵다.

02 다음 중 직장 내 교육(OJT)의 특징이 아닌 것은?
① 상하급자 간 협동심 배양 가능
② 개인 능력에 따른 진도 조절 용이
③ 실무와 밀접하게 연계된 교육
④ 일정한 교육 효과

정답·해설
01 ③ 비공식적 멘토 관계는 기업의 개입이 없는 자연발생적인 성격을 갖는 만큼 멘토의 질 관리가 어려우며, 신입사원의 학습 내용이 비정형적이다.
02 ④ 직장 내 교육은 직장상사가 교육자가 되므로 직장상사의 교육능력에 따라 교육효과가 달라질 수 있다.

제6장 | 실전연습문제

*기출유형은 해당 문제가 실제 시험에 출제된 유형임을 나타냅니다.

기출유형

01 개인의 경력을 장기적이고 계획적으로 개발하는 것은?
① 경력경로　② 경력관리
③ 교육훈련　④ 경력욕구

02 승진에 대한 설명으로 옳지 않은 것은?
① 경제적 보상 증가가 수반되어야 한다.
② 인간의 지배욕구를 충족시켜줄 수 있다.
③ 조직의 인정감 표시이다.
④ 잠재능력 발휘의 기회가 된다.

03 승진의 기본 원칙 중 '무엇을 승진 기준인 성과나 능력으로 간주할 것인가'를 나타내는 것은?
① 적정성　② 합리성
③ 공정성　④ 타당성

기출유형

04 다음 글에서 설명하는 것은?

> 기업 내에 작업장과 분리된 별도의 공간을 두고 장비 등을 설치하여 기능을 숙달시킬 수 있도록 하는 교육훈련방법이다.

① 인바스켓 훈련　② 행동모델법
③ 대역법　④ 실습장 훈련

05 교육훈련의 미시적 평가에 대한 설명으로 옳지 않은 것은?
① 교육훈련 각 요소의 문제점을 개선하는 데 목적이 있다.
② 교육훈련 실패 시 원인을 찾는데 유용하다.
③ 거시적 접근법과 상호보완적 관계이다.
④ 비용-편익 분석법은 미시적 평가방법에 속한다.

기출유형

06 다음 중 OJT의 특징이 아닌 것은?
① 현장 밀착형 교육이다.
② 교육 내용이 통일적이다.
③ 도제식 교육방법이다.
④ 다수의 종업원 교육이 어렵다.

07 직업전환을 알선하는 것을 일컫는 용어는?
① 직업소개
② 아웃플레이스먼트(outplacement)
③ 리쿠르트(recruit)
④ 인사상담

11 업무현장을 떠나 실시되는 교육훈련을 일컫는 용어는?
① distance learning　② OJT
③ Off-JT　④ mentoring

<기출유형>
08 조직 내 수직적 이동에 해당하는 것은?
① 승진　② 배치전환
③ 파견　④ 전보

12 다음 중 대용승진 대상자로 가장 적절한 사람은?
① 정리해고 대상자　② 신입 직원
③ 영업직원　④ 고성과자

<기출유형>
09 종업원의 능력개발을 목적으로 실시되는 수평적 이동은?
① 직무순환　② 직무전환
③ 파견, 도급　④ 대용승진

13 다음은 설명에 해당하는 교육훈련방법은?

> 관리자의 의사결정능력 배양을 위해 개발되었으며 가상상황에 대한 정보를 주고 그 대응방안을 마련하는 연습을 하도록 하는 교육방법이다.

① 비즈니스 게임　② 인바스켓 훈련
③ 사례 연구　④ 역할연기법

<기출유형>
10 종업원의 업무숙련도가 근속기간에 비례하여 상승한다는 전제를 가진 승진 방식은?
① 직능주의　② 실력주의
③ 연공주의　④ 학력주의

14 커크패트릭의 교육훈련 평가모델에 해당하지 <u>않는</u> 것은?
① 반응평가　② 학습평가
③ 결과평가　④ 과정평가

15 인적자원 개발관리에 속하지 않는 것은?

① 교육·훈련   ② 경력개발 프로그램
③ 승진관리   ④ 채용관리

18 피교육자가 조직 내 특정 역할을 맡아 행동한 후, 교육자나 타 종업원에게 피드백을 받는 방식의 교육은?

① 역할연기법   ② 비즈니스 게임
③ 인바스켓 훈련 ④ 사례 연구

16 경력개발의 원칙으로 볼 수 없는 것은?

① 적재적소적시 배치
② 적정임금 보장
③ 종업원의 경력기회 부여
④ 유능한 인재의 내부 양성

19 다음 중 빈칸에 알맞은 것은?

> 교육훈련의 (   )(이)란 학습한 내용이 실제 직무에 적용될 수 있어야 한다는 교육훈련의 원리를 말한다.

① 효과   ② 전이
③ 평가   ④ 적용

17 다음 중 현재 업무와 병행하여 상사의 지도하에 이루어지는 교육훈련은?

① 멘토링   ② 작업장 훈련
③ 강의장 교육 ④ 샌드위치식 교육

20 커크패트릭의 교육훈련 평가단계 순서로 올바른 것은?

① 학습 – 행동 – 반응 – 결과
② 행동 – 학습 – 결과 – 반응
③ 반응 – 행동 – 학습 – 결과
④ 반응 – 학습 – 행동 – 결과

제6장 | 정답·해설

01	02	03	04	05
②	①	②	④	④
06	07	08	09	10
②	②	①	①	③
11	12	13	14	15
③	③	②	④	④
16	17	18	19	20
②	①	①	②	④

01 ②

인간 존중의 이념을 기반으로 개인의 경력을 장기적이고 계획적으로 개발하는 것은 경력관리(Career Development Program)이다.

오답분석
① 경력경로는 개인이 조직에서 여러 직무를 수행하며 경력을 쌓을 때, 그 사람이 수행할 직무들의 배열을 의미한다.
④ 경력욕구는 경력개발의 필요성을 인식하는 근거가 되는 것으로 종업원 개인의 경력욕구와 조직이 추구하는 경력욕구로 구분할 수 있다.

02 ①

직급승진, 자격승진에서는 일반적으로 경제적 보상이 증가한다. 그러나 대용승진은 보상이 수반되지 않는 승진유형이다.

03 ②

승진관리 시 무엇을 성과나 능력으로 간주할 것인가에 대한 원칙을 합리성의 원칙이라 한다. 기업의 직무수행이나 목표 달성과 관계가 있는 것을 기준으로 할 때 합리성이 확보된다.

오답분석
① 적정성은 종업원에게 얼마나 승진 기회를 주느냐에 대한 것이다.
③ 공정성은 승진 기회를 올바른 사람에게 배분했느냐에 대한 것이다.

04 ④

문제에서 설명하고 있는 것은 실습장 훈련으로, 주로 생산직 근로자 훈련에 활용된다.

오답분석
① 인바스켓 훈련은 관리자의 의사결정능력을 배양하기 위해 개발된 교육 기법이다.
② 행동모델법은 교육 참가자에게 가장 이상적인 행동을 제시하고 이를 이해하고 모방하도록 하는 방법이다.
③ 대역법은 직속상사 밑에서 그 자리에 승진할 예정인 종업원이 함께 일을 하면서 업무에 관한 내용을 교육받는 제도를 말한다.

05 ④

비용 – 편익 분석법은 교육 전체를 전반적으로 평가하는 거시적 교육평가의 한 방법이다.

06 ②

OJT는 주로 교육자와 피교육자가 현장에서 도제식 교육을 하므로 다수를 한꺼번에 교육하기 어렵고 교육 내용의 통일성을 유지하기 어렵다.

07 ②

아웃플레이스먼트(outplacement)는 퇴직자나 퇴직예정자가 재취업이나 창업을 할 수 있도록 도와주는 일련의 컨설팅 서비스를 말한다.

08 ①

승진은 조직 내 직급서열 또는 자격서열이 상승하는 수직적 이동이다.

오답분석
②, ④ 수평적 이동에 해당한다.
③ 현 조직을 벗어나 타 조직으로 근무 장소가 변경된다.

09 ①

직무순환은 현재 수행하고 있는 직무와 자격 기준, 작업조건이 다른 직무로 이동하는 것이다.

10 ③

연공주의에 대한 설명이며, 연공주의는 이른바 연공 – 숙련 비례상승설에 기반을 둔 승진 방식이다.

11 ③

업무현장에서 실시되는 교육인 OJT에 대응되는 교육으로, 업무현장을 떠나 실시되는 교육을 Off-JT라 한다.

오답분석

① distance learning은 인터넷, 이메일, 우편, TV 등을 통해 이뤄지는 원격교육방식이다.

12 ③

대용승진은 조직 쇠퇴 등으로 인해 승진 자리가 나지 않거나 대외 활동을 하는 영업직원의 원활한 직무수행을 위해 실시하는 보상, 권한, 책임의 증가를 수반하지 않는 승진유형이다.

오답분석

④ 고성과자는 명실상부한 승진인 직급승진 대상자로 더 적합하다.

13 ②

인바스켓 훈련과 비즈니스 게임은 모두 관리자의 의사결정능력 배양을 위한 것이지만, 비즈니스 게임은 참가자들을 각기 다른 기업의 책임자로 가정하여 경쟁하게 한다는 점에서 차이가 있다.

14 ④

커크패트릭의 교육훈련 평가모델은 단계에 따라 반응 평가(만족도평가), 학습 평가(학습성취도), 행동 평가(행동변화), 결과 평가(조직기여도)로 구성된다.

15 ④

채용관리는 인적자원 개발관리에 선행하는 인적자원 확보관리 영역에 속한다.

16 ②

경력개발은 적재적소적시 배치, 종업원의 경력기회 부여, 유능한 인재의 내부 양성, 명확한 승진경로 제시 등을 원칙으로 하여 이뤄져야 한다.

17 ①

멘토링에 대한 설명이며, 멘토링은 대표적인 OJT이다.

오답분석

④ 샌드위치식 교육은 사내 교육훈련과 사외 교육훈련을 유기적으로 결합한 교육방식이다.

18 ①

역할연기법은 기업에 존재하는 특정 역할을 맡은 것으로 가정하여 직무를 수행하고 피드백을 받아 개선점을 찾는 교육방법이다.

19 ②

교육훈련의 전이에 대한 설명으로 학습 내용이 실제 직무에 쓰일 수 있느냐에 대한 것을 말하며, 교육훈련의 유용성을 평가하는 최우선 기준이다.

20 ④

커크패트릭이 제시한 교육평가활동은 '반응 – 학습 – 행동 – 결과'의 순으로 실행된다.

무료 학습자료 제공 · 독학사 단기합격 **해커스독학사**
haksa2080.com

전문가가 분석한 출제경향 및 학습전략

제8장 인적자원의 보상관리에서는 임금의 외부 공정성과 내부 공정성, 임금 수준의 결정요인이 자주 출제된다. 또한, 복지후생관리의 법정·비법정 복지후생과 카페테리아식 복지후생의 출제 빈도가 높으므로 이 부분을 꼼꼼하게 학습하는 것이 좋다.

제8장 | 핵심 키워드 Top 10
핵심 키워드 Top 10은 본문에도 동일하게 ★로 표시하였습니다.

01	임금의 외부 공정성(임금의 수준) ★★★	p.160
02	임금 수준의 결정요인 ★★★	p.160
03	임금의 내부 공정성(임금의 체계) ★★★	p.161
04	복지후생 프로그램 설계 ★★★	p.166
05	임금의 중요성 ★★	p.158
06	임금의 분배적 특성과 공정성 ★★	p.158
07	보상에 대한 거래 차원 ★★	p.159
08	최저임금제 ★★	p.161
09	복지후생관리의 목적 ★★	p.165
10	임금의 의의 ★	p.158

제7장

인적자원의 보상관리

제1절 임금관리
제2절 복지후생관리

제1절 임금관리

01 임금의 의의 ★

1. 임금의 정의
근로자가 기업에 제공한 노동력에 대한 대가로 받는 일체의 금품을 의미한다.

> **개념 Plus**
> **봉급과 임금의 용어 사용**
> 정신 노동자가 받는 금품을 봉급(salary), 육체 노동자가 받는 금품을 임금(wage)이라 구분하기도 하지만, 우리나라의 「근로기준법」에서는 일관되게 임금이라는 용어를 사용한다.

02 임금의 중요성 ★★

1. 기업 입장
① 임금은 조직의 목표 달성에 핵심적 요소인 생산성에 큰 영향을 준다.
② 임금이 제조원가의 상당 부분을 차지하므로 이윤 획득과 상품경쟁력에도 상당한 영향을 준다.
③ 임금은 우수한 인력을 확보하고 유지하는 데 결정적인 역할을 한다.

2. 종업원 입장
① 종업원은 임금으로 생리적 욕구를 충족시키고 삶의 질을 향상시킬 수 있다.
② 업적과 능력을 반영한 임금 체계를 통해 존경욕구를 충족시킬 수 있다.

03 임금의 분배적 특성과 공정성 ★★

1. 분배적 특성
① 임금은 본질적으로 분배적 특성을 가지므로 기업과 종업원의 갈등요인이 된다.
② 임금 문제는 소득 수준과 지역에 관계없이 노사관계의 주요 이슈이다.

2. 공정성
① 임금 관련 노사 이슈는 '노사가 공동 창출한 부가가치를 자본과 노동자가 어떻게 분배할 것인가'와 '허용되는 임금 총액을 개개의 종업원이 어떻게 나눠 가질 것인가'로 구분된다.

② 이때, 발생할 수 있는 임금에 대한 갈등을 최소화하기 위해서는 임금 공정성을 추구해야 한다.
③ 임금의 공정성에 대한 관점은 임금의 상위 개념인 보상을 어떠한 거래 차원으로 보느냐에 따라 달라진다.

04 보상에 대한 거래 차원 ★★ 기출개념

1. 경제적 거래
보상을 노사 간 경제적 거래로 보면 임금은 생산의 한 요소인 종업원을 사용하기 위하여 지불하는 가격을 의미한다.

2. 심리적 거래
① 보상을 심리적 거래로 보는 관점에서는 고용 관계를 '개인이 특정한 노동을 임금과 기타의 직무 만족을 얻기 위해 조직과 교환하는 심리적 계약'으로 간주한다.
② 이에 따라 임금은 개인의 다양한 욕구 충족의 수단이 된다.

3. 사회적 거래
① 개인이 받는 보상을 조직과 사회적 지위의 상징으로 보는 것이다.
② 대규모 사회에서는 보상이 개인의 지위를 상징적으로 나타내 준다.

4. 정치적 거래
① 임금을 당사자들의 권력과 영향력이 작용한 결과로 간주한다.
② 임금 수준은 기업과 종업원 간 파워게임에 의해 결정된다.

5. 윤리적 거래
① 보상은 당사자들의 윤리의식을 토대로 공정하게 이뤄져야 한다는 관점이다.
② 임금의 정당성과 공정성 결정에는 어떤 윤리적 잣대가 있어야 한다고 주장한다.

05 임금의 공정성 유형

1. 배분 공정성
① 종업원들이 지급 받는 임금 규모와 관련되는 공정성 유형이다.
② 개인이 조직에게 제공하는 공헌과 조직이 개인에게 제공하는 유인이 같거나, 유인이 공헌보다 약간 클 때 개인은 조직을 떠나지 않고 공헌을 계속한다.

2. 절차 공정성
① 임금 결정이 이뤄지는 절차가 공정한지에 대한 것이다.
② 절차 공정성은 종업원의 임금제도에 대한 수용성을 높이는 데 기여한다.
③ 절차 공정성의 확보를 위해서는 임금 결정 과정에 종업원 대표의 참여, 임금 배분 기준을 정확히 측정할 수 있는 평가시스템 개발과 필요한 경우에는 임금 액수 공개 등의 조치가 뒤따라야 한다.

06 임금의 외부 공정성(임금의 수준) ★★★

1. 의의 기출개념
① 기업이 종업원에게 지급할 임금 총액의 크기와 관련된 것으로 기업의 임금 수준이다.
② 특정 기업의 임금 수준과 타 기업의 임금 수준의 차이가 어느 정도여야 공정한 것인지에 대한 내용이다.
③ 임금 수준은 기업의 노동시장에서의 경쟁력과 직접적으로 관련이 있으며, 이 둘은 정비례 관계이다.

2. 임금 수준 결정정책
(1) 선도정책
① 유능한 종업원을 확보하고 유지하기 위해 시장임금보다 높은 임금을 책정하는 것을 말한다.
② 유능한 종업원을 선발하여 높은 생산성을 달성한다면 높은 제품 품질과 낮은 단위당 인건비를 동시에 실현 가능하다.

(2) 대응전략
① 경쟁 기업의 임금 수준에 맞추어 임금 수준을 결정하는 방법으로 가장 일반적이다.
② 목적: 종업원의 불만족 예방, 적정한 종업원 확보, 노조 설립 유인 제거 등이다.

(3) 지연전략
① 경쟁 기업보다 낮은 수준의 임금을 지급하는 것이다.
② 종업원 확보와 유지에는 일반적으로 불리한 방법이다.
③ 주식 옵션 등 미래의 높은 보상을 전제로 할 경우에 조직몰입도와 팀워크를 향상시켜 생산성 증대가 가능하다.

3. 임금 수준의 결정요인 ★★★ 기출개념
(1) 기업의 지불 능력
① 기업이 종업원에게 지불하는 인건비는 그 기업의 지불 능력 범위 내에서 가능하다.

② 지불 능력이란 단순히 기업이 가진 최대한의 재정적 능력이 아니라, 기업이 안정된 성장을 계속할 수 있다는 전제하에 종업원의 표준 생계비 수준을 기준으로 하여 정해진 인건비를 지불할 수 있는 능력을 의미한다.
③ 지불 능력은 수익성과 생산성을 지표로 하여 판단한다.

(2) 종업원의 생계비
임금은 종업원이 생계를 유지하는 원천적인 수입으로 종업원의 생계비는 근로자의 생활 보장과 노동력 재생산이라는 측면에서 종업원이 양보할 수 있는 마지노선으로 작용한다.

① 최저임금제 ★★
  ㉠ 개념: 국가가 임금 결정 과정에 부분적으로 개입하여 임금의 최하 수준을 정하고 사용자에게 그 수준 이상의 임금을 지급하도록 법으로 강제하여 저임금 근로자를 보호하는 제도를 의미한다.
  ㉡ 목적: 저임금으로 인한 빈곤, 인건비의 과도한 삭감을 통한 부당 경쟁을 방지하고, 불황기에 임금 수준의 지나친 하락을 막아 구매력을 증대시킴으로써 유효수요를 창출한다.

(3) 노동시장
① 노동시장에서 노동의 수요곡선과 공급곡선이 만나는 지점이 노동의 가격인 임금 수준이 된다.
② 노동시장에서 형성된 노동의 가격보다 낮은 가격으로 노동력을 구입하려 한다면 근로자들은 해당 기업이 아닌 다른 기업을 택하게 될 것이다.

> **핵심 Check**
> **최저임금제**
> 법으로 강제하여 저임금 근로자를 보호하는 제도로서, 빈곤, 부당 경쟁 등을 방지할 수 있다.

07 임금의 내부 공정성(임금의 체계) ★★★ 기출개념

1. 의의
기업이 허용 임금의 총액을 종업원들에게 어떻게 나눠주느냐에 관한 것이며, 임금이 어떠한 원리로 지급되는가에 대한 내용으로 구성된다.

2. 임금의 체계

(1) 직무급
① 기업 내의 직무들을 평가하여 그 상대적인 가치에 따라 임금을 결정하는 임금제도이다.
② 서양 기업에서 널리 이용하지만, 우리나라 기업의 경우 도입이 극히 미미하다.
③ 직무 가치를 정확히 평가할 수 있는 직무평가시스템과 종업원의 능력에 대한 정확한 평가가 가능한 인사고과시스템이 구축되어 있어야 하며, 배치의 공정성과 기업 간 자유로운 이동이 확립되어 있어야 효율적인 도입과 운용이 가능하다.

(2) 연공급
① 종업원의 근속연수, 학력 수준, 타 직장 근무연수 등을 기준으로 임금을 차별화하는 것이다.
② 일본과 우리나라에서는 일반적이지만, 서양 기업에서는 찾아 볼 수 없다.
③ 연공에 따른 임금숙련설, 생계비 보장설 등을 기반으로 하고 있으나, 설득력은 약한 편이다.
④ 최근 우리나라 기업들도 연봉제 등 능력과 성과 중심의 임금 체계를 도입하고자 노력하고 있지만 평가시스템 미비와 노동조합의 반대 등으로 여의치 않은 상태이다.

(3) 직능급
① 종업원의 직무수행능력(직능)을 기준으로 임금액을 결정하는 제도이다.
② 우수한 인재의 이직을 방지하고 종업원의 적극적인 능력 개발의 노력을 촉진한다.
③ 합리적인 직능 등급 구분과 종업원의 능력 평가가 제도의 성패를 좌우한다.

(4) 성과급
종업원의 성과나 업적을 기준으로 임금을 결정하여 지급하는 것을 말하며, 인센티브 임금제라고 할 수 있다.

(5) 수당
① 기준 외 임금으로, 임금의 공정성 보완이 주목적이다.
② 기본급에 연동된 고정상여금제를 운영하고 있는 우리나라 회사에서는 상여금에 영향을 주는 기본급 대신 수당을 증액하거나 수당 항목을 신설하여 수당을 지급하고 있다.

> **핵심 Check**
> **법정수당과 비법정수당**
> - **법정 수당**: 연장근로수당, 야간근로수당, 휴일근로수당, 연차유급휴가수당 등 「근로기준법」에서 규정하고 있는 수당이다.
> - **비법정 수당**: 기업에서 임의 설정하여 지급하는 수당이다.

08 성과급제도

1. 개인성과급제도 [기출개념]

(1) 의의
종업원이 개인별로 달성한 성과를 기준으로 임금을 결정하는 제도를 의미한다.

(2) 생산량 기준 성과급

구분	내용
단순성과급	개인이 생산한 제품 수량에 고정된 임률을 곱하여 임금액 산정
테일러식 복률성과급	두 종류의 임률을 기준으로 표준 과업량을 달성한 종업원에게 훨씬 유리한 임률을 적용
메릭식 복률성과급	세 개의 임률을 제시하여 중간 수준의 종업원을 배려한 개인 성과급 제도

(3) 시간 기준 성과급제도
① 과업당 표준시간의 기준을 제시하고 종업원이 해당 과업을 완성하면 실제 소요된 시간과 관계없이 표준시간에 임률을 곱하여 임금액을 지급하는 제도를 말한다.
② 작업시간이 상대적으로 긴 직무에 적합하고, 비반복적이고 상당 수준의 기술이 필요한 직무에 적합하다.
③ 할증급: 성과가 낮은 종업원에게도 일정한 임금은 보장해주고, 노동 능률 또는 성과가 높은 종업원에게는 일정한 할증 임금을 지급한다.

(4) 개인성과급제도의 장단점

구분	내용
장점	• 기본적으로 생산성을 향상시키고 종업원의 소득 증대를 가져옴 • 관리 감독 비용의 절감이 가능함
단점	• 종업원이 생산량에만 집중하여 제품 품질을 등한시할 가능성이 있음 • 미숙련공 및 노령자의 임금 저하 발생이 우려됨 • 성과가 특별히 높은 종업원의 조직 내 소외현상을 유발함

2. 집단성과급제도(성과배분제도) [기출개념]

(1) 의의
① 개인성과급의 단점을 극복하기 위해 설계된 임금의 추가지급제도이다.
② 배분 기준에 따라 업적 배분(물적 생산성, 원가 절감), 수익 배분(매출액, 부가가치), 이익 배분(순이익, 배분 가능 이익)으로 구분한다.

(2) 업적 배분 성과급
① 업적 배분 성과급의 기준은 물적 생산성과 원가 절감으로 구분 가능하다.
② 물적 생산성 기준: 표준 시간에 종업원들이 생산한 제품이 증가하였을 때 이를 반영하여 작업집단에 추가 임금을 주는 것을 의미한다.
③ 원가 절감 기준: 제조 원가를 기준보다 줄였을 때 이를 성과급에 반영하는 것으로 프렌치시스템(the french system)이 대표적이다.

(3) 수익 배분 성과급
① 매출액 기준: 투입된 인건비에 비해 매출액이 기준보다 증가되었을 때 이를 성과 배분에 반영한다.
   [예] 스캔런 플랜(Scanlon plan) [기출개념]
② 부가가치 기준: 매출 이익을 기준으로 이를 투입된 인건비 또는 과거의 노동 분배율과 비교하여 성과 배분을 하는 성과 배분 방식이다.
   [예] 러커 플랜(Rucker plan) [기출개념]

(4) 이익 배분 성과급
① 이익 배분 기준: 순이익, 배분 가능 이익으로 나눌 수 있다.
② 순이익 기준: 세금 납부 후의 총이익을 기준으로 성과 분배를 하는 것이다.
③ 배분 가능 이익 기준: 순이익에서 자본을 가진 사람에게 자기 자본의 최저 은행 이자율에 해당하는 금액을 배분하고 난 후의 금액을 기준으로 분배한다.

개념 Plus

기타 임금제도
집단자극제, 순응임률제 등이 있다.

핵심 Check

스캔런 플랜과 러커 플랜
- **스캔런 플랜**: 기업의 과거 통계를 근거로 매출액에서 차지하는 인건비 비율을 가지고 특정 시점의 매출액에 이 인건비 비율을 곱하여 표준 인건비를 산출한다. 이는 실제 지출한 인건비가 표준 인건비보다 적을 때 그 차이를 배분액으로 보는 방법이다.
- **러커 플랜**: 기업이 주어진 인건비로 평소보다 더 많은 부가가치를 창출하였을 때 초과된 부가가치를 기업과 종업원이 분배하며, 부가가치 분배율은 노사가 합의하여 결정한다.

핵심 Check

임금피크제(salary peak system)
일정 연령이 되면 임금은 삭감하는 대신 고용은 정년까지 보장하는 제도를 말한다. 이는 중고령 근로자의 실업 완화, 기업의 인건비 절감 및 워크쉐어링(work sharing)의 일환으로 도입되었으며, 종업원의 능력에 따라 정년 이후에도 일정 기간 근무하게 하는 형태의 임금피크제도 있다.

(5) 집단성과급제도의 장단점

구분	내용
장점	집단구성원 간에 협동심을 높일 수 있고, 상호의존성과 관련성이 높은 직무에 대한 성과 평가가 용이함
단점	종업원 개인의 동기부여에 한계가 있으며, 집단 내 우수한 종업원들은 정당한 보상을 받지 못했다고 여겨 불만을 가질 수 있고 이것이 이직으로 연결될 수 있음

기출개념확인

01 집단성과급제도 중 러커 플랜(Rucker plan)의 배분 기준은?
① 순이익
② 부가가치
③ 배분 가능 이익
④ 작업시간

02 임금을 개인의 다양한 욕구 충족의 수단으로 보는 거래 차원은?
① 심리적 거래
② 경제적 거래
③ 정치적 거래
④ 윤리적 거래

정답·해설

01 ② 러커 플랜(Rucker plan)은 매출 이익을 기준으로 이를 투입된 인건비나 과거의 노동 분배율과 비교하여 성과 배분을 하는 성과 배분 방식이다.

02 ① 심리적 거래 차원 관점은 고용 관계를 개인이 자신의 노동력을 임금을 비롯한 직무 만족을 얻기 위해 조직과 교환하는 심리적 계약 간주하며, 임금을 개인의 다양한 욕구 충족 수단으로 본다.

제2절 복지후생관리

01 복지후생관리의 의의와 목적

1. 복지후생제도의 의의
기업이 임금 이외에 종업원에게 제공하는 간접적인 모든 급부이다.

2. 복지후생관리의 목적 ★★ 기출개념
(1) 경제적 목적
  ① 기업이 복지후생을 도입함으로써 여러 경제적인 이익을 얻을 수 있음을 의미한다.
  ② 복지후생의 도입은 종업원의 사기를 높여 성과 향상 유도가 가능하며, 신규 인력 확보 시 노동시장 내에서 유리한 위치를 확보할 수 있다.

(2) 사회적 목적
  ① 기업은 복지후생 도입으로 사회 복지에 기여한다.
  ② 연소 근로자, 여성 근로자, 중고령 근로자 등 상대적으로 불리한 위치에 있는 종업원을 보호할 수 있다.

(3) 정치적 목적
  기업은 복지후생제도를 통해 기업을 둘러싼 이해관계자의 영향력을 줄일 수 있다.
  예 정부가 법정 복지후생제도를 도입하기 전에 선제적으로 기업에서 도입하거나 노동조합이 요구하기 전에 복지후생제도를 도입하여 종업원들이 복지후생을 제공하는 주체가 기업임을 인식시킨다.

02 복지후생 프로그램의 유형

1. 법정 복지후생
국가가 법률을 제정하여 기업이 의무적으로 도입하도록 한 복지후생제도이다.
예 4대 보험 사용자 측 부담분, 연차휴가 및 육아휴직제도 등

2. 비법정 복지후생
자발성 측면에서 단체협약상의 복지후생과 순수 기업 자발적 복지후생으로 구분한다.
예 법정 복지후생 이상을 기업이 부담하는 것, 주택 및 급식 시설, 구내매점, 저금리 대부 제도, 진료시설, 휴양시설, 보건시설, 보건시설, 체육시설, 오락시설 등

03 복지후생 프로그램 설계 ★★★

1. 의의
복지후생 혜택 대상자를 선정하고, 복지후생 프로그램의 형태 또는 복지후생에 소요되는 재원 조달 방법에 관한 의사결정을 의미한다.

2. 영향 요인
① 기업 측 요인: 기업의 복지후생 예산, 투입 대비 편익, 경쟁 기업의 복지후생 수준, 법적 요구 사항이 있다.
② 종업원 측 요인: 복지후생에 대한 공정성의 지각, 종업원의 인구통계적 특성이 영향 요인으로 있다.

3. 설계 단계
(1) 목적 및 전략 설정
① 복지후생의 설계 목적 고려: 경영자의 가치관과 기업 전체의 전략적 목표를 고려하여 복지후생의 프로그램을 확정해야 한다.
② 복지후생 전략: 기업의 지불 능력, 종업원의 선호도 등을 종합적으로 고려한다.

(2) 노동조합과 종업원의 참여
① 노동조합과 종업원을 참여시켜 선호도를 파악하고, 복지후생에 대한 이해와 만족도를 제고한다.
② 경영자의 판단에만 의존해서는 효과적인 복지후생제도의 도입이 어려울 수 있다.

(3) 비용 파악
총 복지후생 비용, 종업원 1인당 복지후생 비용, 임금 대비 복지후생비 비율 등에 대한 파악과 비용 대비 편익 분석이 시행되어야 하며, 이는 도입 시와 도입 이후에도 시행이 필요하다.

4. 카페테리아식 복지후생(선택적 복지후생제도) [기출개념]
기업이 다양한 복지후생 프로그램을 제시하고, 종업원이 원하는 것을 스스로 선택하게 하는 유연화된 복지후생제도이다.

(1) 장점
종업원들의 욕구를 반영하기 때문에 동기부여에 효과적이며, 합리적인 복지예산관리가 가능하다.

(2) 단점
종업원들이 복지후생제도 선택을 잘못하는 경우 복지후생제도의 효과 반감이 우려되며, 관리 및 유지가 복잡하고 많은 비용이 소요된다.

✓ 핵심 Check
복지후생 전략의 구분
- **최소 복지 전략**: 종업원이 가장 선호하는 항목, 법정 복지후생, 저비용 항목만 제공한다.
- **비교가능 복지 전략**: 경쟁 기업이 제공하는 복지후생과 유사한 수준으로 제공한다.
- **선도 전략**: 종업원들의 선호도를 고려하여 새로운 복지후생을 선도적으로 도입한다.

기출개념확인

01 다음 중 법정 복리후생제도가 아닌 것은?
① 4대보험 회사측 부담분 ② 연차유급휴가
③ 육아휴직 ④ 휴양시설

02 다음 글에서 설명하는 복리후생관리 및 제도의 목적은?

> 기업은 복리후생을 도입함으로써 연소 근로자, 여성 근로자, 중고령 근로자 등 상대적으로 불리한 위치에 있는 종업원을 보호하여 줄 수 있다.

① 사회적 목적 ② 정치적 목적
③ 경제적 목적 ④ 도의적 목적

정답·해설

01 ④ 복리(복지)후생제도 중 근거법령에 따라 기업이 실시할 의무가 있는 것을 법정 복리후생, 기업이 임의적으로 도입한 복리후생을 비법정 복리후생이라 한다. 법정복리 후생에는 4대보험 사측 부담금, 연차유급휴가, 산전후휴가 및 육아휴직 등이 있다.

02 ① 사회적 목적에 대한 설명이다.

오답분석

② 정치적 목적으로는 기업은 복리후생제도를 통해 기업을 둘러싼 이해관계자의 영향력을 줄일 수 있다.

③ 경제적 목적으로는 기업은 복리후생을 도입함으로써 성과 향상, 사기증진 등의 여러 가지 경제적인 이익을 얻을 수 있다.

제7장 | 실전연습문제

* 기출유형 은 해당 문제가 실제 시험에 출제된 유형임을 나타냅니다.

01 작업 조건을 반영한 수당에 속하는 것은?
① 직책수당
② 지역수당
③ 연장근로수당
④ 정근수당

04 임금 수준의 하한선을 결정하는 요인은?
① 기업의 지불 능력
② 기업의 전년도 순이익
③ 노동시장에서의 임금 수준
④ 근로자의 생계비

기출유형
02 보상을 정치적 거래 관점에서 봤을 때, 임금 수준의 결정 요인은?
① 정부정책
② 노동력의 수요와 공급
③ 근로자의 생산성
④ 노사 간 파워게임

기출유형
05 최저임금제의 목적이 아닌 것은?
① 근로자의 생계 보장
② 공정한 경쟁 유도
③ 구매력 증대를 통한 유효수요 창출
④ 실업 방지

기출유형
03 다음이 설명하는 복지후생제도는?

> 기업이 다양한 복지후생 프로그램을 제시하고, 종업원이 원하는 것을 스스로 선택하게 하는 유연화된 복지후생제도이다.

① 법정 복리후생
② 비법정 복리후생
③ 카페테리아식 복리후생
④ 임의적 복리후생

06 다음에 해당하는 복리후생제도의 목적은?

> • 기업내 주변 인력 보호
> • 인간관계 형성 지원
> • 국가의 사회복지 보완

① 경제적 목적
② 사회적 목적
③ 윤리적 목적
④ 정치적 목적

07 기업이 복지후생제도를 실시함으로써 종업원의 소득이 높아지는 효과는?
① 교환적 효과 ② 창출적 효과
③ 이전적 효과 ④ 거래적 효과

[기출유형]
10 임금관리의 3대 영역이 아닌 것은?
① 임금 체계 ② 임금 형태
③ 임금 수준 ④ 임금 정책

[기출유형]
08 임금 체계 중 '동일노동 동일임금'에 가장 부합하는 것은?
① 직능급 ② 직무급
③ 연령급 ④ 연공급

[기출유형]
11 임금 수준을 결정하는 3가지 주요 요인이 아닌 것은?
① 기업의 매출액
② 근로자의 생계비
③ 노동시장에서의 임금 수준
④ 기업의 지불 능력

09 복지후생에 대한 설명으로 옳지 않은 것은?
① 복지후생 비용을 파악해야 한다.
② 복지후생제도 도입에 종업원을 참여시키는 것이 바람직하다.
③ 이전적 효과를 최우선으로 해야 한다.
④ 복지후생제도에 대한 종업원의 의견을 반영해야 한다.

12 복리후생에 대한 설명으로 가장 옳지 않은 것은?
① 집단적 보상의 성격을 갖는다.
② 현물로 지급할 수 있다.
③ 용도가 한정되어 있다.
④ 근로자 개인의 생산성과 관련된다.

13 다음 빈칸에 들어갈 말로 알맞은 것은?

> 기업의 임금 수준은 (   )을/를 초과할 수 없다. 즉, (   )은/는 임금 수준의 상한선이 된다.

① 근로자 생계비 ② 노동시장의 임금
③ 기업의 지불 능력 ④ 최저임금

14 임금피크제에 대한 설명으로 옳지 <u>않은</u> 것은?

① 정년보장이나 정년연장과 임금삭감을 맞교환하는 것이다.
② 연공급제하에서 유용하다.
③ 기업의 인건비 부담을 가중시킨다.
④ 조직활력이 저하될 수 있다.

15 임금 산정 조건이 변동되면 그에 따라 임금률도 자동적으로 조정되는 제도는?

① 집단자극제 ② 순응임률제
③ 이익분배제 ④ 성과급제

16 다음 중 직능급의 산정 기준은?

① 직무수행능력 ② 수행직무의 가치
③ 직무성과 ④ 직무열의

17 다음 글에서 설명하는 성과배분방식은?

> 기업의 생산성 향상을 노사협조의 결과로 보고 총매출액에 대한 노무비 절약분의 이익을 상여금으로 종업원들에게 분배하는 방식이다. 종업원들의 참여의식을 높이기 위해 위원회 형식으로 종업원들이 경영에 참여하게 하는 판매 가치 기반의 성과배분제이다.

① 순응임률제 ② 스캔런 플랜
③ 러커 플랜 ④ 임금피크제

18 다음 중 임금 수준을 조정하는 역할을 하는 것은?

① 시장임금 수준 ② 근로자 생계비
③ 기업의 지불 능력 ④ 근로자의 성과

19 집단자극제에 대한 설명으로 옳지 <u>않은</u> 것은?

① 팀워크를 향상시킨다.
② 개인의 노력이나 성과가 직접 반영된다.
③ 협동심을 증진시킨다.
④ 작업배치 시 종업원의 불만이 감소된다.

20 성과급에 대한 설명으로 옳지 <u>않은</u> 것은?

① 임금 산정이 용이하다.
② 품질 저하를 초래할 수도 있다.
③ 생산성을 향상시킬 수 있다.
④ 공정한 기준 마련이 선행되어야 한다.

제7장 | 정답·해설

01	02	03	04	05
②	④	③	④	④
06	07	08	09	10
②	③	②	③	④
11	12	13	14	15
①	④	③	③	②
16	17	18	19	20
①	②	①	②	①

01 ②

작업 조건을 반영한 수당은 지역수당이다.

> 오답분석

① 직책수당은 직무가치를 반영한 수당이다.
③ 연장근로수당은 근무시간을 반영한 수당이다.
④ 정근수당은 연공을 반영한 수당이다.

02 ④

정치적 거래 관점으로 보면 임금 수준은 단체교섭, 기타 노사 간의 파워게임에 따라 결정된다.

> 오답분석

② 보상을 경제적 관점에서 볼 때의 임금 수준 결정요인이다.

03 ③

카페테리아식 복리후생은 선택적 복리후생이라고도 하며, 종업원의 복리후생의 욕구를 충족시키는 데 효과적이다. 또한, 합리적인 복지예산관리가 가능하다는 장점이 있다.

04 ④

임금 수준은 근로자의 생계비 이상이어야 하며(하한선), 기업의 지불 능력을 초과해서는 안 된다(상한선).

05 ④

최저임금제는 지나친 저임금을 방지하여 근로자의 생활을 보장하고, 기업들이 인건비를 삭감하여 제품 원가를 낮추는 방식의 불공정 경쟁을 방지하며, 불황기에 지나친 임금 저하를 막아 유효수요를 창출하는 데 기여한다.

> 참고 노동의 수요 – 공급이론에 따른 최저임금제

노동의 수요 – 공급이론에 따르면 최저임금제는 실업률의 증가를 유발할 수 있다는 단점이 있다.

06 ②

기업이 소속 종업원의 사회적 통합과 국가의 사회복지제도에 기여하기 위해 복리후생제도를 도입하는 것을 사회적 목적에 따른 복리후생제도라고 한다.

07 ③

복리후생이 종업원의 소득을 형성시키는 것을 이전적 효과라고 한다.

> 오답분석

② 종업원의 동기부여를 통해 경영 성과를 높이는 것을 창출적 효과라고 한다.

08 ②

직무의 중요성과 난이도에 따라 직무의 상대적 가치를 평가하고 그에 따라 임금을 지급하는 직무급이 동일노동 동일임금의 원칙에 가장 부합한다.

09 ③

복지후생제도는 종업원의 소득을 높여주는 이전적 효과뿐 아니라 경영성과를 유도하는 창출적 효과도 있어야 한다.

10 ④

임금관리의 3대 영역은 임금 체계, 임금 형태, 임금 수준이다. 이 세 영역을 종합한 것이 임금 정책이 된다.

11 ①

임금 수준을 결정하는 3대 요인은 근로자의 생계비, 노동시장에서의 임금 수준, 기업의 지불 능력이다. 기업의 매출액으로는 임금 수준을 결정할 수 없다.

12 ④

복리후생은 근로자의 성과와 무관하게 종업원의 직급, 직책, 근속연수 등을 기준으로 일률적으로 지급되는 집단적 보상이다.

13 ③

기업의 임금 수준은 근로자 생계비 이상이어야 하고, 기업의 지불 능력을 초과하지 않아야 한다.

14 ③

임금피크제는 정년까지 고용을 보장하거나 정년 이후 고용기간을 연장하는 대신 임금을 일정비율 삭감하는 제도로 연공급을 택한 기업에서 유용하다. 기업의 인건비 부담을 완화시키는 효과가 있고 국가의 사회보장 예산을 절감할 수 있다.

오답분석

④ 고령 근로자 비중이 늘어나면 조직활력이 저하될 우려가 있다.

15 ②

임금 산정 조건이 변동되면 임금률도 그에 순응하여 조정되는 순응임률제는 변동 조건에 따라 생계비 순응임률제, 판매가격 순응임률제, 이익 순응임률제로 구분된다.

오답분석

① 집단자극제는 임금의 책정과 지급방식을 결정할 때 집단적 요소를 반영하는 것이다.
③ 이익분배제는 기업의 결산 이윤 중 일부를 종업원에게 부가적으로 지급하는 제도이다.

16 ①

직능급은 근로자의 직무수행능력을 기준으로 임금을 차등 책정한다.

오답분석

② 수행직무의 가치는 직무급 산정 기준에 해당한다.
③ 직무성과는 성과급 산정 기준에 해당한다.

17 ②

1930년 대공황 당시 엠파이어 스틸이라는 회사의 생산성 향상과 경영난 해소를 가져온 스캔런 플랜은 종업원의 경영 참여와 제안으로 인한 노무비 절감액을 종업원에게 배분하는 성과배분제이다.

오답분석

③ 러커 플랜은 노사협력의 결과로 증대된 생산성 향상분을 부가가치 분배율을 기준으로 노사 간 배분하는 제도이다.

18 ①

임금 수준 결정 시 상한선은 기업의 지불 능력이 되고 근로자의 생계비가 하한선이 된다. 그 사이에서 시장임금 수준에 따른 조정을 하게 된다.

19 ②

집단자극제는 집단을 대상으로 한 임금제도이므로 개인의 노력이나 성과를 간접적으로 반영한다.

20 ①

성과급은 공정한 기준과 정확한 성과 산출이 중요하며 고정급에 비해 임금 산정이 까다롭다. 또한, 생산량에만 치중할 경우에는 품질이 저하될 우려가 있다.

무료 학습자료 제공·독학사 단기합격 **해커스독학사**
haksa2080.com

전문가가 분석한 출제경향 및 학습전략

인적자원의 유지관리 중 산업안전관리는 2026년부터 새롭게 출제되므로 관심을 기울여야 한다. 노사관계관리는 숙지할 분량이 많다. 특히 단체교섭의 유형, 노동조합의 조직형태(숍제도 포함), 노동쟁의와 쟁의행위가 출제 가능성이 높다.

제9장 | 핵심 키워드 Top 10
핵심 키워드 Top 10은 본문에도 동일하게 ★로 표시하였습니다.

01	산업안전관리의 의의(인도주의·사회적 책임) ★★★	p.176
02	산업재해의 개념 ★★★	p.177
03	노동조합의 조직 형태 ★★★	p.183
04	단체교섭 방식 ★★★	p.185
05	노동조합의 개념과 기능 ★★	p.182
06	산업재해의 원인(불안전한 행동·상태) ★★	p.177
07	4M 위험성평가 ★★	p.178
08	단체협약 조항의 구분 ★★	p.186
09	노동쟁의와 쟁의행위 ★★	p.186
10	경영참가제도 ★★	p.187

제8장

인적자원의 유지관리

제1절 산업안전관리
제2절 노사관계관리

제1절 산업안전관리

01 산업안전관리의 개념과 의의

1. 산업안전관리의 개념

① 산업안전관리란 산업현장에서 발생할 수 있는 재해로부터 인간의 생명과 재산을 보호하기 위한 체계적이고 계획적인 제반활동이다. 이는 비능률적 요소인 안전사고가 발생하지 않은 상태를 유지하기 위한 활동으로, 생산성의 향상과 재산 손실의 최소화를 위한 활동이다.
② 유해·위험요인을 제거하고 재해 및 직업병을 예방하여 근로자의 안전과 보건을 유지·증진함을 목적으로 한다.

2. 산업안전관리의 의의 ★★★

(1) 인도주의적 측면
산업안전관리는 인간 생명의 존중을 실현하는 것으로, 인간의 생명을 무엇보다 귀중하게 여기며 인명존중의 인도적 신념을 실현하는 것이다. 예방할 수 있는 재해 사고를 방지하지 못해 발생하는 인명손실은 사회적으로 용납될 수 없다.

(2) 사회적 책임 측면
산업안전관리는 기업의 사회적 책임 이행의 차원에서 중요하다. 사업주는 근로자에 대한 안전배려의무를 지며, 산업재해 예방을 통해 사회복지 증진에 기여해야 한다.

(3) 생산성 향상 측면
산업재해가 발생하면 재해를 당한 근로자뿐만 아니라 그 가족에게도 불행을 주고, 기업과 국가는 인력 손실과 생산성 저하 등 막대한 경제적 손실을 입게 된다. 따라서 체계적인 안전관리를 통해 생산성을 향상시키고 경영의 효율화를 도모해야 한다.

02 산업재해

1. 산업재해의 개념 ★★★

산업재해란 근로자가 업무에 관계되는 건설물, 설비, 원재료, 가스, 증기, 분진 등에 의하거나 작업 또는 그 밖의 업무로 인하여 사망·부상하거나 질병에 걸리는 것을 말한다.

구분	산업안전보건법	중대재해처벌법
사망	사망자 1명 이상	사망자 1명 이상
부상	3개월 이상 요양이 필요한 부상자 동시에 2명 이상	동일한 사고로 6개월 이상 치료가 필요한 부상자 2명 이상
질병	부상자 또는 직업성 질병자 동시에 10명 이상	동일한 유해요인으로 급성중독 등 직업성 질병자 1년 내 3명 이상
적용범위	모든 사업장(일부 제외)	상시 근로자 5인 이상 사업장

〈산업안전보건법과 중대재해처벌법상 중대재해의 차이점〉

2. 산업재해의 원인 ★★

① 산업재해의 원인은 직접원인과 간접원인으로 구분된다. 직접원인은 불안전한 행동(인적원인)과 불안전한 상태(물적원인)로 나누어진다. 통계에 따르면 산업재해 발생 직접원인의 88%가 불안전한 행동, 10%가 불안전한 상태, 2%가 불가항력적 원인(자연재해)으로 보고되고 있다.

② 불안전한 행동의 원인으로는 심리적 요인(착각, 착시, 무의식 행위 등)과 생리적 요인(육체적 피로, 스트레스 등), 외부환경 요인(인간관계, 설비적, 작업적, 관리적 요인) 등이 있다.

구분	불안전한 행동(인적원인)	불안전한 상태(물적원인)
정의	사고를 초래하게 된 인간 행동의 불안전한 요소	사고의 직접원인으로 기계설비의 불안전한 상태
주요 유형	• 자세 및 동작의 불안전 • 속도조작의 불안전 • 기계기구의 잘못 사용 • 보호구의 잘못된 사용 • 위험장소 접근 • 위험물 취급 부주의 • 안전장치의 기능제거	• 생산공정의 결함 • 물건의 배치 및 작업장소의 결함 • 설비의 결함 • 작업환경의 결함 • 방호장치 결함 • 복장, 보호구의 결함
발생 원인	• 지식의 결함이나 부족 • 작업기능 미숙 • 안전의식(안전태도)의 결함 • 인간고유특성(휴먼에러)	• 기계·설비 설계상의 결함 • 방호장치의 불량 • 본질안전화의 부족 • 사용 유틸리티의 결함

〈불안전한 행동(인적원인)과 불안전한 상태(물적원인)〉

03 위험성평가

1. 위험성평가의 개념
위험성평가란 사업장의 유해·위험요인을 파악하고 해당 유해·위험요인에 의한 부상 또는 질병의 발생 가능성(빈도)과 중대성을 조합한 위험성 등급을 결정하여 위험성을 허용 가능한 범위의 수준에 도달하도록 하는 활동이다.

2. 위험성평가의 목적
위험성평가의 목적은 사업장 스스로 노사 협력에 의한 안전보건 확보와 유해·위험요인을 도출하여 위험의 제거 또는 관리로 피해 최소화에 있다.

3. 위험성평가 기법

(1) 4M 위험성평가 ★★
4M 위험성평가는 Machine(기계적), Media(물질·환경적), Man(인적), Management(관리적) 등 4가지 측면에서 잠재된 유해위험요인을 도출하고 위험성을 평가하는 기법이다.

(2) 4M의 구성요소

Machine(기계적)	• 기계·설비 설계상 결함 • 방호장치 불량 • 안전화 부족 • 유틸리티(전기, 압축공기, 물) 결함 • 설비를 이용한 운반수단의 결함 등
Media(물질·환경적)	• 작업공간(작업장 상태 및 구조)의 불량 • 가스, 증기, 분진, 흄, 미스트 발생 • 산소결핍, 병원체, 방사선, 유해광선, 고온, 저온, 초음파, 소음, 진동, 이상기압 등
Man(인적)	• 근로자 특성에 의한 불안전 행동 • 작업정보의 부적절 • 작업자세, 작업 동작의 결함 • 작업방법 부적절 등
Management(관리적)	• 관리조직의 결함 • 규정, 매뉴얼 미작성 • 안전관리계획 미흡 • 교육훈련 부족 • 부하에 대한 감독·지도 결여 • 안전수칙 및 각종 표지판 미게시 등

04 산업안전관리기법

1. TBM(Tool Box Meeting) 위험예지훈련

① TBM(Tool Box Meeting) 위험예지훈련은 작업 시작 전 현장에서 발생할 수 있는 잠재적 위험요소를 미리 예측하고, 이를 사전에 제거하거나 관리하기 위해 작업자들이 모여 안전에 대해 논의하는 활동이다.

② TBM은 작업 현장 근처에서 작업 전에 관리감독자를 중심으로 작업자들이 모여 작업의 내용과 안전 작업절차 등에 대해 서로 확인 및 의논하는 활동으로, 10분 내외로 진행된다.

2. 3현주의

① 3현주의는 현장(現場), 현물(現物), 현실(現實)의 3가지 '현'을 중시하는 관리철학이다.

② 이는 실제 문제가 발생하는 현장에서, 실제 물건을 보고, 실제 상황을 파악하여 올바른 판단과 대책을 수립하는 것을 의미한다. 책상에서의 이론적 검토가 아닌 현장에서의 직접적인 관찰과 점검을 통해 실효성 있는 안전대책을 수립할 수 있다는 것이다.

3. 5S 활동

(1) 5S 활동의 개념

5S 활동은 정리(Seiri), 정돈(Seiton), 청소(Seiso), 청결(Seiketsu), 습관화(Shitsuke)의 다섯 요소로 구성된 작업환경 개선 활동이다.

(2) 구성요소

① 정리: 필요한 것과 불필요한 것을 구분하여 불필요한 것을 제거
② 정돈: 필요한 물품을 누구나 쉽게 찾고 사용할 수 있도록 체계적으로 배치
③ 청소: 작업장과 설비를 깨끗하게 유지하여 결함과 위험요소를 조기에 발견
④ 청결: 정리, 정돈, 청소 상태를 지속적으로 유지
⑤ 습관화: 5S 원칙을 반복적으로 실천하여 자연스럽게 몸에 배도록 하는 활동

4. 3정 활동

(1) 3정 활동의 구성요소

3정 활동은 정품(正品), 정위치(定位置), 정량(定量)의 3가지 요소로 구성되어 있다.

① 정품: 보관해야 할 물건(물품)을 정하고 어떠한 방법으로 보관할 것인가를 결정하여 물건의 품명을 표시
② 정위치: 보관위치의 주소와 번지를 표시하고, 정해진 위치(장소)를 표시
③ 정량: 제조현장에서 사용되는 물품상태를 파악하여 적정 수량을 결정하고 관리한계를 설정

기출개념확인

01 4M 위험성평가 기법의 4가지 요소로 올바르게 짝지어진 것은?

① Machine(기계적), Media(물질·환경적), Man(인적), Management(관리적)
② Method(방법), Mind(정신적), Material(물질적), Money(재정적)
③ Machine(기계적), Media(물질·환경적), Market(시장), Management(관리적)
④ Man(인적), Media(광고), Money(자금), Material(재료)

02 다음 중 "불안전한 행동(인적원인)"에 해당하는 것은 무엇인가?

① 기계 설계의 결함
② 작업자의 자세 및 동작의 불안전
③ 작업장 환경의 결함
④ 설비의 방호장치 불량

03 산업안전관리 활동의 목적에 해당하지 않는 것은?

① 유해·위험요인을 제거하여 재해 및 직업병을 예방한다.
② 근로자에게 비효율적인 작업장을 제공한다.
③ 근로자의 안전과 건강을 유지하고 증진시킨다.
④ 기업의 생산성 향상과 재산 손실 최소화에 기여한다.

정답·해설

01 ① 4M 위험성평가는 기계적(Machine), 환경·물질적(Media), 인적(Man), 관리적(Management) 요소로 이루어진다.

02 ② 불안전한 행동(인적원인)은 작업자의 동작, 태도 등 인간의 행동과 관련된 사고 원인이다.
> 오답분석
> ①, ③, ④는 모두 불안전한 상태(물적원인)에 해당한다.

03 ② 산업안전관리의 목적은 효율적이고 쾌적한 작업환경 조성과 재해 예방, 복지 증진, 생산성 향상에 있다.

제2절 노사관계관리

01 노사관계의 개념 ★

1. 일반적 정의
① 자본주의 사회가 형성되면서 등장한 사회적인 관계로, 노사관계는 노동을 공급하는 자와 노동을 공급받는 자의 관계로 구성된다.
② 노사관계의 구분
  ㉠ 넓은 의미: 근로자 개인과 사용자와의 관계를 의미하는 개별적 근로관계, 노동조합과 사용자의 관계를 의미하는 집단적 노사관계를 모두 포괄한다.
  ㉡ 좁은 의미: 노동조합과 사용자의 관계, 즉 집단적 노사관계만을 의미한다.

02 노사관계의 특징(노사관계의 이중성) ★★ 기출개념

1. 협조적 관계와 대립적 관계
① 협조적 관계: 노사는 생산이라는 면에서는 서로 협조적인 관계를 띤다.
② 대립적 관계: 성과 등의 배분에 있어서는 상호대립적인 관계를 띤다.

2. 집단적 관계와 개별적 관계
① 집단적 관계: 노사관계는 일반적으로 집단적 노사관계를 의미한다.
② 개별적 관계: 집단적 노사관계는 결국 개별적 노사관계를 전제로 한다.

3. 경제적 관계와 사회적 관계
노사관계는 노사 양 당사자가 경제적인 목적을 달성하고자 하는 경제적 관계임과 동시에 구성원들 간 인간관계라는 사회적 관계의 측면도 있다.

4. 종속적 관계와 대등적 관계
① 종속적 관계: 개별 종업원은 사용자의 지휘명령에 따라 종속적 관계에서 근로를 제공한다.
② 대등적 관계: 노조는 근로조건 결정 등에 있어서 사용자와 대등한 위치에서 교섭 등을 진행한다.

> **개념 Plus**
>
> **노·사·정 3자 관계**
> 최근에는 기존의 노사관계에 정부를 포함하여 노·사·정의 상호작용까지를 노사관계로 지칭하기도 한다.

03 노사관계의 발전 과정

1. 노사관계의 역사적 발달 과정 기출개념

노사관계는 전제적 노사관계, 온정적 노사관계, 완화적 노사관계, 민주적 노사관계의 순으로 발달했다.

구분	주요 내용
전제적 노사관계	• 절대명령 – 절대복종의 관계 • 사용자의 일방적인 근로조건 결정 • 종업원의 인간적인 측면 무시
온정적 노사관계 (친권적 노사관계)	• 전제적 노사관계의 한계 • 가부장적 온정주의에 따른 복리후생제도 마련
완화적 노사관계 (근대적 노사관계)	• 주식회사의 등장으로 소유와 경영의 분리 현상 • 직종별 노동조합의 등장으로 자본가들의 전제적인 속성 완화
민주적 노사관계	• 1930년대 초 대공황으로 소유와 경영의 분리 현상 심화 • 산업별 노동조합의 등장으로 노사 간 대등한 지위 확보 • 산업민주주의 이념 형성

04 노동조합의 개념과 기능 ★★

1. 노동조합의 개념 기출개념

근로조건의 유지, 개선 및 기타 근로자의 경제적·사회적 지위 향상을 도모하는 것을 목적으로 근로자가 주체가 되어 자주적으로 조직하는 단체로 노동조합 및 노동관계조정법 제1장 제2조 제4항에 정의되어 있으며, 노사관계의 양 당사자 중 일방이고, 노동운동의 주체이다.

2. 노동조합의 기능 기출개념

(1) 경제적 기능
① 노동조합의 핵심적인 기능으로 사용자에 대해 직접적으로 작용하는 노동력의 판매자로서의 교섭 기능을 수행한다.
② 주로 조합원의 경제적 이익과 권리를 유지하고 개선하는 기능을 수행한다.

(2) 공제적 기능
① 질병, 재해, 고령, 사망, 실업 등으로 인하여 조합원의 노동 능력이 일시적 또는 영구적으로 상실되는 경우에 대비하여 기금을 설치하여 상호 공제하는 대내적인 기능이다.
② 공제적 기능은 노동조합 기능 중에 가장 오래된 기능이지만, 오늘날에는 그 비중이 축소되었다.

(3) 정치적 기능

오늘날에는 국가정책이 개별 기업이나 특정 산업의 근로조건에 영향을 미치는 경우가 증가하기 때문에, 노조가 정부의 정책에 대한 정치적 발언과 주장을 하는 것은 필수불가결한 활동이다.

3. 노동조합의 조직 형태 ★★★ 기출개념

(1) 직종별 노동조합
① 직종이나 직업을 같이 하는 근로자들로 조직된 노동조합이다.
② 가장 먼저 등장한 노동조합의 형태이다.
③ 기계화, 산업화에 따라 숙련공에 대한 의존도가 줄어들면서 쇠퇴하였다.
④ 직종별 노동조합의 장단점

구분	내용
장점	• 단결력이 강함 • 통일된 입장을 제시함 • 미취업자도 가입이 가능함
단점	• 숙련공 위주의 조직으로 미숙련공 보호에 취약함 • 직종 중심의 배타적 조직이기 때문에 다양한 노동자의 폭넓은 수용이 곤란함 • 개별 기업 사정을 반영하지 못한 무리한 요구를 할 가능성이 있음

> **핵심 Check**
>
> **노동조합 조직 형태의 구분**
> 노조의 조직 형태는 조합원의 자격에 따라 직종별 노동조합, 산업별 노동조합, 기업별 노동조합, 일반노동조합으로 구분할 수 있고, 결합 형태에 따라 단일 조직과 연합체 조직으로 구분할 수 있다.

(2) 산업별 노동조합
① 직종에 관계없이 동일한 산업에 종사하는 근로자로 조직하는 노동조합이다.
② 전 산업을 아우르는 거대 조직이다.
③ 전 세계적으로 보았을 때 가장 보편화되어 있는 조직 형태이다.
④ 산업별 노동조합의 장단점

구분	내용
장점	• 사용자와 정부에 효과적인 압력 단체 기능을 함 • 해당 산업에 있어서 교섭의 통일성 유지가 가능함
단점	직종이나 각 단위 기업의 사정에 따른 근로조건의 차별화가 곤란하다는 문제가 있음

(3) 기업별 노동조합
① 동일한 기업에 종사하는 근로자들로 조직되어 있는 노동조합이다.
② 우리나라와 일본에서 보편적인 형태의 노동조합이다.
③ 기업별 노동조합의 장단점

구분	내용
장점	• 조직 범위가 명확하고, 근로조건의 통일적 형성이 용이함 • 사용자와 밀접한 관계가 있어 노사화합을 실현하기에 용이함

구분	내용
단점	• 노동시장에 대한 지배력이 전혀 없어 노동조합 본연의 역할 실현이 곤란함 • 사용자와 종업원 간 상하관계로 인해 노동조합이 약화되거나 어용노조로 전락할 위험이 있음

(4) 일반노동조합
① 직종, 산업, 기업 등에 관계없이 일반근로자를 폭넓게 모아 조직하는 노동조합을 의미한다.
② 조합원 구성이 매우 이질적이고 유동성이 강해 단결력이 약하고 통일적인 요구안을 제시하기 곤란하다.
③ 주로 정부에 대한 입법 요구 활동을 실시한다.

(5) 단일 조직과 연합체 조직
근로자가 개인 자격으로서 전국적 노조에 가입하느냐, 아니면 단위 조직이 전국적 노조의 구성원으로 가입하느냐에 따라 전자를 단위 조직, 후자를 연합체 조직으로 분류한다.

4. 숍(shop)제도 기출개념

(1) 개념과 종류
① 숍제도는 기업이 신규 인력을 채용할 때 지원자와 노동조합의 관계를 설정하는 형태이다.
② **기본적 형태**: 기본적으로 오픈숍(open shop), 유니온숍(union shop), 클로즈드숍(closed shop) 형태가 있다.
③ **변형된 형태**: 에이전시숍(agency shop), 조합원 우대제도(preferencial shop), 조합원 자격유지제도(maintenance of membership)가 있다.

(2) 유형별 숍제도
① **오픈숍**: 신규 인력 채용 시 조합 가입 여부에 특별한 제한을 두지 않는 제도이다.
② **유니온숍**: 신규 인력 채용에는 큰 제한이 없으나, 일단 채용이 된 후에는 노동조합에 반드시 가입하여야 하는 제도이다.
③ **클로즈드숍**: 노동조합 가입이 고용의 전제가 되는 제도로서, 신규 채용 시 조합원 중에서 고용을 해야 한다.
④ **에이전시숍**: 노동조합의 가입을 강제하지는 않으나, 비조합원에게도 조합비에 상응하는 금액을 납부하도록 하는 제도이다.
⑤ **조합원 우대제도**: 채용, 승진, 인사 이동 등에서 조합원을 우대하도록 하는 제도이다.
⑥ **조합원 자격유지제도**: 조합원의 가입 여부와 관계없이 종업원을 채용할 수 있으나, 단체협약 체결 당시에 조합원인 종업원은 고용 계속의 조건으로 단체협약의 유효기간에 조합원의 자격을 유지해야하는 제도이다.

📋 **개념 Plus**

우리나라 노동법상의 유니온숍
우리나라 노동법에서는 일정한 조건이 충족된 경우에 한하여 제한적으로 유니온숍을 인정한다.

✓ **핵심 Check**

조합비 일괄공제제도 (check off system)
사용자가 조합원의 임금에서 조합비를 일괄공제하여 노동조합에 입금하는 것으로 단체협약에 따라 인정될 수 있다. 노동조합은 조합비 일괄공제제도를 통해 시간과 경비를 절약할 수 있고 노동조합의 공식적 지위를 강화할 수 있다.

05 단체교섭

1. 단체교섭의 개념 및 목적
① 노동조합의 대표자가 그 노동조합 또는 조합원을 위하여 사용자 또는 사용자단체와 대등한 입장에서 협상하는 과정을 말한다.
② 단체협약 체결을 목적으로 한다.

2. 단체교섭 방식 ★★★ 기출개념

(1) 기업별 교섭
① 기업별 노동조합이 결성되어 있는 경우 기업 단위 노동조합과 사용자 간에 행해지는 단체교섭 방식이다.
② 개별 기업의 특수한 실정이 잘 반영되지만, 노동조합의 교섭력은 약하다.

(2) 집단교섭(연합교섭)
① 여러 개의 단위 노조와 사용자가 집단으로 교섭하는 방식이다.
② 노동조합이 속한 상부 단체가 없거나, 기업별 교섭의 약점을 보완하기 위해 선택한다.
③ 주로 유럽 지역에서 볼 수 있는 방식이다.

(3) 통일교섭
① 전국 단위의 산업별 노동조합이나 하부 단위 노조의 교섭권을 위임받은 연합체 노동조합과, 이에 대응하는 산업별 또는 지역별 사용자단체 간의 단체교섭 방식이다.
② 산업별 교섭 또는 복수사용자 교섭이라고도 한다.
③ 영국, 미국, 유럽 지역에서 보편화되어 있는 교섭 방식이다.

(4) 대각선교섭
① 단위 노조가 소속된 상부 단체와 각 단위 노조에 대응하는 개별 기업 사용자 간에 이루어지는 교섭이다.
② 기업별 교섭과 통일교섭의 중간 형태를 띤다.

(5) 공동교섭
① 기업별 노동조합 또는 기업 또는 지역 단위의 지부가 상급 단체인 노동조합과 함께 기업별 사용자 측과 교섭을 하는 방식이다.
② 노조 입장에서는 기업별 교섭이 갖는 약점을 보완할 수 있다.

✓ 핵심 Check

단체교섭 시 유의 사항

단체교섭은 기본적으로 노사 간 교섭력을 바탕으로 진행되지만, 부당한 교섭력을 행사해서는 안 되며, 교섭력의 행사는 협약 체결을 하려는 목적하에 이뤄져야 한다. 단체교섭에 임하는 노사 당사자는 서로 책임과 의무를 다하고자 노력해야 하며, 사용자는 단체교섭이 근로자의 권익만 보호하는 것이 아니라, 사용자에게도 유익한 기능임을 이해해야 한다.

06 단체협약

1. 단체협약의 개념 및 의의
① 단체교섭의 결과 노동조합과 사용자 또는 사용자단체 간에 체결된 자치적 노동법규이다.
② 단체협약은 강행 법률에 위반되지 않는 한, 개별 근로계약과 취업규칙 등에 우선하는 효력을 가진다.
③ 「노동조합 및 노동관계조정법」에 따라 단체협약은 노사 당사자가 서명 또는 날인한 서면으로 작성해야 하며, 유효기간은 2년 이내로 정해야 한다.

2. 단체협약 조항의 구분 ★★ 기출개념

(1) 규범적 부분
조합원의 근로조건 기타 대우에 관한 내용을 정한 것이다.
예 임금, 복리후생, 근로시간, 휴일 및 휴가, 산업안전, 산업보건, 산업재해, 징계 및 포상 등에 관한 사항

(2) 채무적 부분
사용자와 노동조합 사이의 권리와 의무를 정한 것이다.
예 평화의무, 평화조항, 유일교섭단체조항, 숍조항, 단체교섭의 절차 등에 관한 규정

(3) 조직적 부분
노사관계의 제도적인 부분을 정한 것이다.
예 노사협의회나 고충처리기구 등의 구성과 운영에 관한 조항

> **핵심 Check**
> **평화의무와 평화조항**
> • 평화의무: 단체협약 유효기간에 그 단체협약의 개정이나 폐지를 목적으로 한 쟁의행위를 하지 않을 의무로, 단체협약에 명시되어 있지 않더라도 당연히 발생하는 의무이다.
> • 평화조항: 쟁의행위를 미연에 방지하고 평화적으로 분쟁을 해결하기 위해 일정한 절차를 거치지 않으면 쟁의행위를 할 수 없도록 규정한 단체협약의 조항이다.

07 노동쟁의와 쟁의행위 ★★

1. 노동쟁의의 개념과 종류

(1) 노동쟁의의 개념 기출개념
노동조합과 사용자 또는 사용자단체 간에 임금, 근로시간, 복리후생, 해고, 기타 대우 등 근로조건의 결정에 관한 주장의 불일치로 인하여 발생한 분쟁 상태로 「노동조합 및 노동관계조정법」 제1장 제2조 제5항에 정의되어 있다.

(2) 분쟁의 종류

구분	내용
권리분쟁	법적으로 보장되어 있거나 이미 확보한 근로자의 권리를 침해했을 때 나타나는 분쟁
이익분쟁	새로운 권리를 확보하려 하거나 획득한 이익을 분배하는 과정에서 나타나는 분쟁으로 노동쟁의는 이익분쟁으로 인해 발생함

2. 쟁의행위의 개념 `기출개념`

파업, 태업, 직장폐쇄, 기타 노동관계 당사자가 그 주장을 관철할 목적으로 행하는 행위와 이에 대항하는 행위로서 업무의 정상적인 운영을 저해하는 행위로 「노동조합 및 노동관계조정법」 제1장 제2조 제6항에 정의되어 있다.

3. 노동쟁의의 조정과 중재

(1) 조정제도

구분	내용
사적조정	당사자 간 합의나 단체협약에 따라 개시되어 공인노무사, 변호사 등의 노사관계 전문가에 의해 실시되는 조정
일반조정	어느 일방의 신청에 의해 개시되어 노동위원회가 실시하는 조정으로, 조정안의 수락은 노사 당사자의 자유의사에 따름

(2) 중재제도

① 노사 당사자 간 합의에 따라 신청한 경우나 단체협약에 근거하여 노사 어느 일방이 신청한 경우 개시하며, 중재기간은 15일로 이 기간에는 쟁의행위를 금지한다.
② 중재안은 단체협약과 동일한 효력을 가지며, 노사 당사자는 이를 수용해야 한다.

08 경영참가제도 ★★

1. 경영참가제도의 개념 및 목적

① 근로자나 노동조합이 기업 경영에 관한 의사결정에 참가하여 일정한 영향력을 행사하는 것이다.
② 노동 소외현상을 완화하고 산업민주주의를 실현하여 궁극적으로 경영의 효율화와 생산성 향상을 도모하는 데 목적을 둔다.

2. 경영참가제도의 대두 배경

(1) 근로자 측

근로자들은 기업 경영에 관한 사항이 자신들의 권익과 미래에 대한 설계와 밀접한 관련이 있다고 생각하므로, 권력을 행사하여 실질적인 사회·경제적 이익을 도모하기 위함이다.

(2) 사용자 측

사용자는 종업원들을 경영에 참가하도록 하여 동기를 부여하고 노사 간 협력 구도를 형성하는 것이 관리와 통제 위주의 인사관리보다 경영에 유리하다고 판단했기 때문이다.

개념 Plus

일반조정기간과 금지행위
조정기간으로 일반사업은 10일, 공익사업은 15일이며, 조정을 거치지 않고서는 쟁의행위를 하지 못하며 조정기간 중 쟁의행위도 금지된다.

긴급조정
- 고용노동부장관은 쟁의행위가 공익사업에 관한 것 또는 그 규모가 크거나 그 성질이 특별한 것으로서 현저히 국민경제를 해하거나 국민의 일상생활을 위태롭게 할 위험이 현존하는 때에는 긴급조정 결정을 할 수 있다.
- 긴급조정의 결정이 있는 경우 중앙노동위원회 위원장은 즉시 긴급조정을 개시해야 하며, 조정이 성립될 가망이 없다고 인정한 경우에는 공익위원의 의견을 들어 그 사건을 중재에 회부할 것인가의 여부를 결정해야 한다.
- 중재 회부 결정이 내려진 경우 지체 없이 중재가 개시돼야 하며, 중앙노동위원회 위원장의 중재 회부 결정과 무관하게 관계 당사자 일방 또는 쌍방의 중재 요청으로도 중재가 개시될 수 있다.

✓ 핵심 Check

종업원 지주제도

- 종업원에게 일정한 기준에 따라 유상 또는 무상으로 해당 기업의 주식을 인수하게 하는 자본참가방법이다.
- 종업원의 소속감을 높이고 종업원에게 주주로서의 발언권을 갖게 하여 노사협력을 도모하는 한편, 안정적인 소액주주를 확보하는 데 그 목적이 있다.
- 종업원이 소액 주주인 경우 충분한 발언권을 확보할 수 없고, 주가 하락에 따른 경제적 손실이 있을 수 있다.

3. 경영참가제도의 유형 [기출개념]

(1) 자본참가(소유참가, 재산참가)

근로자들을 자본의 출자자로서 기업 경영에 참가시키는 방법이다.

예 종업원 지주제도 [기출개념]

(2) 이윤참가

① 기업의 생산성 향상에 노동조합이 적극적으로 협력하고 참가한 대가로서 기업이 그 이윤의 일부를 임금 이외의 형태로 근로자에게 배분하는 방식이다.
② 노사관계 원활화를 목적으로 하며, 공정한 이윤 배분이 중요하게 여겨진다.

(3) 의사결정참가

경영에 대한 최종 의사결정권을 누가 가지고 있느냐에 따라 노사협의제도와 공동결정제도로 구분된다.

구분	내용
노사협의제도	보통 단체교섭 사항이 아닌 것에 대하여 노사가 협의할 수 있는 제도로, 협의 내용에 대한 최종결정권은 경영진이 가짐
공동결정제도	경영에 대한 의사결정을 노사가 함께 하는 것으로, 독일에서 발전함

기출개념확인

01 노동조합과 사용자 또는 사용자단체 간 체결된 자치적 노동법규는?

① 단체협약 ② 취업규칙
③ 정관 ④ 사규

02 다음의 내용이 설명하는 것은?

> 파업, 태업, 직장폐쇄, 기타 노동관계 당사자가 그 주장을 관철할 목적으로 행하는 행위와 이에 대항하는 행위로서 업무의 정상적인 운영을 저해하는 행위를 의미한다.

① 노사분규 ② 노동쟁의
③ 쟁의행위 ④ 권리분쟁

정답·해설

01 ① 노동조합과 사용자 또는 사용자단체가 단체교섭을 실시하여 합의한 자치적 노동법규를 단체협약이라 한다.
02 ③ 노사 간 주장의 불일치로 인하여 발생한 분쟁 상태를 노동쟁의라 하고, 노사 당사자가 자기 주장을 관철할 목적으로 실력행사를 하는 것과 이에 대항하는 것을 쟁의행위라 한다.

제8장 | 실전연습문제

* 기출유형 은 해당 문제가 실제 시험에 출제된 유형임을 나타냅니다.

01 산업안전관리의 기본 목적에 관한 설명으로 가장 적절하지 <u>않은</u> 것은?

① 산업현장에서 발생할 수 있는 재해로부터 인간의 생명과 재산을 보호하기 위한 체계적이고 계획적인 제반활동이다.
② 비능률적 요소인 안전사고가 발생하지 않은 상태를 유지하기 위한 활동이다.
③ 산업안전관리의 주된 목적은 근로자의 업무 능률 향상만을 위한 것이다.
④ 유해·위험요인을 제거하고 재해 및 직업병을 예방하여 근로자의 안전과 보건을 유지·증진함을 목적으로 한다.

02 산업안전관리의 인도주의적 측면에 해당하는 설명은?

① 사업주는 근로자의 안전 배려 의무를 다해야 한다.
② 산업재해 발생 시 기업과 국가가 입는 경제적 손실이 크다.
③ 인간 생명의 존중을 실현하며 인명존중의 인도적 신념을 따른다.
④ 생산성을 향상시키고 경영의 효율화를 도모한다.

03 산업재해의 직접원인으로 옳지 <u>않은</u> 것은?

① 불안전한 행동(인적 원인)
② 불안전한 상태(물적 원인)
③ 자연재해(불가항력적 원인)
④ 작업자 교육 훈련

04 위험성평가 4M 기법의 구성 요소에 포함되지 <u>않는</u> 것은?

① Man(인적)
② Management(관리적)
③ Money(재정적)
④ Media(물질·환경적)

05 다음 중 단체협약의 채무적 부분에 해당하는 것은?

① 평화의무
② 복리후생
③ 산업안전
④ 휴일 및 휴가

06 영국, 미국, 유럽 지역에서 가장 보편적으로 볼 수 있는 노사교섭 방식은?

① 통일교섭
② 대각선교섭
③ 기업별 교섭
④ 공동교섭

07 다음이 설명하는 단체는?

> 근로조건의 유지, 개선 및 기타 근로자의 경제적, 사회적 지위 향상을 도모함을 목적으로 근로자가 주체가 되어 자주적으로 조직하는 단체이다.

① 노사협의회 ② 경영자단체
③ 노동조합 ④ 근로자공제회

08 노동조합 단결 강화 수단이 아닌 것은?

① 조합비 공제제도 ② 유니온숍
③ 직장폐쇄 ④ 근로시간 면제제도

09 노동조합의 기능 중 사용자에 대해 직접적으로 작용하는 노동력의 판매자로서의 교섭 기능은?

① 공제적 기능 ② 경제적 기능
③ 정치적 기능 ④ 상호부조 기능

10 노동조합의 기능 중 가장 오래된 기능은?

① 공제적 기능 ② 경제적 기능
③ 교섭 기능 ④ 정치적 기능

11 종업원이 일정 기준에 따라 유상 또는 무상으로 해당 기업의 주식을 인수하게 하는 자본참가방법은?

① 종업원 지주제도 ② 스톡옵션제도
③ 주식증자제도 ④ 성과상여제도

12 당사자 간 합의나 단체협약에 따라 개시되어 공인노무사, 변호사 등 노사관계 전문가에 의해 실시되는 조정은?

① 긴급조정 ② 일반조정
③ 사적조정 ④ 직권중재

13 노동쟁의 중재제도에 대한 설명으로 옳지 않은 것은?

① 노사 당사자 간 합의에 의해 신청할 수 있다.
② 단체협약에 규정된 경우 노사 당사자 중 일방의 요청에 따라 신청할 수 있다.
③ 중재기간은 10일이다.
④ 중재기간 중 쟁의행위가 금지된다.

14 다음 글이 설명하는 것은?

> 기업의 생산성 향상에 노동조합이 적극적으로 협력하고 참가한 대가로서 기업이 그 이윤의 일부를 임금 이외의 형태로 근로자에게 배분하는 제도이다.

① 이윤참가 ② 자본참가
③ 재산참가 ④ 소유참가

15 공동결정제도에 대한 설명으로 옳지 <u>않은</u> 것은?

① 의사결정 참가제도의 일종이다.
② 노사가 공동으로 경영의사결정을 한다.
③ 독일에서 발달한 제도이다.
④ 단체교섭에 대한 후속 결정의 성격이다.

16 노동쟁의 조정과 쟁의행위에 관한 설명으로 옳은 것은?

① 일반사업의 조정기간은 15일이다.
② 조정절차 없이 쟁의행위에 돌입할 수 있다.
③ 조정기간 중 쟁의행위를 할 수 없다.
④ 조정안이 제시되면 노사 당사자는 이를 수용할 의무를 진다.

17 다음 글에서 설명하는 것은?

> 쟁의행위를 가급적 방지하고 평화적으로 분쟁을 해결하기 위해 일정한 절차를 거치지 않으면 쟁의행위를 할 수 없도록 규정한 단체협약 조항이다.

① 평화조항 ② 평화의무
③ 조정전치 ④ 숍조항

18 채용이 된 종업원은 노동조합에 반드시 가입해야 되는 숍제도는?

① 클로즈드숍 ② 유니온숍
③ 조합원 자격유지제도 ④ 오픈숍

19 노사관계의 역사적 발달 과정을 순서대로 나열한 것은?

① 전제적 노사관계 – 완화적 노사관계 – 온정적 노사관계 – 민주적 노사관계
② 온정적 노사관계 – 전제적 노사관계 – 완화적 노사관계 – 민주적 노사관계
③ 전제적 노사관계 – 온정적 노사관계 – 완화적 노사관계 – 민주적 노사관계
④ 전제적 노사관계 – 완화적 노사관계 – 온정적 노사관계 – 민주적 노사관계

20 조합가입 범위가 가장 넓은 노동조합 형태는?

① 일반노조 ② 산별노조
③ 기업별 노조 ④ 직종별 노조

제8장 | 정답·해설

01	02	03	04	05
③	③	④	③	③
06	07	08	09	10
①	①	②	③	①
11	12	13	14	15
①	③	③	①	④
16	17	18	19	20
③	①	②	③	①

01 ③

산업안전관리의 목적은 단순한 업무 능률 향상에 국한되지 않고, 재해 예방과 근로자의 생명과 재산 보호, 작업환경 개선 등 포괄적인 안전 확보에 있다. 따라서 '업무 능률만을 위한 것'이라는 설명은 부적절하다.

02 ③

인도주의적 측면은 인간 생명의 존중을 중심으로 하며, 안전관리는 이러한 인도적 신념 실현을 목표로 한다. 다른 선택지는 사회적 책임이나 경제적 측면에 더 관련된다.

03 ④

작업자 교육 훈련은 산업재해 예방을 위한 관리적 활동으로, 직접원인에는 포함되지 않는다. 직접원인은 불안전한 행동과 불안전한 상태이고, 자연재해는 불가항력적 원인이다.

04 ③

4M 기법은 기계적, 물질·환경적, 인적, 관리적 4가지 요소로 구성된다. 재정적(Money)은 4M 요소에 포함되지 않는다.

05 ①

단체협약 유효기간에 해당 단체협약의 개정이나 폐지를 목적으로 한 쟁의행위를 하지 않을 의무인 평화의무는 단체협약의 채무적 부분에 해당한다.

참고 단체협약 조항의 구분
조합원의 근로조건 기타 대우에 관한 내용을 정한 부분은 규범적 부분이라 하고, 사용자와 노동조합 사이의 권리와 의무를 정한 부분을 채무적 부분이라 한다.

06 ①

산업별 교섭이라고도 하는 통일교섭은 전국 단위의 산업별 노동조합이나 하부 단위 노조의 교섭권을 위임받은 연합체 노동조합과 이에 대응하는 산업별 또는 지역별 사용자단체 간의 단체교섭을 말하며, 영미권과 유럽지역에서 보편적으로 행해진다.

오답분석
② 대각선교섭은 단위 노조가 소속된 상부 단체와 각 단위 노조에 대응하는 개별 기업 사용자 간 교섭이다.
③ 기업별 교섭은 기업 단위 노동조합과 사용자 간에 행하여지는 단체교섭을 의미한다.
④ 공동교섭은 기업별 노동조합 또는 산업별 노동조합의 기업 단위 지부가 상급 단체인 노동조합과 함께 기업별 사용자 측과 교섭을 하는 방식이다.

07 ③

노동조합 및 노동관계조정법 제1장 제2조에 명시된 노동조합의 정의에 대한 설명이다.

오답분석
① 노사협의회는 근로자와 사용자 쌍방의 이해와 협조를 이끌어 내기 위해 설치한 기구로 「근로자참여 및 협력증진에 관한 법률」에 근거를 두고 있다.

08 ③

직장폐쇄는 노동조합의 쟁의행위에 대응하고자 실시하는 사용자 측의 쟁의행위다.
① 조합비 공제제도는 조합의 재정적 안정을 가져온다.
② 유니온숍은 노동조합의 인적 안정성을 유지할 수 있게 해준다.
④ 근로시간 면제제도는 노사 합의에 따라 근로의무를 일정시간 면제시켜 노동조합활동을 할 수 있게 해주는 제도이다.

09 ②

경제적 기능은 노동조합의 핵심적 기능으로 주로 조합원의 경제적인 이익과 권리를 유지, 개선하는 역할을 한다.

오답분석
① 공제적 기능은 조합원이 노동능력을 일시적으로 혹은 영구적으로 상실하는 경우에 대비해 기금을 설치하여 상호 공제하는 대내적 기능을 의미한다.
③ 정치적 기능은 정부의 정책에 대한 정치적 발언과 주장을 하는 기능을 의미한다.
④ 상호부조 기능은 공제적 기능과 동일한 의미이다.

10 ①

공제적 기능은 노동조합의 기능 중에서 가장 오래된 기능이며, 오늘날에는 그 비중이 축소되었다.

오답분석
③ 교섭 기능은 경제적 기능에 해당한다.

11 ①

종업원 지주제도는 종업원의 소속감을 높이고 종업원에게 주주로서의 발언권을 갖게 하여 노사협력을 도모하고 안정적인 소액 주주를 확보하려는 목적으로 도입된다.

오답분석
② 스톡옵션제도는 기업이 임직원에게 일정 한도 내에서 자기 회사의 주식을 일정한 가격으로 매수할 수 있는 권리를 주는 제도로, 액면가 또는 시세보다 훨씬 낮은 가격으로 매입할 수 있는 권리를 해당 상대에게 부여하고 일정기간 경과 후 처분이 가능하도록 한다.

12 ③

쌍방의 합의나 단체협약에 따른 일방의 신청으로 개시하여 외부의 노사관계 전문가에 의해 실시되는 조정을 사적조정이라 한다.

오답분석
① 긴급조정은 쟁의행위가 공익사업에 관한 것이거나 그 규모가 크거나 그 성질이 특별한 것으로서 현저히 국민경제를 해하거나 국민의 일상생활을 위태롭게 할 위험이 현존하는 때에 하는 조정 결정이다.
② 일반조정은 노사 일방의 신청에 의해 개시되는 노동위원회가 실시하는 조정이다.
④ 직권중재는 필수공익사업을 대상으로 노동위원회 위원장이 직권 중재안을 제시하는 제도로 2006년 12월 20일에 폐지되었다.

13 ③

일반사업체에 대한 조정기간이 10일이며, 중재기간은 15일이며, 이 기간에는 쟁의행위를 금지한다.

14 ①

노사관계 원활화를 목적으로 실시되는 이윤참가제도에 대한 설명이다.

오답분석
②, ③, ④ 근로자들을 자본 출자자로 기업 경영에 참가시키는 방법이다. 표현은 다르나 모두 동일한 개념이다.

15 ④

의사결정 참가제도의 일종인 공동결정제도는 독일에서 발달한 제도로 노사협의회와 달리 노사가 공동으로 의사결정을 한다는 특징이 있다. 이는 단체교섭과는 별개의 제도이다.

16 ③

조정기간은 일반사업 10일, 공익사업 15일이며 조정을 거치지 않은 쟁의행위나 조정기간 중 쟁의행위는 금지된다. 조정안 수락은 노사 당사자의 자유의사에 따른다.

17 ①

평화조항에 대한 설명으로 단체협약 유효기간에 그 단체협약의 개정이나 폐지를 목적으로 한 쟁의행위를 하지 않을 의무인 평화의무와 구분해야 한다.

오답분석

③ 조정전치는 쟁의행위 전 조정을 거쳐야 한다는 의미이다.
④ 숍조항은 종업원과 노동조합의 관계를 설정하는 유형이다.

18 ②

신규 인력 채용 시에는 조합원인지의 여부에 제한이 없으나 채용이 되면 노동조합에 반드시 가입해야 하는 숍제도를 유니온숍이라 한다.

오답분석

① 클로즈드숍은 노동조합 가입이 고용의 전제가 되는 제도이다.
③ 조합원 자격유지제도는 조합원 가입 여부와 관계없이 종업원을 채용할 수 있으나, 단체협약 체결 당시 조합원인 종업원은 단체협약의 유효기간에 조합원의 자격을 유지하고 계속 고용이 가능한 제도이다.
④ 오픈숍은 신규 인력 채용 시 조합 가입 여부에 특별한 제한이 없는 제도이다.

19 ③

노사관계는 전제적 노사관계 – 온정적 노사관계 – 완화적 노사관계 – 민주적 노사관계의 순으로 발전해 왔다.

20 ①

조합가입 범위가 가장 넓은 노동조합은 직종, 산업, 기업에 관계없이 모든 노동자가 가입할 수 있는 일반노조이다.

무료 학습자료 제공 · 독학사 단기합격 **해커스독학사**
haksa2080.com

무료 학습자료 제공·독학사 단기합격 **해커스독학사**
haksa2080.com

전문가가 분석한 출제경향 및 학습전략

제9장에서는 전통적 인사관리와 전략적 인사관리의 차이점, 고성과 조직의 구성요소와 조건, 학습 조직의 특징 등이 주요 학습내용으로 꼽힌다. 특히, 전통적 인사관리와 전략적 인사관리의 차이점에 대해서는 확실하게 학습하는 것이 좋다.

제9장 | 핵심 키워드 Top 10

핵심 키워드 Top 10은 본문에도 동일하게 ★로 표시하였습니다.

번호	키워드	페이지
01	전통적 인적자원관리와 전략적 인적자원관리 ★★★	p.199
02	고성과 조직의 구성요소 ★★★	p.203
03	고성과 조직의 조건 ★★★	p.204
04	고성과 조직에서 인적자원관리의 역할 ★★★	p.206
05	전략적 인적자원관리의 개념 ★★	p.198
06	전략적 인적자원관리 대두 배경 ★★	p.198
07	전략적 인적자원관리의 접근방법 ★★	p.200
08	전략적 인적자원관리 실행상의 유의점 ★★	p.201
09	고성과 조직의 개념 ★★	p.203
10	전략적 인적자원관리의 이론적 기반 ★	p.198

제9장

전략적 인적자원관리

제1절 전략적 인적자원관리의 형성과 개념
제2절 고성과 조직
제3절 인사의 전략적 역할

제1절 전략적 인적자원관리의 형성과 개념

01 전략적 인적자원관리의 개념과 의의

1. 전략적 인적자원관리의 개념 ★★ 기출개념
기업의 인적자원관리가 경영의 한 부분 또는 조직 전체와 통합하여 수행되는 경영전략의 한 부분으로서의 인적자원관리를 뜻한다.

2. 전략적 인적자원관리의 이론적 기반 ★
① 전략적 인적자원관리는 근본적으로 상황이론(contingency theory)에 기반을 둔다.
② 같은 방식의 인적자원관리제도라 하더라도 도입되는 조직의 상황에 따라 그 효과가 달라질 수 있다는 것을 의미한다.
③ 기업의 비전과 목표를 고려하여 인적자원관리의 각 활동을 실시하는 것이 전략적 인적자원관리이다.

02 전략적 인적자원관리 대두 배경 ★★

1. 경영환경의 변화
① 제프리 페퍼(Jeffrey Pfeffer)의 견해: 과거에는 생산기술력, 정부의 시장 보호 조치, 투자 자금 조달 능력, 대량생산에 따른 규모의 경제 등이 기업의 경쟁 우위 확보를 좌우하는 요소였다.
② 오늘날에는 후발 주자가 선행 기업을 1년에서 수년 내에 따라잡는 경우가 다반사이며, 자유무역협정(FTA) 등으로 정부의 시장 보호 조치의 약화, 소비자의 기호 다양화로 대량생산의 이익 감소, 정보기술의 발달 및 사업 아이디어와 전략을 중시하는 사회적 분위기가 조성되면서 투자 자금 조달 능력의 영향이 감소하였다.

2. 인적자원에 대한 새로운 인식
대체 불가능성과 모방의 어려움 등의 성격을 가진 인적자원의 중요성이 부각되고 있으며, 각 기업들은 인적자원을 조직 발전의 전략적 요소로 인식하고 있다.

03 전통적 인적자원관리와 전략적 인적자원관리 ★★★ 기출개념

1. 인적자원 관리 책임의 소재

구분	내용
전통적 인적자원관리	인적자원관리에 대한 책임이 흔히 '인사과', '인사팀' 등으로 부르는 조직 내 특정 부서의 구성원에게 있음
전략적 인적자원관리	타 부서의 구성원도 인적자원관리자가 되어 책임 부담이 가능함

2. 관계의 초점

구분	내용
전통적 인적자원관리	종업원 동기부여, 생산 능률 향상, 노동관련 법규의 준수 등 종업원과의 관계를 중시함
전략적 인적자원관리	내외부의 이해관계자들과의 파트너십을 중시함

3. 역할의 초점

구분	내용
전통적 인적자원관리	이른바 '거래적 역할'에 초점을 두어 법률 변화에 대응하거나 감독자와 종업원 간의 문제를 조정하고, 조직의 인력 수요에 따라 종업원을 채용하는 등 사후적 대응에 초점을 둠
전략적 인적자원관리	조직 내부에서 변화를 촉진할 수 있는 메커니즘을 만들어 조직이 맞닥뜨릴 내외부의 도전에 대응할 수 있도록 돕는 '변혁적 역할'의 비중이 큼

4. 조직 변화에 미치는 영향

구분	내용
전통적 인적자원관리	조직 변화의 노력은 통상적으로 느리고 단편적이며, 전략이나 조직과 통합되지 않는 경우가 빈번함
전략적 인적자원관리	주도적이고 체계적으로 조직의 변화를 선도함

5. 통제에 대한 인식

구분	내용
전통적 인적자원관리	규정에 다른 관료적 통제를 통해 종업원을 공정하게 대우하는 데 주안점을 둠
전략적 인적자원관리	조직 통제는 조직이 급변하는 환경에 적응할 힘을 잃게 만듦

개념 Plus

전통적·전략적 인적자원관리의 차이점 비교요소
- 책임의 소재
- 관계 초점
- 역할 초점
- 영향
- 통제 인식
- 노동의 분화 혹은 통합
- 비용 또는 투자

6. 노동의 분화 혹은 통합

구분	내용
전통적 인적자원관리	과학적 관리법과 직무 전문화 등의 이론에 기반하여 노동의 분화 및 전문화를 중시함
전략적 인적자원관리	외부 환경 변화에 대한 적응과 융통성 확보를 위하여 각 종업원의 직무 범위를 넓게 통합함

7. 비용 혹은 투자

구분	내용
전통적 인적자원관리	제품, 서비스, 상표, 기술력이 핵심 투자 대상이 되며, 인적자원관리 활동은 비용을 소모하는 활동으로 간주함
전략적 인적자원관리	사람이 가진 지식과 능력을 핵심 투자 대상으로 인식함

8. 기타 비교 정리

구분	전통적 인적자원관리	전략적 인적자원관리
HR에 대한 책임	전문적 스태프	라인 경영자
초점	종업원 관계	내외부 고객과의 파트너십
HR의 역할	거래적, 변화추종자, 반응적	변혁적, 변화주도자, 주도적
추진방법	느리고 반응적이며 단편적	신속하고 선행적이며 통합적
계획기간	단기	단기, 중기, 장기(필요에 따라)
통제	관료적 – 역할, 정책, 절차	유기적 – 유연, 성공을 위해 무엇이든지 행함
직무설계	노동의 분화, 전문성, 독립적	유연하고 팀워크, 교차훈련
주요 투자	자본, 제품	사람, 지식
책임	비용센터	투자센터

04 전략적 인적자원관리의 접근방법 ★★

1. 보편적 접근법
① 특정 기업이나 특정 상황과 관계없이 가장 효과적으로 작용하는 보편적 인적자원관리방법이 존재한다는 가정하에 인적자원관리를 수행한다.
② 보편적 접근법에 따른 전략적 인적자원관리는 세계적 수준의 선진 기업의 최고의 제도(best practice)를 모방하는 '벤치마킹'을 주요 활동으로 들 수 있다.

③ 벤치마킹 시 문화적·관습적 차이 주의: 서양에서 발달한 이론을 동양 국가에 적용했을 때, 예견하지 못했던 문제가 생기면서 소기의 목적 달성을 못하는 경우가 발생할 수도 있으므로 문화적·관습적 차이에 주의해야 한다.

2. 전략적 적합성 관점의 접근법

① 기업의 전략, 인사 방침, 내외부의 제반환경에 따라 가장 적합한 인적자원관리 방식이 다르다고 보는 관점이다.
② 전략적 적합성은 크게 내부적 적합성과 외부적 적합성으로 구분된다.
　㉠ 내부적 적합성: 인적자원관리의 각 단계별 정책들이 서로 조화를 이루어 최대한의 효과를 이루어 낼 수 있도록 하여야 한다는 것이다.
　　예 창의적 인재육성을 기업의 인사 방침으로 세웠다면, 창의적인 인재를 채용하기 위한 모집 및 선발 체계를 갖춤은 물론, 창의성을 발현하는 직원에 대한 적절한 보상 체계도 함께 수립되어야 하며 창의성을 이끌어 낼 수 있는 교육제도도 모색해야 한다.
　㉡ 외부적 적합성: 기업의 인적자원관리에 대한 정책이 기업의 다른 정책과 조화를 이룰 때 확보가 가능하다.
　　예 제조업 기업의 핵심 가치가 '최고의 품질'이라면, 품질 향상을 위한 교육과 생산된 제품의 품질에 따른 보상을 할 수 있는 체계를 갖추어야 한다. 예를 들어, '최고의 품질'을 핵심 가치로 하면서 생산량 위주로 보상을 한다면, 외부적 적합성을 갖췄다고 하기 어렵다.

05 전략적 인적자원관리 실행상의 유의점 ★★

1. 인식 전환과 장기적인 안목

① 전략적 인적자원관리는 기존의 인적자원관리 시스템의 변화를 시도하는 것이므로, 담당자와 담당 부서의 인식 전환이 요구된다.
② 종업원의 극심한 저항 등으로 많은 시간과 비용이 필요할 수 있다는 점을 고려해야 한다.

2. 충분한 지원

최고경영자 등이 전략적 인적자원관리의 중요성을 깨닫고 이를 실행하기 위해 충분한 지원을 해주어야 한다.

기출개념확인

01 전략적 인적자원관리에 대한 설명으로 옳지 <u>않은</u> 것은?
① 인적자원관리의 개별 기능이 조화를 이룬다.
② 조직의 전략 목표를 반영한다.
③ 대내외 환경 변화를 고려한다.
④ 종업원의 통제와 관리에 중점을 둔다.

02 전통적 인사관리와 전략적 인사관리에 대한 설명으로 옳지 <u>않은</u> 것은?
① 전통적 인사관리는 개별적 인사기능의 독립적 역할을 강조하지만 전략적 인사관리는 인사기능의 통합을 강조한다.
② 전통적 인사관리는 종업원을 통제와 관리 대상으로 보지만, 전략적 인사관리는 기업 경쟁력 확보에 필요한 핵심자원으로 본다.
③ 전통적 인사관리는 인사정책의 단기적 효과를 강조하나 전략적 인사관리는 중장기적인 역할을 중시한다.
④ 전통적 인사관리는 HR이 주도적 역할을 하지만 전략적 인사관리에서는 변혁적 역할을 한다.

정답·해설

01 ④ 종업원의 통제와 관리를 중시했던 전통적 인사관리와 달리 전략적 인사관리는 인적자원을 경쟁우위 확보의 핵심자원이라는 관점으로 보며 통제는 종업원이 급변하는 환경에 적응할 힘을 잃게 만든다고 생각한다.

02 ④ 전통적 인사관리는 HR이 거래적, 반응적 역할을 하고 전략적 인적자원관리에서는 HR이 변혁적, 주도적 역할을 한다.

제2절 고성과 조직

01 고성과 조직의 개념과 구성요소 `기출개념`

1. 고성과 조직의 개념 ★★
조직의 목표를 달성하는 데 필요한 모든 자원과 기회를 최대한 활용할 수 있도록 사람, 기술, 조직 구조가 조합되어 있는 조직을 의미한다.

2. 고성과 조직의 구성요소 ★★★
① **조직 구조**: 구성원들을 부서 / 부문 / 보고 라인으로 구조화하는 것으로, 최고경영진이 결정한다.
② **과업 설계**: 조직에 필요한 활동들을 어떻게 연계시킬 것인가의 문제로, 직무분석과 직무설계와 관련이 있다.
③ **적절한 인재**: 고성과 조직의 가장 핵심적 요소로, 인적자원관리에서는 모집, 선발, 채용, 전환배치, 승진 등의 활동을 통해 조직 내의 직무에 잘 맞는 사람들을 공급하는 것이다.
④ **보상시스템**: 보상시스템은 조직구성원이 조직의 목표를 위해 노력하도록 유도함으로써 고성과 달성에 이바지한다.
⑤ **정보시스템**: 경영진들은 어떤 유형의 정보를 수집하여 누가 활용하게 할 것인지에 대한 결정을 해야 하며, 각종 정보기술의 발달로 인해 인적자원관리자는 각 인적자원활동에 관련된 더 많은 정보를 제공할 수 있게 되었다.

> **핵심 Check**
> 고성과 조직의 구성요소
> • 조직 구조
> • 과업 설계
> • 적절한 인재
> • 보상시스템
> • 정보시스템

02 고성과 조직의 성과와 조건

1. 고성과 조직의 성과
① 높은 품질, 고객 만족, 낮은 이직률 등을 달성하게 하여 높은 생산성과 효율성을 확보함으로써 이윤 창출이라는 조직의 목적 달성에 기여할 수 있다.
② 종업원은 조직 목표가 추가되거나 변경되었을 때 유연하게 대응할 수 있는 능력을 갖추게 된다.

2. 고성과 조직의 조건 ★★★ [기출개념]

(1) 팀워크와 권한 위임
① 고성과 조직에서 팀워크와 권한 위임은 필수적인 요소이다.
② 팀워크를 활용하여 종업원들의 다양한 기술과 경험을 공유하여 축적한다.
③ 권한 위임을 통해 의사결정 권한을 위임한다.

(2) 지식 공유
① 고성과 조직을 위해서는 조직구성원 간 지식의 공유가 일어나야 한다.
② 지식 공유를 위해 학습조직 구성이 가능하다.
③ 학습조직
  ㉠ 학습조직의 정의: 모든 종업원이 지속적으로 지식을 습득하고 공유할 수 있도록 하여 조직의 문화가 평생 교육을 가치 있게 여기고 지원하는 조직을 말한다.
  ㉡ 학습조직의 특성 [기출개념]
    • 지속적인 학습을 수행한다.
    • 구성원 간 지식이 공유된다.
    • 비판적이고 체계적인 사고방식이 일반화되어있다.
    • 학습 문화를 가지고 있다.
    • 종업원들이 각자의 가치를 인정받는다.

(3) 직무 만족
① 고성과 조직이 계속 유지되려면 종업원들이 직무 만족을 경험하도록 해야 한다.
② 종업원들은 그들이 중요하다고 생각하는 가치를 실현할 때 직무 만족을 경험한다.

(4) 윤리
① 고성과 조직은 장기적으로 수준 높은 윤리적 기준을 충족시켜야 한다.
② 윤리는 조직, 종업원 및 지역 사회 등의 이해관계자와 장기적으로 긍정적인 관계를 형성시키는 데 필수적인 요소이다.

핵심 Check

학습조직의 특성
• 지속적인 학습 수행
• 구성원 간 지식 공유
• 비판적, 체계적인 사고방식의 일반화
• 학습 문화
• 종업원들이 각자의 가치 인정

기출개념확인

01 다음 글에서 설명하는 것은?

> 조직 목표를 달성하는 데 필요한 모든 자원과 기회를 최대한 활용할 수 있도록 사람, 기술, 조직 구조가 조합되어 있는 조직이다.

① 학습조직 ② 고성과 조직
③ 기계적 조직 ④ 매트릭스 조직

02 학습조직의 특성이 아닌 것은?

① 지속적인 학습을 수행한다.
② 학습 문화를 가지고 있다.
③ 구성원 간 지식이 공유된다.
④ 조직 전체의 가치를 인정받는다.

정답·해설

01 ② 고성과 조직의 개념을 서술한 것이다.

　오답분석
　① 학습조직에서는 조직 문화가 평생 교육을 가치 있게 여기고 지원하는 조직으로 모든 종업원들이 지속적으로 지식을 습득하여 공유한다.
　③ 기계적 조직은 복잡성, 공식화, 집권화 정도가 높고 과업이 일상적이며 정형화된 행동에 익숙하고 변화에 대응하는 속도가 느린 관료제적 조직구조이다.
　④ 매트릭스 조직은 조직구성원이 기능부서와 생산품과 용역의 부문별 팀에 동시에 배치되어 두 개의 단위 조직에 속해 두 사람의 상급자를 두고 있는 조직형태이다.

02 ④ 학습조직은 종업원들이 각자의 가치를 인정받는다.

제3절 인사의 전략적 역할

01 고성과 조직에서 인적자원관리의 역할 ★★★

1. 원칙
고성과 조직에서 인적자원관리의 역할을 논의할 때는 각 인적자원관리 활동 중 한두 가지를 분리하기보다 인적자원관리시스템 전반의 실행 능력을 향상시키는 것이 더 효과적임을 고려해야 한다.

2. 인적자원 활동별 주요 내용 및 역할

(1) 직무설계
① 조직이 팀워크와 권한 위임을 통해 성과를 얻으려면 적절한 직무설계가 먼저 필요하다.
② 종업원들을 작업팀에 속하도록 하여 종업원들이 의사결정과 문제해결에 서로 협력할 수 있도록 하는 방법이 흔히 사용된다.

(2) 모집 및 선발
① 모집 및 선발 과정에서는 고성과 조직의 환경에 잘 적응하여 살아남을 수 있는 인적자원 확보가 중요하다.
② 이에 따라 팀워크, 권한 위임, 학습조직을 통한 지식 공유에 열성을 보일 수 있는 사람을 선발해야 한다.
③ 이때, 기존 선발도구로는 찾아내기 어려우므로 집단 인터뷰, 심리 검사, 적성 검사 등의 새로운 선발도구 도입이 필요하다.

(3) 교육훈련 및 개발
① 적절한 인적자원이 선발되었으면 광범위한 교육훈련과 개발이 이루어져야 한다.
② 고성과 조직에서 일어나는 권한 위임은 그 과정 자체가 종업원의 개발을 촉진한다.

(4) 성과 관리
① 조직 목표와 연계되는 성과관리시스템 구축은 고성과 조직의 필수적인 요소이다.
② 성과는 명확하게 정의하고 측정되어야 하며, 고객 요구의 충족 정도와 연계되어야 하고, 외부의 제약 조건을 충분히 반영해야 한다.

(5) 보상
종업원들을 보상에 관한 의사결정에 참여시켜 커뮤니케이션을 실시함으로써 권한을 위임하고 종업원의 직무 만족도를 높일 수 있다.

기출개념확인

01 고성과 조직 관점의 인재 선발에서 고려할 점이 <u>아닌</u> 것은?

① 팀워크 역량　　　　　② 협동성
③ 학습의지　　　　　　④ 전문지식

02 고성과 조직의 인적자원관리에 대한 설명으로 옳지 <u>않은</u> 것은?

① 고성과 조직에서는 권한 위임을 통해 교육효과를 얻을 수 있다.
② 성과에 대한 정의는 추상적이고 다양한 해석이 가능해야 한다.
③ 종업원들을 보상에 관한 의사결정에 참여시켜야 한다.
④ 인적자원관리의 개별 기능보다는 전반적인 실행 능력 향상을 도모해야 한다.

정답·해설

01　④　팀워크, 권한 위임, 학습조직을 통한 지식 공유에 열성을 보일 수 있는 사람이 고성과 조직에 잘 적응할 수 있다.
02　②　고성과 조직에서 성과에 대한 정의는 명확하게 정의되고 측정되어야 한다.

제9장 | 실전연습문제

*기출유형 은 해당 문제가 실제 시험에 출제된 유형임을 나타냅니다.

01 전략적 인적자원관리에 대한 설명으로 옳지 않은 것은?
① 직무 범위의 통합을 중시한다.
② 조직 내부의 변화를 촉진한다.
③ 종업원의 공정한 대우에 초점을 둔다.
④ 누구나 인적자원관리자가 될 수 있다.

기출유형
04 학습조직의 특징으로 보기 어려운 것은?
① 지속적인 학습   ② 체계적인 사고
③ 지식 공유   ④ 비판 자제

기출유형
02 다음 빈칸에 들어갈 말로 알맞은 것은?

( )는 인적자원관리가 경영의 한 부분으로서 기업의 전략을 달성하는 데 있어서 전략적 파트너로서 발휘되는 기능을 뜻한다.

① 전략적 인적자원관리   ② 민주적 인적자원관리
③ 대응적 인적자원관리   ④ 전제적 인적자원관리

기출유형
05 전략적 인적자원관리와 관련이 있는 것은?
① 전문적 스태프의 HR 책임
② 거래적 HR
③ 관료적 절차
④ 유기적 통제

03 전략적 인적자원관리와 관계가 먼 것은?
① 인사기능의 독립성 확보
② 인사관리의 중장기적 역할 중시
③ 조직의 전략적 목표 반영
④ 외부 환경을 고려한 인사관리

06 고성과 조직의 요건으로 보기 어려운 것은?
① 높은 윤리적 기준 충족
② 지식 공유
③ 의사결정권 집중화
④ 종업원의 직무 만족

07 고성과 조직의 성과관리에 대한 설명으로 옳지 <u>않은</u> 것은?
① 성과와 조직 목표의 연계
② 명확한 성과 정의
③ 고객의 요구사항과 연계
④ 외부 제약 조건 제거

10 고성과 조직의 성과와 가장 거리가 먼 것은?
① 높은 품질
② 고객 만족
③ 낮은 이직률
④ 사회공헌

기출유형

08 고성과 조직의 특징이 <u>아닌</u> 것은?
① 권한 위임
② 팀워크 활용
③ 공식화
④ 지식 공유

11 전략적 인적자원관리 실행 시에 유의점과 가장 거리가 먼 것은?
① 종업원의 지지와 호응을 기대해야 한다.
② 기업의 인적자원관리 정책이 기업의 다른 정책과 조화를 이뤄야 한다.
③ 담당자와 담당 부서의 인식 전환이 필요하다.
④ 많은 시간과 비용이 소요될 수도 있음을 고려해야 한다.

09 고성과 조직의 요건 중 조직, 종업원 및 지역 사회 등과 장기적으로 긍정적인 관계를 형성시키는 데 필수적 요소가 되는 것은?
① 직무 만족
② 윤리
③ 지식 공유
④ 권한 위임

12 고성과 조직의 구성요소 중 가장 핵심적인 것은?
① 조직 구조
② 적절한 인재
③ 보상시스템
④ 정보시스템

13 다음의 설명과 관련이 있는 것은?

> 창의적 인재육성이 기업의 인사 방침이라면, 창의적인 인재 채용을 위한 모집 및 선발 체계와 창의성을 발현한 직원에 대한 적절한 보상 체계를 함께 수립해야 하며, 창의성 배양을 위한 교육제도도 모색해야 한다.

① 외부적 적합성 ② 내부적 적합성
③ 보편적 접근법 ④ 벤치마킹

14 전통적 인사관리에서 핵심 투자 대상으로 보지 <u>않는</u> 것은?

① 사람 ② 제품
③ 서비스 ④ 기술력

15 전략적 인적자원관리와 가장 관련이 있는 것은?

① 거래적 역할
② 감독자와 종업원 간 문제해결
③ 법률 변화에 대응
④ 변혁적 역할

16 전략적 인적자원관리에 대한 설명으로 옳지 <u>않은</u> 것은?

① 상황이론에 기반을 둔다.
② 인사 전담 부서로 권한과 책임이 집중된다.
③ 인적자원관리 활동 시 기업의 비전과 목표를 고려한다.
④ 인적자원을 조직 발전의 전략적 요소로 간주한다.

17 다음 글에서 설명하는 것은?

> 고성과 조직의 구성요소 중 하나로 종업원들을 부서, 부문, 보고 라인으로 구조화하는 것이다.

① 과업 설계 ② 조직 구조
③ 보상시스템 ④ 정보시스템

18 다음 빈칸에 들어갈 말로 가장 알맞은 것은?

> (   ) 인적자원관리는 인사담당자가 거래적, 반응적 역할을 하고 (   ) 인적자원관리에서는 변혁적, 주도적 역할을 한다.

① 전통적, 민주적 ② 전통적, 전략적
③ 전제적, 완화적 ④ 완화적, 민주적

19 고성과 조직에서 종업원이 조직 목표를 위해 노력하도록
   유도하여 고성과 달성에 이바지하는 구성요소는?
   ① 조직 구조   ② 과업 설계
   ③ 직무 만족   ④ 보상시스템

20 다음 중 고성과 조직의 궁극적인 성과는?
   ① 고품질 달성   ② 낮은 이직률
   ③ 높은 생산성   ④ 이윤 창출

제9장 | 정답·해설

01	02	03	04	05
③	①	①	④	④
06	07	08	09	10
③	④	③	②	④
11	12	13	14	15
①	②	②	①	④
16	17	18	19	20
②	②	②	④	④

01 ③

전통적 인사관리에서는 통제에 의한 종업원의 공정한 대우에 초점을 뒀으나, 전략적 인적자원관리에서는 조직 통제는 조직이 급변하는 환경에 적응할 힘을 잃게 만든다고 본다.
④ 전통적 인사관리에서는 인적자원관리가 인사팀, 인사부 등 특정 부서의 업무였지만 전략적 인적자원관리에서는 현장관리자 등 그 누구라도 인적자원관리자 역할을 할 수 있다.

02 ①

전략적 인적자원관리와 기업의 전략 간의 관계를 설명한 것이다.

오답분석
② 민주적 인적자원관리는 인사관리의 발달 단계에서 가장 마지막에 나타난 유형이다.
④ 전제적 인적자원관리는 가장 처음 등장했던 인적자원관리 유형이다.

03 ①

인사기능의 독립성을 중시한 것은 전통적 인사관리이며, 전략적 인적자원관리에서는 통합적 인사관리를 강조한다.

04 ④

학습조직은 지속적 학습, 지식 공유, 비판적이고 체계적인 사고방식의 일반화, 학습 문화라는 특징을 보유하고 있다.

05 ④

전통적 인적자원관리가 역할/정책/절차를 규정한 관료적 통제를 실시하는 반면, 전략적 인적자원관리는 유연하고 열려있는 유기적 통제를 한다.

오답분석
① 전문적 스태프가 HR을 책임졌던 전통적 인적자원관리와 달리 전략적 인적자원관리에서는 라인관리자 등 누구나 인적자원관리 담당자가 될 수 있다.

06 ③

고성과 조직에서는 상급자의 권한을 하급자 등에게 위임함으로써 의사결정권도 위임하게 된다.

07 ④

고성과 조직의 성과관리는 외부의 제약 조건을 충분히 반영한 것이어야 한다.

08 ③

고성과 조직은 권한 위임, 팀워크 활용, 학습조직을 통한 지식 공유, 학습 문화, 비판적이고 체계적인 사고방식의 일반화 등의 특징을 갖는다. 공식화는 관료제적 조직구조의 일종인 기계적 조직이 갖는 특성 중 하나이다.

09 ②

고성과 조직은 장기적으로 수준 높은 윤리적 기준을 충족시킴으로써 조직, 종업원, 지역 사회 등의 이해관계자와 긍정적인 관계를 형성할 수 있다.

> 오답분석

①, ③, ④ 고성과 조직의 개별적 요건에 해당한다.

10 ④

고성과 조직은 높은 품질, 고객 만족, 낮은 이직률, 높은 생산성, 효율성 확보를 가능하게 하고 궁극적으로 이윤 창출이라는 조직 목적 달성에 기여한다.

11 ①

전략적 인적자원관리는 조직 변화를 수반하므로 종업원의 극심한 저항을 불러올 수 있다는 점을 사전에 고려해야 한다.

12 ②

고성과 조직의 구성요소는 조직 구조, 과업 설계, 적절한 인재, 보상시스템, 정보시스템이며, 이 중 가장 핵심적인 것은 적절한 인재이다.

13 ②

내부적 적합성에 대한 설명이다.

> 오답분석

① 외부적 적합성은 기업의 인적자원관리 정책이 기업의 다른 정책과 조화되어야 함을 의미한다.
③ 보편적 접근법은 특정 기업 상황과 무관하게 가장 효과적인 보편적 인적자원관리방법이 존재한다는 가정하에 인적자원관리를 수행하는 것을 말한다.
④ 벤치마킹은 보편적 접근법의 대표적인 활동이다.

> 참고 내부적 적합성

전략적 인적자원관리의 전략적 적합성 관점의 접근법 중 인적자원관리의 각 단계별 정책이 서로 조화를 이뤄야 한다는 것을 내부적 적합성이라 한다.

14 ①

전통적 인사관리에서는 제품, 서비스, 상표(브랜드), 기술력을 핵심 투자 대상으로 보았으며, 사람(종업원)과 관련된 활동은 비용을 지출하는 것으로 여겼다.

> 참고 전략적 인적자원관리에서의 핵심 투자 대상

전략적 인적자원관리에서는 사람이 가진 지식과 능력을 핵심 투자 대상으로 인식하게 되었다.

15 ④

전통적 인적자원관리가 거래적 역할에 초점을 두고 법률적 변화에 대응하거나 관리자와 종업원 간 문제 조정 등 사후적 대응에 치중했다면, 전략적 인적자원관리는 미래에 닥칠 기업 내외부 변화에 대응할 수 있는 변혁적 역할의 비중이 크다.

16 ②

전략적 인적자원관리에서는 인사 전담 부서뿐만 아니라 타 부서도 인적자원관리의 권한과 책임을 가질 수 있다.
① 전략적 인적자원관리는 상황이론에 기반을 두며, 같은 인적자원관리제도도 도입되는 조직의 상황에 따라 그 효과가 달라질 수 있다고 본다.

17 ②

조직구성원들을 부서, 부문, 보고 라인으로 구조화하는 조직 구조는 최고경영진이 결정한다.

> 오답분석

① 과업 설계는 조직에 필요한 활동들의 연계방법을 말한다.

18 ②

전통적 인적자원관리와 전략적 인적자원관리에서 인사담당자 역할의 성격에 대한 설명이다.

> 참고

전제적·완화적·민주적 인사관리는 인사관리의 발전 단계와 관련된 개념이다.

19 ④

고성과 조직의 구성요소 중 보상시스템에 대한 설명이다.

오답분석

② 과업 설계는 조직에 필요한 활동들을 어떻게 연계시킬 것인가에 대한 것으로 직무분석 및 직무설계와 관련이 있다.

20 ④

고성과 조직은 높은 품질, 고객 만족, 낮은 이직률, 높은 생산성과 효율성을 통해 최종적으로 이윤 창출이라는 조직의 목표 달성에 기여한다.

오답분석

①, ②, ③ 고성과 조직이 이윤 창출이라는 최종 목표를 달성하는 데 필요한 선행요인이다.

무료 학습자료 제공·독학사 단기합격 **해커스독학사**
haksa2080.com

무료 학습자료 제공·독학사 단기합격 **해커스독학사**
haksa2080.com

독학학위제 전공기초과정 경영학과

기출동형모의고사

기출동형모의고사 **1회**
기출동형모의고사 **2회**
기출동형모의고사 **3회**

잠깐!

기출동형모의고사는 독학사 시험의 기출문제를 철저히 분석하여 구성한 실전 대비 모의고사입니다.
본 교재의 맨 뒤에 제공되는 총 3장의 OMR 카드를 활용하여 문제를 풀이해 주세요.

기출동형모의고사 풀이 전 아래 사항을 확인하세요.
☐ 휴대전화의 전원을 꺼주세요.
☐ 컴퓨터용 사인펜을 준비하세요.
☐ OMR 카드에 과목명과 성명을 기재한 후, 문제풀이를 시작하세요.
☐ 시험시간 50분 내에 문제풀이와 OMR 카드 마킹까지 완료하세요.

기출동형모의고사 1회

독학학위제
전공기초과정 **경영학과**

응시과목	시험시간	점수
인적자원관리	50분	

01 직속상사나 동료를 통하여 일상적인 업무 수행 과정에서 실시하는 비체계적인 교육을 일컫는 용어는?
① SD ② Off – JT
③ OJT ④ CP

02 다음 중 인사고과에 관한 설명으로 옳은 것은?
① 인사고과제도를 설계할 때에는 기밀을 유지한다.
② 부하와 상사 간의 갈등이 있는 경우 중심화 경향이 나타날 수 있다.
③ 후광 효과는 고과자의 의도적인 주관적 평가에 의해 나타난다.
④ 인사고과의 신뢰성은 측정하고자 하는 내용이 얼마나 정확하게 측정되었는지에 대한 것이다.

03 다음 설명과 관련이 있는 용어는?

> 한 작업자가 수행하는 과업의 수를 수평적으로 확대하되, 권한이나 책임은 증가시키지 않는 직무설계방법이다.

① 직무확대 ② 직무충실
③ 직무순환 ④ 직무 전문화

04 인적자원관리에 대한 인간관계적 접근과 관련이 없는 것은?
① 호손 공장의 실험 ② 사탕발림 인사관리
③ 분업의 원리 ④ 메이요

05 종업원이 특정 직급 또는 직무에서 경력개발이 멈추어 있는 상태를 의미하는 용어는?
① 인사적체 ② 경력정체
③ 직무불만족 ④ 교정적 전환 배치

06 피훈련자가 교육훈련을 통해 획득한 지식, 기술, 능력을 자신의 업무에 효과적이고 지속적으로 적용하는 것을 말하는 것은?
① 학습능력 ② 학습 모티베이션
③ 학습의 전이 ④ 학습설계

07 연공급의 특성에 대한 설명으로 옳은 것은?
① 개인의 성과를 중심으로 임금 수준을 결정하는 방식이다.
② 오늘날 그 효용성이 더욱 부각되고 있는 임금 결정 방식이다.
③ 소극적 근무태도를 야기할 수 있다.
④ 동일노동 동일임금을 실현할 수 있다.

08 다음 중 학습효과의 극대화를 위해 도입하는 온오프라인 연계교육은?
① e – learning　　② 모델링
③ SD　　　　　　④ blended learning

09 위험성평가에서 Machine(기계적) 요소에 해당하지 않는 것은?
① 기계·설비 설계상 결함
② 방호장치 불량
③ 작업자의 부적절한 작업자세
④ 유틸리티(전기, 압축공기, 물) 결함

10 다음 중 사용자 측의 쟁의행위에 해당하는 것은?
① 파업　　② 태업
③ 피케팅　④ 직장폐쇄

11 고성과 조직이 성공적으로 활용되기 위한 조건이 아닌 것은?
① 기업 재무 성과와 보상의 연계
② 전문가의 조언을 얻은 경영자의 판단에 의한 인재 선발
③ 윤리적 행동의 권장
④ 장비와 작업과정의 구조화

12 다음 글에서 설명하는 용어는?

> 개인이 조직에서 경험하는 직무들이 수평적일 뿐 아니라 수직적으로도 배열되어 있어 해당 직급 내에 여러 직무를 수행한 후 상위 직무로 이동하는 경력경로를 말한다.

① 전통적 경력경로　② 혼합형 경력경로
③ 네트워크 경력경로　④ 이중 경력경로

13 인사고과 기법 중 절대적 고과 기법에 해당하는 것은?
① 평정척도법　② 강제할당법
③ 쌍대비교법　④ 서열법

14 동일하거나 유사한 역할 또는 능력을 가진 직무집단을 구성하는 것은?
① 직무분석　　② 직무분류
③ 직무기술서　④ 직무명세서

15 작업일지나 작업자의 메모 등을 이용하여 직무정보를 수집하는 방법은?
① 중요사건기록법　② 관찰법
③ 작업기록법　　　④ 혼합법

16 직무기술서 작성 시의 유의점이 아닌 것은?
① 표현을 단순 명료하게 한다.
② 감독책임을 나타내어야 한다.
③ 일의 종류와 요구되는 기능은 구체적으로 표현되어야 한다.
④ 일의 범위는 유연하게 표현되어야 한다.

17 다음 중 정당한 쟁의행위로 볼 수 있는 것은?
① 정치파업　② 동정파업
③ 피케팅　　④ 생산관리

18 수평적 고과를 실시할 때 고과자가 되는 사람은?
① 하급자　② 고객
③ 본인　　④ 동료

19 다음 중 의사결정 능력을 높이기 위한 훈련과 가장 거리가 먼 것은?
① 인바스켓 훈련　② 비즈니스 게임
③ 사례 연구　　　④ 역할연기법

20 인적자원관리의 시스템적 접근법을 주장한 학자는?
① 피고스　② 플리포
③ 맥그리거　④ 호손

21 집단성과급의 장점으로 볼 수 있는 것은?

① 표준작업량과 표준작업시간 설정 시 노사갈등이 줄어든다.
② 기업의 감독비용을 줄일 수 있다.
③ 집단의 응집성이 강할 때 이를 완화할 수 있다.
④ 개인별 성과 측정이 용이하다.

22 다음이 설명하는 임금 체계는?

- 필요에 따른 회사 내의 직무순환이 쉽다.
- 수직적 문화나 폐쇄적 노동시장이 있는 곳에 적합하다.
- 근로자의 생계보장에 충실하다.
- 사람 기준의 임금 체계이다.

① 직무급　　　　② 직능급
③ 직책급　　　　④ 연공급

23 인간의 욕구를 위생요인과 동기요인으로 구분하여 설명한 학자는?

① 맥클레랜드　　② 허츠버그
③ 플리포　　　　④ 메이요

24 동일노동, 동일임금의 원칙에 가장 가까운 임금 체계는?

① 직무급　　　　② 직능급
③ 성과급　　　　④ 연공급

25 다음 중 빈칸에 들어갈 용어로 가장 적절한 것은?

인사고과에서 나타날 수 있는 관대화 또는 가혹화 오류를 방지하기 위해 (　　　)을 활용할 수 있다.

① 다면 평가법　　② 고과자 교육
③ 강제 할당법　　④ 자기 고과법

26 경영자가 기업 내외부를 돌며, 종업원이나 기타 조직 관련자들과의 의사소통을 통해 경영에 필요한 정보를 취득하고 의견을 수렴하는 것을 의미하는 용어는?

① MBO　　　　② MBWA
③ CDP　　　　④ SD

27 테일러리즘과 포디즘에서 강조한 것은?
① 자율성 ② 인간성
③ 생산성 ④ 경영혁신

28 교육훈련의 네 가지 요소에 속하지 <u>않는</u> 것은?
① 교과 내용 ② 교육 장소
③ 참가자 ④ 실시자

29 납세 후의 총이익을 기준으로 하는 집단성과급 제도는?
① 순이익 기준 성과 배분
② 배분 가능 이익 기준 성과 배분
③ 부가가치 기준 수익 배분
④ 물적 생산성 기준 업적 배분

30 우리나라에서 노동쟁의에 대한 공적 조정을 담당하는 기구는?
① 노사협의회 ② 노사정위원회
③ 노동위원회 ④ 법원

31 인적자원 회계시스템을 제안한 연구자는?
① 메이요 ② 포드
③ 리커트 ④ 플리포

32 인적자원의 확보에 대한 설명으로 적절하지 <u>않은</u> 것은?
① 조직 목표 달성에 필요한 인력의 질적과 양적 측면 모두 고려한다.
② 인적자원 확보의 주요 과제는 모집, 선발, 배치 관리이다.
③ 인사관리 활동 중 가장 먼저 수행된다.
④ 인적자원 확보에 따라 인사계획이 시작된다.

33 다음 글에서 설명하는 인사관리환경은?

> 헌법과 노동관계법에서 보장한 노동 3권을 행사하여 기업의 의사결정에 영향을 주며 특히 임금 및 복리후생 등 근로조건에 큰 영향을 미친다.

① 노사협의회 ② 정부
③ 노동조합 ④ 사용자단체

34 다음 빈칸에 들어갈 알맞은 용어는?

> 고학력자의 취업난으로 인해 대졸자가 충분히 할 수 있는 일을 대학원 졸업자가 맡아서 하게 되는 것을 (　　　)(이)라 한다.

① 자격 과잉　　② 직무충실
③ 인턴십　　　 ④ 직무고도화

35 연속공정산업에서 장비나 기계설비의 활용도를 최대화하기 위한 근로시간제는?

① 파트타임제　　② 고정 근로시간제
③ 교대근무제　　④ 집중 근로시간제

36 다음 중 집단을 대상으로 하는 수평적 직무 확대화로 가장 적절한 것은?

① 직무순환　　② 준자율적 작업집단
③ 직무충실　　④ 직무교차

37 인사관리의 전개과정 중 생산성 강조시대와 관련이 있는 것은?

① 과학적 관리론　　② 인간관계론
③ 민주적 인사관리　④ 공동결정제도

38 독립된 목적으로 수행되는 하나의 명확한 작업활동은?

① 직군　　② 직무
③ 직위　　④ 과업

39 직무분석 결과를 인적요건 중심으로 서술한 것은?

① 직무기술서　　② 직무명세서
③ 직무설명서　　④ 직무요구서

40 개인의 단점 파악과 개선에 효과가 있어 관리층 고과에 보충적으로 활용되는 인사고과는?

① 다면평가　　② 자기 고과
③ 하향식 고과　④ 동료에 의한 고과

기출동형모의고사 2회

응시과목	시험시간	점수
인적자원관리	50분	

01 모집을 거쳐 선발된 인력을 각 직무로 배속시키는 것은?
① 모집 ② 배치
③ 전적 ④ 방출

02 다음 빈칸에 들어갈 알맞은 용어는?

> 어떠한 선발도구를 도입하여 활용하는 데 막대한 비용이 든다면 기업은 선발도구의 (　　) 측면을 재검토해 보아야 한다.

① 실용성 ② 타당성
③ 합리성 ④ 수용성

03 맥그리거가 그의 저서 「기업의 인간적 측면」에서 주창한 이론은?
① X, Y이론 ② 성숙 – 미성숙이론
③ 상황이론 ④ 보편이론

04 대용승진에 대한 설명으로 옳지 않은 것은?
① 근로조건은 변경되지 않는다.
② 승진정체 현상을 완화하기 위한 것이다.
③ 대외업무 수행자들에게도 적용할 수 있다.
④ 일반적으로 수당이 추가로 부여된다.

05 조직 전체의 종업원 상황을 고려하여 종업원을 전환 배치한다는 원칙은?
① 인재육성주의 ② 균형주의
③ 적재적소주의 ④ 적시주의

06 숙련공을 기반으로 하는 횡단적 노동조합은?
① 직종별 노조 ② 산업별 노조
③ 기업별 노조 ④ 일반노조

07 지원자 중에서 적격자를 선별하는 단계는?
① 선발 ② 배치
③ 모집 ④ 이동

08 다음 글이 설명하는 용어는?

> 선발과정 실시 이전에 결격 사유가 있는 지원자를 사전에 탈락시키는 것이다.

① 예비 면접 ② 서류 전형
③ 면접 전형 ④ 경력 조회

09 다음 중 우리나라에서 가장 일반적인 숍제도는?
① 클로즈드숍 ② 유니온숍
③ 오픈숍 ④ 에이전시숍

10 다음이 설명하는 용어는?

> 지원자가 이력서 등에 기재한 학력, 직무 경험, 자격증 등이 사실인지를 확인하는 과정으로 특히 경력 사원의 채용에 중요하다.

① 서류 전형 ② 경력 조회
③ 바이오데이터 분석 ④ 신원 조회

11 전통적 경력경로에 대한 설명으로 옳지 않은 것은?
① 전문성을 극대화할 수 있다.
② 타 직무로의 전직이 어렵다.
③ 우리나라 기업에서 주로 도입하고 있다.
④ 경력경로가 명확하다.

12 다음 글에서 설명하는 용어는?

> 지나친 전문화나 분업화에 따른 인간성 상실을 극복하기 위하여 한 사람이 맡아 할 작업의 숫자를 증대시키는 것이다.

① 조직설계 ② 직무확대
③ 조직개발 ④ 직무충실

13 사내공모제도에 대한 설명으로 옳지 않은 것은?
① 내부 노동시장을 활성화시킬 수 있다.
② 자기개발을 촉진시킬 수 있다.
③ 사내공모 시에는 자격 요건을 폭넓게 기술하여야 한다.
④ 조직을 정체시킬 수 있다.

14 노사관계에 대한 설명 중 옳지 않은 것은?
① 노사는 생산이라는 측면에서는 서로 협조적인 관계를 갖는다.
② 집단적 노사관계는 개별적 노사관계를 전제로 한다.
③ 노사 양 당사자들은 경제적 관계와 사회적 관계를 동시에 갖는다.
④ 노사관계는 매사에 대등하다.

15 현대 인적자원관리의 기본 목표는?
① 이윤 추구
② 개인 목표와 조직 목표의 조화
③ 생산성 향상
④ 능률성 향상

16 신입사원의 교육훈련에서 가장 우선적으로 중점을 두어야 할 것은?
① 실무능력 강화   ② 성공적인 조직사회화
③ 의사결정능력 배양   ④ 기능의 다양화

17 인사고과 결과를 직접 적용하기 어려운 분야는?
① 승진   ② 교육
③ 모집   ④ 방출

18 퇴직자에 대한 직업전환 알선프로그램을 일컫는 용어는?
① OPC   ② MBO
③ PMI   ④ BARS

19 사용자가 조합원의 임금에서 조합비를 일괄공제하여 노동조합에 입금하는 것은?
① 조합원 우대제도   ② 조합원 자격유지제도
③ 황견계약   ④ 조합비 일괄공제제도

20 향후 관리자가 될 예정인 종업원들로 모의 이사회를 구성하여 전체 기업 경영에 대한 통찰력을 가질 수 있도록 하는 교육방법은?
① 인바스켓 훈련   ② 주니어보드
③ 비즈니스 게임   ④ 대역법

21 TBM(Tool Box Meeting) 위험예지훈련의 특징으로 옳지 않은 것은?

① 작업 시작 전 현장에서 진행하는 안전점검 활동이다.
② 관리감독자를 중심으로 작업자들이 참여한다.
③ 효과적인 진행을 위해 30분 이상 실시해야 한다.
④ 산업안전보건법상의 안전보건교육 시간으로 인정 가능하다.

22 현대적 인사고과의 특징이 아닌 것은?

① 목적별 평가
② 고객 중시의 원칙
③ 비계량적 평가
④ 수용성의 원칙

23 주어진 특정조건이 변할 때, 그 조건에 따라 임금률도 자동적으로 변동, 조정되도록 하는 제도는?

① 러커 플랜
② 스캔런 플랜
③ 순응임률제
④ 집단자극제

24 목표관리법(MBO)의 특징으로 볼 수 없는 것은?

① 목표달성 기간 설정
② 개인 목표의 구체화를 위한 논의
③ 목표 달성 여부에 피드백 제공
④ 상사에 의한 하향식 목표 설정

25 작업장 내에서 감독자의 지도를 받거나 작업을 직접 수행하면서 필요한 기술과 지식 등을 전수받는 제도를 의미하는 단어는?

① 도제훈련
② Case study
③ 역할연기법
④ AMP

26 단체교섭에 대한 설명으로 옳지 않은 것은?

① 사용자가 처분할 수 있는 것을 대상으로 해야 한다.
② 집단적인 성격을 갖는다.
③ 임금, 복리후생에 대한 사항을 다룰 수 있다.
④ 인사 및 경영 사항에 대해서는 논의할 수 없다.

27 다음 중 포디즘과 테일러리즘에서 강조한 것은?
① 경영혁신 ② 인간성
③ 자율성   ④ 생산성

28 다음이 설명하는 용어는?

> 샤인(Schein)이 경력개발 모델로 제시한 것으로 조직 내의 개인들이 경력을 선택하고 발전시키도록 영향을 주는 욕구나 충동의 조합을 의미한다.

① 경력 단계 모델 ② 경력 성공 순환 모델
③ 경력 닻 모델   ④ 모듈형 카페테리아

29 교육훈련을 통한 행동 수정과 유지에는 그에 따른 보상이 있어야 한다는 것을 의미하는 것은?
① 피드백 ② 강화
③ 인지   ④ 전이

30 인적자원확보 단계 중 가장 나중에 이루어지는 것은?
① 모집 ② 선발
③ 배치 ④ 광고

31 일반적으로 행해지는 관리방식을 네 가지 시스템으로 분류하고, 그 중 관리시스템 4의 이행을 권장한 학자는?
① 아지리스 ② 허츠버그
③ 리커트   ④ 매슬로우

32 다음 글에서 설명하는 것은?

> 기업이 종업원에게 자신의 직무 내용, 담당직무에 있어서 능력 활용 정도, 희망하는 교육, 적성, 취득 자격 등에 대한 내용을 정해진 양식에 기술하여 정기적으로 인적자원관리 부서에 제출하도록 하는 것이다.

① 자기 고과 ② 자기신고
③ 자기 개발 ④ 직무기술

33 다음 중 효과적인 제안제도 운영 방안에 대한 설명으로 옳지 않은 것은?
① 제안함을 여러 곳에 설치하여 접근성을 높인다.
② 제안을 검토하고 심사할 때 근로자를 참여시킨다.
③ 가급적 신속하게 처리하여야 한다.
④ 실명을 기입하여 제안하도록 한다.

34 복리후생에 대한 설명으로 옳지 <u>않은</u> 것은?

① 종업원의 욕구를 반영해 설계해야 한다.
② 가부장적 인사관리의 시대에도 복리후생이 있었다.
③ 복리후생의 가치는 객관적이며, 측정이 용이하다.
④ 4대 보험은 법정 복리후생에 속한다.

35 기업의 비핵심 업무를 외부 기업이나 개인에게 맡기는 기법은?

① 워크셰어링　　② 명예퇴직
③ 다운사이징　　④ 아웃소싱

36 다음 중에서 직업생활의 질을 높이는 방안으로 적절하지 <u>않은</u> 것은?

① 규범과 제도에 의한 공정한 대우
② 근무시간의 유연한 운영
③ 관료제적 조직구조 설계
④ 직장생활과 사생활의 조화 유도

37 연령에 따라 변화하는 생활패턴과 가치관 변화를 고려해 복리후생을 달리 제공하는 것을 일컫는 용어는?

① 라이프사이클 복리후생
② 홀리스틱 복리후생
③ 카페테리아 복리후생
④ 비경제적 복리후생

38 인적자원의 특성이 <u>아닌</u> 것은?

① 학습을 통해 모방할 수 있다.
② 대체재가 존재하지 않는다.
③ 높은 수준과 지식을 가진 인적자원은 쉽게 구하기 어렵다.
④ 조직 경쟁력의 원천이 된다.

39 하나의 분야에서 평생동안 한 직업에 전념하는 것보다는 여러 직업을 경험해 보려는 경향을 말하는 용어는?

① 경력 감사　　② 경력 사다리
③ 경력 유동성　　④ 경력 계획

40 제조원가를 줄였을 때, 이를 성과급에 반영하는 제도는?

① 스캔런 플랜　　② 러커 플랜
③ 임금피크제　　④ 프렌치시스템

기출동형모의고사 3회

독학학위제
전공기초과정 **경영학과**

응시과목	시험시간	점수
인적자원관리	50분	

01 선택적 근로시간제에 대한 설명으로 옳지 않은 것은?
① 종업원의 관리감독 측면에서 어려움이 따른다.
② 종업원의 사기, 직무만족, 책임감이 증대된다.
③ 상호의존성이 높은 업무에 적합하다.
④ 출퇴근의 어려움이 감소될 수 있다.

02 구조조정으로 퇴직하는 근로자가 신속하게 재취업을 할 수 있도록 서비스를 제공하는 것은?
① 정리해고
② 인사상담
③ 아웃플레이스먼트
④ 퇴직자 재고용

03 인적자원감사 시 가장 먼저 실시하는 것은?
① 전반적 기록조사
② 실시자료 분석
③ 실시자료 수집
④ 세부 인적자원 프로그램 분석

04 5S 활동의 구성요소를 순서대로 나열한 것은?
① 정리 → 정돈 → 청소 → 청결 → 습관화
② 정리 → 청소 → 정돈 → 습관화 → 청결
③ 정돈 → 정리 → 청소 → 습관화 → 청결
④ 청소 → 정리 → 정돈 → 청결 → 습관화

05 다음 글에서 설명하는 용어는?

> 노동의 주체인 인간에 초점을 두어 인간의 동기부여와 만족의 제고, 성장 발전 및 자아실현에 기여할 수 있도록 노동을 재설계하는 것이다.

① 노동의 인간화
② 비즈니스 리엔지니어링
③ 직무교차
④ 직무과정설계

06 직무에 대한 현실적인 정보를 제공하는 것을 의미하는 용어는?
① RJP
② MBO
③ ROI
④ OJT

07 다음 글에서 설명하는 용어는?

> 종업원이 자신이 일과 삶의 균형을 추구할 수 있도록 시간적인 배려와 물질적·정서적인 배려를 해 주는 것을 말한다.

① WLB ② CDP
③ EAP ④ CSR

08 인적자원관리의 특성이 아닌 것은?

① 사람을 관리하는 것이다.
② 사람이 관리하는 것이다.
③ 현재 상태를 안정적으로 유지하는 것이 중요하다.
④ 사람과 사람의 상호 작용이다.

09 일반적으로 인정되는 직무평가의 4대 요소가 아닌 것은?

① 숙련 ② 근속
③ 작업조건 ④ 책임

10 다음 글에서 설명하는 인사고과상의 오류는?

> 고과자와 피고과자 간의 가치관, 행동, 태도 면에서 유사한 정도에 따라 고과 결과가 영향을 받는 경우에 나타나는 오류 유형이다.

① 유사성 오류 ② 후광 효과
③ 상관편견 ④ 대비 오류

11 경영참가제도의 목적이라 보기 어려운 것은?

① 노동 소외현상 완화
② 생산성 향상
③ 산업민주주의 실현
④ 노동조합의 영향력 완화

12 직무급에 대한 설명으로 옳지 않은 것은?

① 이직률이 높아질 수 있다.
② 동일노동, 동일임금을 실현할 수 있다.
③ 전문성 있는 인재의 확보가 용이하다.
④ 우리나라 노동시장의 특성에 적합하다.

13 다음 중 인적자원관리의 연구접근법에 있어서 시스템 접근법과 기능적 접근법을 통합하여 과정 – 시스템 접근법을 주장한 학자는?

① 플리포(Flippo) ② 피고스(Pigors)
③ 마이어스(Myers) ④ 프렌치(French)

14 노동조합이 사용자에 대해 직접적으로 발휘하는 노동력의 판매자로서의 교섭 기능은?

① 경제적 기능   ② 공제적 기능
③ 정치적 기능   ④ 조직적 기능

15 다음 중 빈칸에 들어갈 학자로 알맞은 것은?

> (　　)의 효과 법칙은 만족스러운 결과가 뒤따르는 행동은 반복되고, 바람직하지 못한 결과를 가져오는 행동은 되풀이되지 않으며, 이를 통해 인간의 행동이 수정될 수 있다는 것이다.

① 뢰슬리스버거   ② 손다이크
③ 플리포   ④ 아지리스

16 선발에 사용되는 추천서에 대한 설명으로 옳지 않은 것은?

① 선입관이 개입된 정보이다.
② 객관적 사실 검증에 한정하는 경우도 있다.
③ 명예훼손의 문제가 뒤따를 수 있다.
④ 추천서에 기재된 내용은 모두 평가되어야 한다.

17 신체적, 정신적, 심리적으로 업무상황을 회피하려는 일련의 행동을 의미하는 용어는?

① 직무철회   ② 직무불만족
③ 이직   ④ 직무분석

18 다음 글에서 설명하는 용어는?

> 무엇을 해야 하는지 혹은 어떻게 해야 하는지를 명확하게 알지 못하는 종업원에게 발생하는 역할상 불확실한 상태이다.

① 역할 모호성   ② 역할 갈등
③ 역할 과다   ④ 역할 과소

19 면접에 대한 설명으로 옳지 않은 것은?

① 지원자는 면접에 응하는 동안 기업에 대한 정보를 얻게 된다.
② 여러 명의 면접자가 한 사람의 지원자를 면접하는 것을 패널 면접이라 한다.
③ 중간관리자는 오랜 경험으로 면접을 시행하므로 별도의 교육은 필요하지 않다.
④ 비지시적 면접의 오류를 줄이기 위해 구조적 면접을 실시할 수 있다.

20 다음 글에서 설명하는 경력경로는?

> 개인이 조직에서 경험하는 직무들이 수평적이고, 수직적으로도 배열되어 있는 경우에 보이는 경력경로로, 직무 전문성 확보에 취약하다는 단점이 있다.

① 전통적 경력경로   ② 네트워크 경력경로
③ 혼합형 경력경로   ④ 이중 경력경로

21 미국 노사관계에 있어서 노동조합의 부당노동행위 조항을 새로이 신설한 법률은?
① 노리스 – 라가디아법 ② 와그너법
③ 장애인 차별금지법 ④ 태프트 – 하틀리법

22 다음 설명과 가장 관계있는 인적자원관리자의 역할은?

> 인적자원관리 업무를 하지 않는 대부분의 종업원들은 자신이 준수하여야 하는 규정이나 누릴 수 있는 권리에 대해 밝지 못하여 예상치 못한 불이익을 받을 수 있다. 인적자원관리자는 내부 종업원들에게 인적자원관리에 대한 일련의 정보를 적시에 정확하게 제공하여 종업원의 권익을 보호하고 직장 질서를 확립하여야 한다.

① 부문 및 계층 간 중개자
② 인적자원서비스 제공자
③ 인사행정업무의 수행자
④ 갈등의 조정자

23 사내 교육훈련과 사외 교육훈련을 유기적으로 결합시킨 훈련방법은?
① 샌드위치식 시스템 ② 멘토링
③ 도제식 훈련 ④ 실습장 훈련

24 JIT가 교육 대상으로 하는 사람은?
① 사무직 감독자 ② 생산직 감독자
③ 실무 종업원 ④ 고위 임원

25 다른 사람의 아이디어를 빌려오거나, 성공한 조직을 모방하는 방식의 학습은?
① 벤치마킹 ② 파괴학습
③ 도제훈련 ④ AMP

26 채용 전략에 대한 설명으로 옳지 <u>않은</u> 것은?
① 회사 중심의 채용은 인성과 총체적 능력을 중시한다.
② 회사 중심의 채용은 직무 중심의 채용보다 장기간의 고용을 전제로 한다.
③ 직무 중심의 채용은 부서 이동 기회가 상대적으로 적다.
④ 회사 중심의 채용은 직무 중심의 채용보다 승진의 기회가 적다.

27 인력 수요 예측 기법 중 기업의 지불 능력을 중시하는 방식은?

① 화폐적 기법 ② 노동과학적 기법
③ 델파이 기법 ④ 정성적 기법

28 개인 역량의 특성으로 옳지 않은 것은?

① 행동성 ② 측정가능성
③ 개발가능성 ④ 예측가능성

29 성과주의 인적자원관리에 대한 설명으로 옳지 않은 것은?

① 종업원의 시장가치에 따른 임금 지급
② 다양한 인재의 확보 및 육성
③ 조직 전체에 기초를 둔 경영
④ 개인의 개성과 고용가능성 고려

30 인사상담제도의 운영에 대한 설명 중 옳지 않은 것은?

① 종업원이 언급을 꺼리는 내용에 대해서는 묻지 않는다.
② 비밀은 엄수되어야 한다.
③ 인사상담자는 상담 내용에 대한 최종적인 해결방안을 제시한다.
④ 인사상담의 실시장소는 직장 내외부를 막론한다.

31 산업재해의 원인 중 불안전한 행동(인적원인)에 해당하는 것은?

① 방호장치의 불량
② 기계·설비 설계상 결함
③ 작업자세 및 작업방법의 부적절
④ 작업공간의 구조적 불량

32 종업원이 언제, 어디서, 어떻게 일을 할 것인가를 결정할 수 있도록 하는 근무환경과 가장 밀접한 관련이 있는 것은?

① HRIS ② ROWE
③ NLRB ④ WLB

33 제안제도를 효과적으로 운영하기 위한 방안에 해당하지 않는 것은?

① 제안의 심사는 공정하고 신속하게 한다.
② 채택된 제안을 실행하는 사람에게도 보상 방안을 마련할 필요가 있다.
③ 채택되지 못한 제안에 대해서도 보상을 할 수 있는 방안을 마련할 필요가 있다.
④ 현실성이 부족하거나 논리성이 부족한 경우 제안에서 제외한다.

34 고과자가 갖추어야 하는 태도로 옳지 않은 것은?

① 필요에 따라 평가기간을 소급하거나 연장하여야 한다.
② 고과자 자신의 독자적인 판단에 의한 고과를 하여야 한다.
③ 직무의 수행상 난이도를 고려해야 한다.
④ 고과요소에 대한 개념을 숙지하여야 한다.

35 다음 글에서 설명하는 용어는?

> 조직의 경쟁력을 강화시킬 목적으로 대규모의 인적자원을 계획적으로 감축하는 것이다.

① 아웃소싱   ② 명예퇴직
③ 다운사이징   ④ 워크셰어링

36 직무에서 발생할 수 있는 상황에 대해 면접자가 설명하고 지원자가 이 상황에서 어떻게 행동할 것인지를 대답하는 유형의 면접법은?

① 구조적 면접   ② 상황 면접
③ 비지시적 면접   ④ 패널 면접

37 조직에서 업적을 실현하는 사람이 지속적으로 소지하고 있는 내적인 특성을 의미하는 용어는?

① 능력   ② 자격요건
③ 역량   ④ 비교우위

38 다음 중 선발도구로써의 이력서의 특성에 대한 설명으로 옳지 않은 것은?

① 이력 사항이 지원자에게 유리하게 작성되어 있을 수 있다.
② 비용이 많이 드는 방법이다.
③ 기업이 요구하는 최소한의 요건을 갖춘 사람을 선별하는 데 사용한다.
④ 응시자의 의사소통방식을 파악할 수 있다.

39 학습조직의 특성이 아닌 것은?

① 지식이 공유된다.
② 지속적인 학습을 실시한다.
③ 학습 문화를 가지고 있다.
④ 구성원들은 비판적인 사고를 지양한다.

40 인력 수요 예측 기법 중 델파이 기법에 대한 설명으로 옳지 않은 것은?

① 다수 전문가를 활용한 인력 수요 예측 기법이다.
② 기업의 미래환경이 복잡한 경우 유용하다.
③ 특정인의 의견이 과다 반영되는 것을 막기 위하여 대면 접촉을 하지 않는다.
④ 신속한 결과 도출이 가능하다.

기출동형모의고사 정답·해설

독학학위제
전공기초과정 **경영학과**

1회
p.218

01	02	03	04	05	06	07	08	09	10
③	④	①	③	②	③	③	④	③	④
11	12	13	14	15	16	17	18	19	20
②	③	①	②	③	④	③	④	④	①
21	22	23	24	25	26	27	28	29	30
②	④	②	①	③	②	③	②	①	③
31	32	33	34	35	36	37	38	39	40
③	④	③	①	③	④	①	④	②	②

01 ③

직속상사나 동료가 교육자가 되어 업무와 병행하여 실시되는 비체계적 교육을 OJT(직장 내 교육)라고 한다.

오답분석
① SD(Self Development)는 본인의 책임하에 라인과 스태프의 지원을 받아서 이뤄지는 자기개발을 의미한다.
② Off-JT는 직장과 분리되어 체계적으로 교육에 전념하는 방식의 교육훈련을 의미한다.
④ CP(Career Path)는 경력경로를 의미한다.

02 ④

인사고과의 신뢰성은 측정하고자 하는 내용의 정확성 및 일관성을 의미한다.

오답분석
① 인사고과의 수용성을 높이기 위하여 인사고과제도 설계 시 종업원 참여를 유도해야 한다.
② 부하와 상사 간 갈등이 있는 경우 가혹화 경향이 나타난다.
③ 후광 효과, 시간적 오류, 대비 오류, 유사성의 오류 등은 고과자가 인지하지 못하는 오류 유형이다.

03 ①

개인 차원의 수평적 직무 확대화인 직무확대를 설명한 것이다.

오답분석
② 직무충실은 권한과 책임의 증가와 과업의 수의 증가가 함께 이루어지는 직무설계방법이다.
③ 직무순환은 사전계획에 따라서 여러 직무를 여러 작업자가 순환하며 수행하는 수평적, 수직적 직무 확대화를 의미한다.
④ 직무 전문화는 한 작업자가 하는 여러 종류의 과업을 그 숫자 면에서 줄이는 것을 의미한다.

04 ③

분업의 원리는 인간관계적 접근 이전의 과학적 관리법에서 강조하는 것이다.

05 ②

조직이 정체기에 들어서거나 불경기에는 경력개발이 멈추어 경력정체 현상이 나타난다.

06 ③

교육훈련의 현장 적용을 의미하는 학습전이에 관한 설명이다.

> 오답분석

① 학습능력은 피훈련자가 교육을 충분히 소화해 낼 수 있는 능력을 말한다.
② 학습 모티베이션은 피훈련자가 교육을 받고자 하는 의욕이다.

07 ③

연공급은 개인의 연공서열에 따라 임금을 결정하는 방식으로 경쟁이 치열해진 오늘날 능력주의 임금 체계로의 전환이 요구되고 있다. 직무나 능력은 고려되지 않으므로 같은 일을 하더라도 개인의 근속연수를 기준으로 임금이 결정되어 근속연수에 따라 임금수준이 다르다.

08 ④

blended learning에 대한 설명으로 혼합형 학습이라고도 한다.

> 오답분석

① e-learning은 온라인 교육을 의미한다.
② 모델링은 표준이 되는 행동을 제시하고 이를 모방하게 하는 교육훈련방법을 의미한다.
③ SD는 자기주도학습으로 자기개발을 의미한다.

09 ③

작업자의 부적절한 작업자세는 Man(인적) 요소에 해당하며, Machine(기계적) 요소는 기계·설비와 관련된 물리적 조건들을 의미한다.

10 ④

직장폐쇄는 사실상 유일한 사용자 측의 쟁의행위이며, 우리나라에서는 방어적 직장폐쇄만 허용된다.

11 ②

고성과 조직의 활용을 위해서는 인재의 선발에 종업원이 참여하여야 한다.

12 ③

네트워크 경력경로에 대한 설명이다.

> 오답분석

① 전통적 경력경로는 수직적으로만 배열되어 있는 경우로 주로 서양에서 찾아볼 수 있다.
②, ④ 혼합형 경력경로 혹은 이중 경력경로는 기술직종 종사자들을 대상으로 개발된 것으로 직무경험을 쌓은 후에도 관리직으로 보내지 않고 기술 분야의 전문성을 쌓을 수 있도록 하는 것이다.

13 ①

인사고과 기법은 개인들 간의 상대적 비교를 중심으로 하는 상대적 고과 기법과 개인별 절대적 수준을 판단하는 절대적 고과 기법으로 구분할 수 있다.

14 ②

동일하거나 유사한 역할 또는 능력을 가진 직무집단을 구성하는 작업을 직무분류라고 한다.

> 오답분석

③, ④ 직무기술서나 직무명세서는 직무분석의 결과를 직무와 인적요건을 기준으로 정리한 문서이다.

15 ③

작업기록법에 대한 설명이다.

> 오답분석

① 중요사건기록법은 직무수행자의 행동들 가운데 성과에 도달하는 데 효과적이거나 비효과적인 행동을 구분하여 그 사례를 수집하는 방법이다.
② 관찰법은 특정 직무가 수행되고 있는 상황을 직접 관찰하는 방법이다.
④ 혼합법은 여러 직무정보를 수집할 때 사용하는 수집방법 중에서 두 가지 이상을 활용하는 것이다.

16 ④

직무기술서 작성 시 일의 범위 및 성격은 확실하게 지시되고 표현돼야 한다.

17 ③

피케팅은 부수적인 쟁의행위로 주된 쟁의행위가 정당하면 함께 정당성이 인정된다.

> 오답분석

① 정치파업은 정부나 국회를 상대로 한 파업이다.
② 동정파업은 다른 노동조합의 파업을 지원하기 위한 파업이다.
④ 생산관리는 근로자들이 사업장을 점거하여 조합 간부의 지휘 아래 노무를 제공하는 것이다.

18 ④

수평적 고과에서는 동료가 고과자가 된다.

> 오답분석

① 하급자가 고과자가 되는 것은 상향식 고과이며, 상급자가 고과자가 되는 것을 하향식 고과라고 한다.
② 다면 평가에서는 제한적으로 고객이 고과를 실시할 수 있다.
③ 자기 스스로가 고과를 행하는 것은 자기 고과이다.

19 ④

역할연기법은 인간관계 기술을 높이고자 하는 목적으로 실시되는 훈련으로 기대되는 행동 패턴을 습득하기 위한 것이다.

20 ①

시스템적 접근법은 인적자원관리를 한 가지 시스템의 관점에서 모아 하나의 모형으로 시스템을 설계하려는 것으로 피고스, 마이어스, 데슬러 등의 학자가 주장하였다.

> 오답분석

② 플리포는 과정접근법을 주장한 학자이다.

21 ②

집단성과급제에서는 기업의 감독비용이 줄어든다.

> 오답분석

① 표준작업량과 표준작업시간 결정은 노사 간 갈등요인이 된다.
④ 집단성과급제하에서는 개인별 성과 측정이 곤란하다.

22 ④

연공급의 특성을 설명한 것이다. 그밖에도 연공급은 임금 계산이 객관적이고 용이하며, 장기근속을 유도할 수 있다. 그러나 무사안일한 직장 분위기를 초래할 수 있으며, 고급인력의 확보가 어렵다는 것이 특징이다.

23 ②

허츠버그는 인간의 욕구를 위생요인과 동기요인으로 구분하였으며, 종업원의 사기 향상을 위해서는 위생요인보다는 동기요인을 충족시켜야 한다고 강조하였다.

> 참고 허츠버그의 2요인 이론

- 동기요인: 도전감, 성취감, 인정감, 성장가능성, 책임감, 승진기대
- 위생요인: 임금, 작업환경, 회사의 제도, 고용안정, 작업감독, 상사의 인격

24 ①

동일한 종류의 직무를 수행하는 종업원에게 동일한 임금을 지급하는 직무급이 동일노동, 동일임금의 원칙에 가장 가깝다.

25 ③

관대화, 중심화, 가혹화 등 분포상의 오류를 피하기 위해서 정규분포를 기준으로 하여 피고과자의 평가등급이나 점수를 강제로 할당하는 방법을 사용할 수 있다.

26 ②

MBWA(Management By Working Around)에 대한 설명으로, 현장중시 경영이라고 표현하기도 한다.

27 ③

테일러는 차별적 성과급제, 포드는 컨베이어 벨트 시스템을 이용하여 생산성을 높이려고 하였다.

28 ②

일반적으로 교육훈련의 네 가지 구성 요소는 내용(교과 내용), 참가자, 실시자, 교육훈련 기법이다.

29 ①

순이익 기준 성과 배분 방식에 대한 설명이다.

오답분석
② 배분 가능 이익 기준 성과 배분은 순이익에서 일정 금액을 주주에게 배당한 후 남은 이익을 성과 배분하는 것을 말한다.

참고 **성과 배분의 유형**
성과 배분의 유형은 크게 업적 배분, 수익 배분, 이익 배분으로 나눌 수 있으며, 업적 배분은 물적 생산성 기준과 원가절감 기준, 수익 배분은 매출액 기준과 부가가치 기준, 이익 배분은 순이익 기준과 배분 가능 이익 기준으로 나눌 수 있다.

30 ③

우리나라는 지방노동위원회와 중앙노동위원회에서 노동쟁의 공적 조정을 담당하며, 조정기간에는 쟁의행위가 금지된다.

31 ③

리커트는 인적자원 회계시스템을 제안했으며, 종업원을 기업의 자산으로 간주하고 기업의 재무제표에 표기하여 기업가치를 재평가해야 한다고 주장했다.

오답분석
④ 플리포는 기능적 접근법을 주장한 연구자이다.

32 ④

기업은 인사계획에 따라 인적자원 확보 활동을 하므로 인적자원 확보에 따라 인사계획이 시작된다는 것은 가장 적절하지 않은 설명이다.

33 ③

노동조합은 종업원의 이익을 대표하는 단체로 단결권, 단체교섭권, 단체행동권을 행사하여 기업 경영에 영향을 미친다.

34 ①

자격 과잉 현상에 대한 설명으로, 자격 과잉 상태의 종업원이 많은 조직에서는 그들에게 적절한 직무를 부여하는 데 어려움을 겪게 되고, 학력 수준에 걸맞지 않은 직무를 부여받은 종업원들은 업무에 만족을 느끼며 장기 근속하기도 어렵다.

35 ③

철강, 화학산업 등 연속공정산업에서는 교대근무제를 활용하여 장비나 기계설비의 활용 효율을 높인다.

오답분석
④ 집중 근로시간제는 하루의 근무시간을 8시간 이상으로 하는 대신에 출근일수를 줄이는 방식의 근로시간제이다.

36 ④

집단을 대상으로 하는 수평적 직무 확대화에 해당하는 것은 직무교차다.

오답분석
① 직무순환은 실행방법에 따라 수평적 직무 확대화와 수직적 직무 확대화에 모두 해당될 수 있다.

37 ①

생산성 강조시대를 대표하는 사람은 테일러와 포드다. 테일러는 당시 과학적으로 관리하는 새로운 관리방법을 제시하였는데 이것이 과학적 관리론이다.

38 ④

과업은 독립된 목적으로 수행되는 명확한 개별 작업활동을 말한다.

오답분석
① 직군은 유사한 종업원의 특성을 필요로 하거나 유사한 과업을 포함하고 있는 직무의 집합이다.
② 직무는 과업의 종류와 수준이 유사한 업무들의 집합이다.
③ 직위는 특정 개인에게 부여된 직무와 책임의 단위이다.

39 ②

직무명세서에 대한 설명으로, 직무분석의 결과는 직무요건에 중심을 둔 직무기술서와 인적요소(지식, 기술, 능력 등)에 중점을 둔 직무명세서로 구분하여 정리된다.

40 ②

개인의 단점 파악과 개선, 자기 개발의 효과가 있는 인사고과방법은 자기 고과이다.

> 오답분석

③ 하향식 고과는 상사가 하급자를 평가하는 가장 일반적인 고과방법이다.

2회

01	02	03	04	05	06	07	08	09	10
②	①	①	④	②	①	①	①	③	②
11	12	13	14	15	16	17	18	19	20
③	②	③	④	②	②	③	①	④	②
21	22	23	24	25	26	27	28	29	30
③	③	③	④	①	④	④	③	②	③
31	32	33	34	35	36	37	38	39	40
③	②	④	③	④	③	①	①	③	④

01 ②

선발된 인력을 적재적소적시 원칙에 따라 직무를 배정하는 것을 배치라고 한다.

02 ①

기업에서는 선발도구의 실용성을 검토함으로써 선발도구의 비용 측면을 살필 수 있다.

03 ①

맥그리거의 X이론, Y이론이 전개된 저서명을 제시한 것이다.

오답분석
② 성숙 – 미성숙이론은 아지리스의 이론이다.

04 ④

대용승진은 직급 명칭만 부여될 뿐 권한, 책임, 임금, 수당 등의 변화가 없다.

05 ②

조직 전체의 종업원 상황을 고려하여 균형 있는 배치전환을 해야 한다는 것을 균형주의라 한다.

06 ①

직종별 노조는 숙련공을 기반으로 조직된다.

오답분석
② 산업별 노조는 반숙련공 및 미숙련공을 기반으로 조직된다.
③ 기업별 노조는 기업의 종업원을 기반으로 조직된다.
④ 일반노조는 미숙련공 및 단순 노동자를 기반으로 조직된다.

07 ①

모집에 응한 지원자 중에서 조직에서 필요로 하는 자질과 역량을 가진 사람을 선별하는 과정을 선발이라 한다.

08 ①

예비 면접에 관한 설명이며, 서류 전형은 이미 선발과정이 개시되었음을 의미한다는 점에 유의하여야 한다.

09 ③

우리나라에서 가장 일반적인 숍제도는 조합 가입과 채용을 연계하지 않는 오픈숍이다.

10 ②

지원자가 기재하거나 언급한 내용에 대한 사실 확인 절차를 경력 조회라고 한다.

오답분석

④ 신원 조회는 공무원 등의 임용 시 수형사실 등을 확인하는 절차이다.

11 ③

전통적 경력경로는 개인이 경험할 조직 내 직무가 수직 배열되어 있어서 경력경로가 명확하고 종업원의 전문성을 극대화할 수 있지만, 타 직무로의 전직이 어렵다는 단점이 있다. 서양 기업에서 주로 도입하고 있다.

12 ②

전문화, 분업화의 단점인 인간소외 현상을 완화하기 위한 직무확대에 대한 설명이다.

오답분석

① 조직설계는 조직의 목표를 달성하기 위해서 조직의 구조를 재구성하거나 변경하는 것이다.
③ 조직개발은 조직의 목적과 개인의 성장욕구를 결합시켜 조직 전체의 변화와 발전을 도모하려는 일련의 과정이다.
④ 직무충실은 작업자에게 더 높은 수준의 기술과 책임이 부여되는 업무를 추가로 할당하는 직무설계방법이다.

13 ③

사내공모제도는 조직 내 공석이 된 직무를 맡을 적임자를 조직 내부에서 공개적으로 모집하는 인력 충원 방법이며, 사내공모 시에는 자격 요건을 구체적이고 명확하게 기술하여 종업원들에게 혼선이 없도록 해야 한다.

14 ④

노사관계는 개별적으로는 종속적이고, 집단적으로는 대등하다는 점에서 착안한 것이다.

참고 노사관계의 이중적 성격

- 노사는 생산에서는 서로 협조적인 관계를 가지고 있으나, 배분에는 상호대립적인 관계를 갖고 있으며, 집단적 노사관계는 결국 개별적 노사관계를 전제로 하게 된다.
- 노사관계는 노사 양 당사자가 경제적인 목적을 달성하고자 하는 경제적 관계이면서, 동시에 구성원들 간의 인간관계라는 사회적 측면도 있다.
- 개별 종업원은 사용자의 지휘명령에 따라 종속적인 관계에서 근로를 제공하지만, 노동조합은 근로조건의 결정 등에 있어서 사용자와 대등하게 교섭 등을 진행한다.

15 ②

현대 인적자원관리는 조직의 목표뿐 아니라 개인의 목표도 중시하여 양자의 조화를 추구한다.

오답분석

③, ④ 과학적 관리법에서는 생산성과 능률성 향상을 목적으로 하였다.

16 ②

신입사원에게는 조직의 일원으로서 융화할 수 있는 조직사회화 교육이 우선적으로 이루어져야 하며, 그 다음으로 실무능력의 강화가 필요하다.

17 ③

인사고과는 재직자의 인사관리를 위해 활용되며 신입직원의 모집이나 선발에는 활용하기 어렵다.

18 ①

OPC는 Out Placement Consulting의 약자로 직업전환상담을 의미한다.

오답분석

② MBO는 Management By Objective의 약자로, 목표관리법이다.
③ PMI는 Post Merger integration의 약자로, 합병 후 통합을 의미한다.
④ BARS는 Behaviorally Anchored Rating Scales의 약자로, 행위기준고과법을 의미한다.

19 ④

조합비 일괄공제제도는 사용자가 조합비를 일괄공제하여 노동조합 계좌로 입금을 해주는 것으로, 노조회비를 걷는 데 드는 노동조합의 노력을 없애주고 노조의 공식적 지위를 강화한다.

오답분석

① 조합원 우대제도는 채용, 승진, 인사 이동 등에 있어서 조합원을 우대하도록 하는 제도이다.
② 조합원 자격유지제도는 조합원 가입 여부와 관계없이 종업원을 채용할 수 있으나, 단체협약 체결 당시 조합원인 종업원은 고용 계속의 조건으로 단체협약의 유효기간에 조합원의 자격을 유지해야 하는 제도이다.
③ 황견계약(비열계약)은 노동조합에 가입하지 않거나 특정 노동조합에서 탈퇴할 것을 조건으로 하는 근로계약으로 현행법상 불법이다.

20 ②

주니어보드(청년중역회법)에 대한 설명이다.

오답분석
① 인바스켓 훈련은 관리자의 의사결정 능력을 배양하기 위해 개발된 교육 기법으로, 가상의 상황에 대한 정보를 주고 이에 대한 대응 방안을 마련하는 연습을 하도록 하는 것이다.
③ 비즈니스 게임은 기업의 경쟁 상황에서 올바른 의사결정을 할 수 있도록 하기 위해 개발된 기법으로, 교육 참가자들은 각자 다른 기업의 책임자가 되어 주어진 상황에서 의사결정을 하게 된다.
④ 대역법은 승진예정자에게 실시하는 교육으로, 직속상사 밑에서 그 자리에 승진할 예정인 종업원이 함께 일을 하면서 업무에 관한 내용을 교육받는 제도이다.

21 ③

TBM은 10분 내외로 진행하는 것이 가장 효과적이며, 30분 이상의 장시간 진행은 권장되지 않는다.

22 ③

현대적 인사고과는 계량적 평가, 계층별·목적별 평가, 수용성의 확보, 경쟁과 협동의 원칙, 과업 특성 고려의 원칙, 종합 관리의 원칙, 다면평가의 원칙을 특징으로 한다.

23 ③

순응임률제는 생계비 순응임률제, 이익 순응임률제, 판매가격 순응임률제로 구분할 수 있다.

오답분석
① 러커 플랜은 부가가치를 기준으로 한 성과배분제도이다.
② 스캔런 플랜은 판매가치 기준을 기초로 한 성과배분제도이다.
④ 집단자극제는 일정한 근로자집단별로 임금을 산정하여 지급하는 제도이다.

24 ④

목표관리법은 목표를 설정 시 상사-부하 간 논의와 협의를 중시하는 기법이다.

25 ①

직장 내 훈련(OJT)의 일환인 도제훈련(apprentice training)에 대한 설명이다.

26 ④

인사 및 경영 사항은 의무적으로 교섭하여야 하는 사항은 아니지만, 사용자가 임의적으로 교섭 대상으로 할 수 있다.

27 ④

포디즘과 테일러리즘은 생산성 강조시대에 등장하였다.

참고 포드와 테일러
포드와 테일러는 각각 컨베이어 벨트 시스템과 차별적 성과급제를 이용하여 생산성을 높이고자 하였다.

28 ③

경력 닻 모델(career anchor)에 대한 설명이다.

오답분석
① 경력 단계 모델은 예일대학교 심리학 교수 레빈슨의 인생단계이론에 기반을 둔 것으로 사람의 경력은 크게 청년기, 장년전반기, 장년후반기, 노년기의 4단계를 거친다고 보고 있다.
② 경력 성공 순환 모델은 홀과 모건이 제시한 것으로 인간은 자신의 직무로부터 보상과 적극적 강화를 얻으려고 하며 보상을 받은 행위는 반복하고, 자부심을 증가시키는 행위는 증가하고 자부심이 저하되는 것은 회피한다는 이론이다.

29 ②

강화는 교육훈련으로 어떤 행동이 수정되거나 형성되어 유지되기 위해서는 그에 따른 보상이 수반되어야 함을 의미하는 것이다. 결과에 대한 피드백은 강화의 일종이 된다.

오답분석
④ 학습의 전이는 교육훈련을 통해 학습된 내용이 실제 직무에 적용이 될 수 있는가를 의미하는 것이다.

30 ③

인적자원의 확보는 모집, 선발, 배치의 순으로 이루어진다.

오답분석

④ 광고는 모집수단 중 하나이다.

31 ③

리커트의 관리시스템이론은 관리자가 부하를 신뢰하는 정도에 따라 관리시스템을 1에서 4까지로 나누고 있으며, 관리자가 부하를 전면적으로 신뢰하여 의사결정에의 참가와 커뮤니케이션이 폭넓게 이루어지는 시스템 4의 이행을 권장한다.

32 ②

자기신고제도(self-reporting system)에 대한 설명이다.

33 ④

자유롭고 기탄없는 제안 분위기를 조성하기 위해서는 익명 제안도 가능하도록 하여야 한다.

34 ③

현금으로 지불되는 임금과 달리, 복리후생은 수혜자의 주관적인 관점과 욕구에 따라 그 가치가 달라진다는 특성이 있다.

35 ④

아웃소싱에 대한 설명이다.

오답분석

① 워크셰어링은 개개 근로자의 근로시간을 줄여 조직 전체나 사회 전체의 일자리 개수를 늘리는 방법이다.
② 명예퇴직은 회사원이나 공무원을 정년 이전에 퇴직시키는 제도이다.
③ 다운사이징은 조직의 경쟁력을 강화시킬 목적으로 대규모의 인적자원을 계획적으로 감축하는 것이다.

36 ③

직업생활의 질(QWL)을 높이기 위해서는 관료제적 조직구조를 피해야 하며, 유연하고 민주적인 조직인 팀제나 수평조직을 활성화해야 한다.

37 ①

라이프사이클 복리후생에 대한 설명이다.

오답분석

② 홀리스틱 복리후생은 종업원을 전인간적인 측면에서 보고 지원하는 복리후생이다.
③ 카페테리아 복리후생은 종업원이 직접 설계할 수 있도록 마련된 복리후생제도이다.
④ 비경제적 복리후생은 별도의 비용을 들이지 않고 업무의 자율성과 물리적 환경 개선 등을 통해 제공되는 복리후생이다.

38 ①

인적자원은 오랜 역사성을 통해 만들어지는 것이므로 학습을 통해 단기간에 모방될 수 없다.

39 ③

경력 유동성에 대한 설명이다.

오답분석

① 경력 감사는 일정한 기간마다 경력 계획과 그 진전도에 대해 검토하여 보는 것을 의미한다.
② 경력 사다리는 개인이 경력 과정에서 거쳐야 하는 단계 또는 조직체에서 책임의 정도, 보수, 도전성 등의 면에서 볼 때 유용한 직업 분야의 하위직에서 고위직까지 차례로 배열된 일련의 직무를 의미한다.
④ 경력 계획은 개인이 진로 발달 과정에 대한 기초 소양과 지식을 토대로 자신의 진로에 대한 지침을 세우는 것이다.

40 ④

제조원가 절감을 기준으로 한 성과급제도는 프렌치시스템이다.

오답분석

① 스캔런 플랜은 매출액 기준 성과급제도이다.
② 러커 플랜은 부가가치 기준 성과급제도이다.
③ 임금피크제는 일정 연령이 되면 임금을 삭감하는 대신 고용을 보장하거나 연장하여 주는 제도이다.

3회

p.230

01	02	03	04	05	06	07	08	09	10
③	③	①	①	①	①	①	③	②	①
11	12	13	14	15	16	17	18	19	20
④	④	④	①	②	④	①	①	③	②
21	22	23	24	25	26	27	28	29	30
④	②	①	②	①	④	①	④	③	③
31	32	33	34	35	36	37	38	39	40
③	②	④	①	③	②	③	②	④	④

01 ③

선택적 근로시간제를 도입하게 되면, 종업원 간의 근무시간 시차가 발생하게 되므로 상호의존성이 높은 업무에는 적합하지 않다.

02 ③

아웃플레이스먼트(outplacement)는 다른 기업으로의 전직을 지원하는 제도다.

오답분석

④ 퇴직자 재고용은 정년퇴직, 명예퇴직, 정리해고자를 해당 기업에서 다시 채용하는 것을 말한다.

03 ①

인적자원감사는 전반적 기록조사, 세부적 인적자원 프로그램 분석, 실사자료 수집방법 결정, 실사자료의 분석과 평가, 최종적인 권고안의 작성 및 보고의 순으로 실시된다.

04 ①

5S 활동은 정리(Seiri) → 정돈(Seiton) → 청소(Seiso) → 청결(Seiketsu) → 습관화(Shitsuke) 순서로 진행된다.

05 ①

노동소외 현상을 극복하기 위한 노동의 인간화에 대한 설명이다.

오답분석

③ 직무교차는 집단 내 각 작업자의 직무의 일부분을 타 작업자와 중복되게 설계하는 것이다.
④ 직무과정설계는 직무내용과 방법에 초점을 맞추는 기존 직무설계에서 벗어나 직무흐름에 대한 설계를 하는 것이다.

06 ①

현실적 직무 안내(RJP; Realistic Job Preview)는 모집 기간 중 직무에 대한 긍정적인 면만 강조하는 것에서 벗어나 직무에 대한 현실적 정보를 제공하는 것을 말한다.

07 ①

일과 삶의 균형(Work Life Balance)에 대한 설명이다.

오답분석

② CDP는 Career Development Path의 약자로, 경력경로를 의미한다.
③ EAP는 Employee Assistance Program의 약자로, 종업원 지원제도를 의미한다.
④ CSR은 Corporate Social Responsibility의 약자로, 기업의 사회적 책임을 의미한다.

08 ③

인적자원관리는 현재의 상태를 개선해 나가는 것이 중요하다.

09 ②

일반적으로 인정되는 직무평가의 4대 요소는 숙련, 책임, 노력, 작업조건이다.

10 ①

유사성 오류의 발생 원인에 대한 설명이다.

11 ④

경영참가제도는 노동의 소외현상을 완화하고 산업민주주의를 실현하여 궁극적으로는 경영 효율화와 생산성 향상을 도모하는 것을 목적으로 한다.

12 ④

직무가치 평가가 잘 이뤄지지 않은 우리나라 노동시장 특성상 직무급의 도입이 쉽지 않다.
① 노동시장 내의 수평 이동을 전제로 하므로 이직률이 높아질 수 있다.
③ 전문성 있는 직무를 수행하는 종업원에게 높은 임금을 지급하므로 전문성 있는 인재를 확보할 수 있다.

13 ④

시스템 접근법과 기능적 접근법을 통합한 학자는 프렌치(French)다.

오답분석
① 플리포는 기능적 접근법을 주장하였다.
②, ③ 피고스와 마이어스는 시스템적 접근법을 주장하였다.

14 ①

노동조합이 사용자에 대하여 직접적으로 발휘하는 노동력 판매자로서의 교섭 기능을 경제적 기능이라 하며, 오늘날 노조의 핵심적 기능이다.

15 ②

손다이크의 효과 법칙에 대한 설명이다.

오답분석
④ 아지리스는 성숙 – 미성숙이론을 제시하였다.

16 ④

추천서는 추천인의 선입관이 개입된 정보이므로 추천서에 기재된 내용 중 오해의 소지가 있는 내용은 배제해야 할 필요가 있다.

17 ①

조직에 대한 심리적 몰입과 애착이 낮아져 신체적, 심리적, 정신적으로 업무상황을 회피하려는 일련의 행동을 직무철회라고 한다.

18 ①

직무불만족을 유발하는 역할 모호성에 관한 설명이다.

오답분석
② 역할 갈등은 직무에 대하여 양립할 수 없는 요구나 상충되는 요구를 받는 경우에 발생하는 현상이다.
③, ④ 역할 과다는 한 사람에게 너무 많은 기대나 요구가 주어질 때 발생하며, 그 반대의 상황이 역할 과소이다.

19 ③

오랜 직무 경험이 있는 중간관리자라고 하여 당연히 면접자로서의 자격을 갖추고 있다고 볼 수는 없다. 따라서 면접 오류를 최소화하기 위한 면접자 교육이 필요하다.

20 ②

우리나라에서 흔히 찾아볼 수 있는 네트워크 경력경로에 대한 설명이다.

오답분석
① 전통적 경력경로는 수직적으로만 배열되어 있는 경우로 주로 서양 기업에서 채택한다.
③, ④ 혼합형 경력경로 혹은 이중 경력경로는 기술직종 종사자들이 직무 경험을 쌓은 후에도 관리직으로 보내지 않고 기술 분야의 전문성을 쌓을 수 있도록 한다.

21 ④

태프트 – 하틀리법에 대한 설명이다.

> 오답분석

① 노리스 – 라가디아법은 1932년에 노동자의 단결권을 인정한 법이다.
② 와그너법은 1935년에 노동 3권과 클로즈드숍을 인정한 법이다.

22 ②

인적자원서비스 제공자로서의 인적자원관리자(담당자) 역할을 설명하고 있다.

> 오답분석

①, ④ 인적자원관리자가 각 부문과 계층의 의사소통을 도모하여 불필요한 갈등을 예방하고, 이미 발생한 갈등은 커뮤니케이션을 통해 해결하는 역할을 의미한다.
③ 각 인적자원활동에서 발생하는 행정 업무를 처리하는 역할을 말한다.

23 ①

사내와 사외를 오가는 교육훈련방법의 명칭은 샌드위치식 시스템이다.

24 ②

JIT(Job Instruction Training)는 미국 전시노동력위원회에서 생산직의 직무훈련을 담당할 지도요원의 교육을 위해 고안한 교육훈련방법이다.

25 ①

보편적 접근법을 기반으로 한 벤치마킹의 개념에 대한 설명이다.

> 오답분석

② 파괴학습은 새로운 것을 습득하기 위해 과거의 성공경험이나 노하우를 깨뜨리는 방식의 학습이다.

26 ④

사람을 기준으로 채용하는 회사 중심 채용은 직무 중심 채용보다 승진 기회가 많다.

> 참고 회사 중심 채용과 직무 중심 채용

구분	회사 중심 채용	직무 중심 채용
채용결정자, 면접관	경영진, 인사전문가	관련 부서장, 직속상관
평가요소	인성, 총체적 능력	전공, 전문적 능력
부서 이동폭	넓음	한정됨
승진	기회가 많음 (타 부서 상위 직급)	운신폭이 좁음
고용제도	장기고용	단기고용
노동시장	수직 이동, 폐쇄적	타 회사로 수평 이동, 개방적
산업화 정도	개도국, 산업화 초기사회	선진국, 분업사회, 전문화사회

27 ①

화폐적 기법은 기업의 지불 능력을 기준으로 인력 수요를 산출한다.

> 오답분석

② 작업시간 연구를 기초로 하여 조직의 하위 개별 작업장별 필요 인력을 산출하는 상향식 기법으로 주로 생산직 인력 예측에 활용한다.
③ 기업의 미래에 대한 폭넓은 지식을 가진 전문가 집단의 자문을 얻어 미래의 인력 수요를 예측하게 하는 것으로, 해당 기업의 미래환경이 불투명하고 정형화시키기 어려울 때 유용한 기법이다.

28 ④

역량은 행동으로 전환 가능하고, 그 행동의 결과로 조직의 성과가 효율적으로 달성되어야 한다(행동성). 또한 역량이 있는지 여부에 대한 평가가 가능하고(측정가능성), 교육훈련을 통해 체계적인 개발과 확장이 가능하다(개발가능성)는 특성이 있다.

29 ③

성과주의 인적자원관리는 조직 전체가 아닌 개인화에 기초를 둔 유연적인 경영을 행하게 된다.

30 ③

인사상담과 관련된 문제에 대한 최종적인 판단과 해결은 본인이 주도해야 한다.

31 ③

불안전한 행동(인적원인)은 작업자의 행동, 자세, 방법 등과 관련된 것이며, ①②④는 모두 불안전한 상태(물적원인)에 해당한다.

32 ②

ROWE(a Results Only Work Environment)는 근무시간이나 장소보다는 결과를 중심으로 하므로 종업원이 근무시간, 근무장소 등을 결정할 수 있다.

[오답분석]
① HRIS는 인적자원정보시스템이다.
③ NLRB는 National Labor Relations Board의 약자이며, 미국 노동위원회를 의미한다.
④ WLB는 Work Life Balance의 약자로, 일과 가정의 균형을 의미한다.

33 ④

제안제도를 효과적으로 운영하기 위해서는 현실성이 떨어지거나 논리적인 결함이 있더라도 이를 비난하거나 무시하지 않고 긍정적인 피드백을 하도록 노력하여야 한다. 제안에 대한 습관화, 일상화가 된 다음에 비로소 우수한 제안이 나올 수 있는 것이므로 제도 도입 초기에 기대에 미치지 못한 결과가 나오더라도 장기적인 관점에서 제도를 지속해야 한다.

[참고] 제안제도의 효과적인 운영 방안
• 자유로운 제안을 할 수 있도록 하고, 현실성이 떨어지거나 논리적인 결함이 있더라도 이를 비난하거나 무시하지 말고 긍정적인 피드백을 하도록 노력해야 한다.
• 제안의 심사는 공정하고 신속하게 한다.
• 심사를 거쳐 채택된 우수한 제안에 대해서는 그에 상응하는 보상을 하고, 채택되지 못한 제안에 대해서도 적절한 기준에 따라 보상하는 방안을 마련한다.
• 채택된 제안을 실행하는 종업원에게도 보상 방안을 마련할 필요가 있다. 이는 타 종업원의 업무가 가중되는 것에 대한 부담으로 인해 제안을 꺼리는 풍토를 없앨 수 있다.
• 종업원에게 제안제도의 의도를 충분히 알려야 한다.
• 제안에 대한 습관화, 일상화가 된 다음 비로소 우수한 제안이 나올 수 있는 것이므로 제도 도입 초기에 기대에 미치지 못한 결과가 나오더라도 장기적인 관점에서 제도를 지속한다.
• 필요하다면 전산시스템을 도입하여 제안 및 심사의 편의성을 도모하도록 한다.

34 ①

공정한 고과를 위해서는 고과자가 임의로 평가기간을 소급하거나 연장해서는 안 된다.

35 ③

다운사이징에 대한 설명이다.

[오답분석]
① 아웃소싱은 기업의 비핵심 업무를 외부 기업이나 개인에게 맡기는 기법이다.
② 명예퇴직은 회사원이나 공무원을 정년 이전에 퇴직시키는 제도이다.
④ 워크셰어링은 근로자 개개인의 근로시간을 줄여 조직 전체나 사회 전체의 일자리 개수를 늘리는 방법이다.

36 ②

상황 면접에 대한 설명이다.

[오답분석]
① 구조적 면접은 면접 시 질문 목록을 미리 정하여 놓는 면접방법이다.
③ 비지시적 면접은 면접자의 판단에 따라 지원자에게 질문할 항목이 결정되는 면접이다.
④ 패널 면접은 여러 명의 면접자가 한 명의 지원자를 면접하는 방식이다.

37 ③

역량(competency)에 대한 설명으로, 역량은 어떤 환경에서도 일관성 있게 나타나야 하며 매우 장기간 내재되어 있어야 한다.

38 ②

이력서는 다른 선발도구에 비해 비용이 적게 드는 방법이다.

39 ④

학습조직은 구성원들이 비판적이고 체계적인 사고를 한다는 특징이 있다.

40 ④

델파이 기법은 전문가에 의한 하향식 인력 수요 예측 기법으로 기업이 처한 미래의 환경이 복잡하고 정형화시키기 어려울 때 도입하는 방법이다. 이 기법을 사용하면 6~8주의 시간이 걸리므로 신속한 결과 도출은 어렵다는 단점이 있다.

참고문헌

- 박경규(2003), 신인사관리, 홍문사
- 백삼균, 정범구(2018), 인적자원관리, KNOUPRESS
- 이순룡(1988), 제품.서비스 생산관리론, 법문사
- Jeffrey A. Mello(2002), Strategic Human Resource Management, Thomson South-Western

년도 전공기초과정 인정시험 답안지(객관식)

컴퓨터용 사인펜만 사용

★ 수험생은 수험번호와 응시과목 코드번호를 표기(마킹)한 후 일치여부를 반드시 확인할 것

전공분야	
성 명	

수험번호

과목코드

교시코드

응시과목

번호	①	②	③	④
1	①	②	③	④
2	①	②	③	④
3	①	②	③	④
4	①	②	③	④
5	①	②	③	④
6	①	②	③	④
7	①	②	③	④
8	①	②	③	④
9	①	②	③	④
10	①	②	③	④
11	①	②	③	④
12	①	②	③	④
13	①	②	③	④
14	①	②	③	④
15	①	②	③	④
16	①	②	③	④
17	①	②	③	④
18	①	②	③	④
19	①	②	③	④
20	①	②	③	④
21	①	②	③	④
22	①	②	③	④
23	①	②	③	④
24	①	②	③	④
25	①	②	③	④
26	①	②	③	④
27	①	②	③	④
28	①	②	③	④
29	①	②	③	④
30	①	②	③	④
31	①	②	③	④
32	①	②	③	④
33	①	②	③	④
34	①	②	③	④
35	①	②	③	④
36	①	②	③	④
37	①	②	③	④
38	①	②	③	④
39	①	②	③	④
40	①	②	③	④

감독관 확인란	관리번호
(인)	

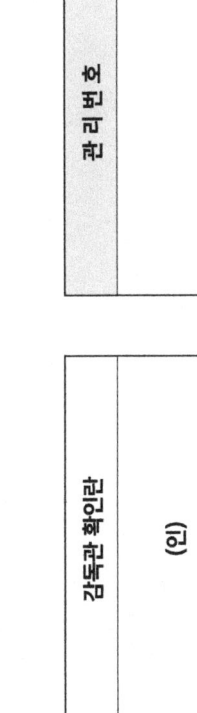

년도 전공기초과정 인정시험 답안지(객관식)

컴퓨터용 사인펜만 사용

★ 수험생은 수험번호와 응시과목 코드번호를 표기(마킹)한 후 일치여부를 반드시 확인할 것

MEMO

2026 대비 최신개정판

한 달 합격
해커스독학사
경영학과
최신기출 이론+문제 `2단계 | 인적자원관리`

개정 3판 1쇄 발행 2025년 10월 14일

지은이	박재희
펴낸곳	(주)위더스교육
펴낸이	해커스독학사 출판팀
주소	서울특별시 서초구 서초대로73길 12 세계빌딩 7층 위더스교육
고객센터	1599-3081
교재 관련 문의	15993081@haksa2080.com
	해커스독학사 사이트(haksa2080.com) 교재 Q&A 게시판
	카카오톡 채널 [해커스독학사]
동영상강의	haksa2080.com
ISBN	979-11-6540-142-9 (13320)
Serial Number	03-01-01

저작권자 ⓒ 2025, 위더스교육
이 책의 모든 내용, 이미지, 디자인, 편집 형태는 저작권법에 의해 보호받고 있습니다. 서면에 의한 저자와 출판사의 허락 없이
내용의 일부 혹은 전부를 인용, 발췌하거나 복제, 배포할 수 없습니다.

독학사 교육 1위,
해커스독학사 haksa2080.com

해커스독학사

- 독학사 전문 교수님의 **본 교재 인강** (교재 내 할인쿠폰 수록)
- 2단계 단기 합격을 위한 **기출문제 무료 특강**
- **독학학위제 합격비법서, 독학사 기출·필수 영단어장** 등 다양한 무료 학습 콘텐츠

한경비즈니스 선정 2020 한국품질만족도 교육(온·오프라인 독학사) 부문 1위